ファイナンス・ライブラリー 11

信用リスクモデルの予測精度
―― AR値と評価指標 ――

山下智志／三浦　翔　著

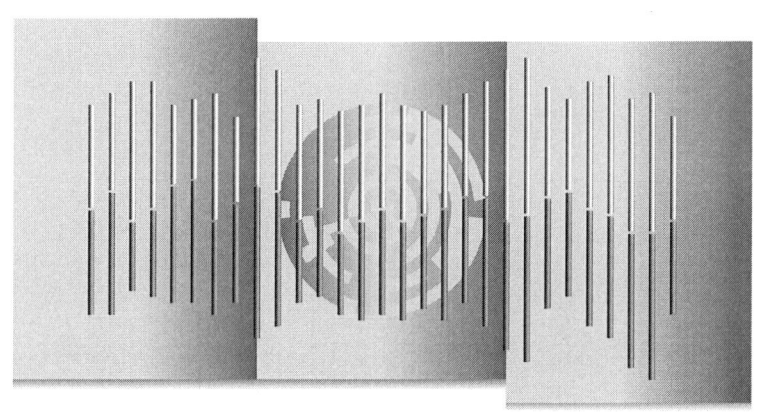

朝倉書店

はじめに —— 本書の目的と構成

　本書の目的は信用リスクモデルの評価方法の解説にある．
　現在，金融機関では信用リスクの計量化モデルによって，与信判断やリスク量の把握を行うことが一般的になっている．これに伴い信用リスクモデルの多様性が増し，どのモデルがリスク管理に適しているか判断する局面が増してきた．本書では，信用リスクモデルを評価し，より適切な選択を行うスキルを学ぶ．このスキルは，モデル開発の担当者や管理責任者が直面している課題であり，複数のモデルベンダーが供給するモデルを選択するときにも必要とされる知識である．
　モデルの選択には選択基準が必要である．この選択基準は多くの場合，モデルから算出される数値・指標をベースに表される．そのため，モデル評価方法の解説は，評価指標の算出方法とその根拠を説明することとほぼ同じである．多くの評価指標は特定の数式で定義されており，モデルから算出される予測値と結果を利用して計算される．算出自体はさほど困難なものではないが，その解釈には多くの知識と熟練を要することが多い．本書では数学的な導出はできるだけ省略し，指標の概念や算出された数値の解釈に多くの紙面を費やしている．
　一方，信用リスクモデルのバリエーションが増すに伴い，モデルの評価指標の種類も増加している．これは，信用リスクモデルが複雑化していることだけが原因なのではなく，信用リスクモデルに求められる要件が多様化していることも重要な要因である．たとえば，ある特定の企業のデフォルト確率を予測するのか，格付ごとの平均的なデフォルト確率を予測するのかといったバリエーションがあり，それぞれ違う評価方法が必要である．また，企業の順位性（信用力の低いと判断された企業がよりデフォルトしやすいか）を問う場合と，全体のデフォルト確率の水準が正確であったかどうかを問う場合があり，このような場合も評価指標を使い分ける必要がある．

本書では，信用リスクモデルに対して利用されている多くのモデル評価指標を紹介し，その使用方法を重点的に解説する．モデルの開発者や責任者にとって，現在直面している問題点に対して，どのような評価指標・評価方法が適しているのかを学べるように心掛けた．そのためにはそれぞれの評価指標の長所と利用限界を知らなくてはならない．「このようなケースに使える」と同程度に「このようなケースには使えない」ことを知ることが重要である．

　本書を読むと万能な評価指標が存在しないことに気づくであろう．ある唯一の指標に頼って信用リスクモデルの選択を行うことは危険である．実務においてモデル選択を行うためには，自身が直面している問題点を整理し，また評価指標の本質を理解することによって，適合する複数の評価方法を組み合わせて総合的に判断するしかない．本書はそのための指針となるように考えて執筆している．

　読み始める前に，本書の構成を理解していただきたい．

　図 0.1 に本書の構成を示した．第 1 章は信用リスクモデル評価の基礎である．本書の内容を網羅的に理解することが目的であるが，特に信用リスクモデル評価の概念と評価のタイミングに関して解説する．それによって，「良いモデルとは何か」や「モデル評価をいつするか」について考察するきっかけをつくる．

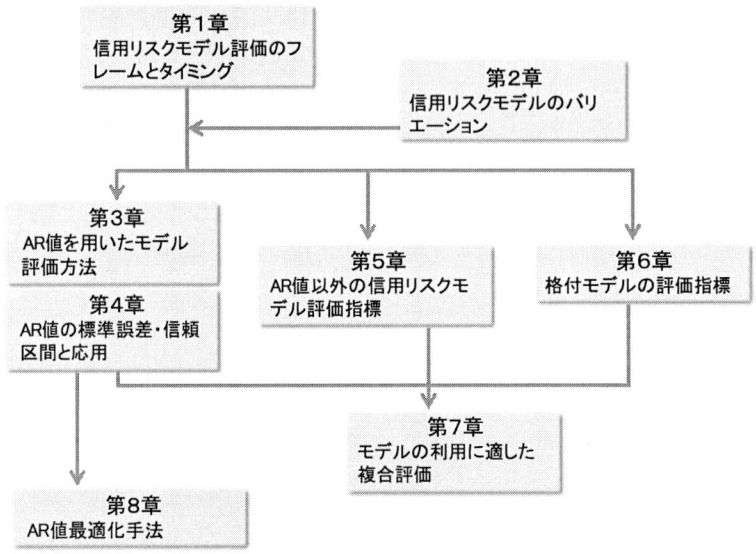

図 0.1　本書の構成

第2章は評価される対象である信用リスクモデルについて解説する．信用リスクモデルそのものを解説することは本書の目的ではないため，代表的なモデルを簡潔に説明するにとどめる．重要なのは信用リスクモデルが多種多様である原因を理解することであり，多様なモデルの中から「モデル選択」を行うことの意味を理解することである．

　第3章ではAR値の基礎について学ぶ．AR値は信用リスクモデル評価の事実上の標準指標となっており，その理解なくしてモデル評価は不可能である．ここでは直感的な理解によるAR値の定義と，数学的な定義を比較して解説する．この章を読めばAR値の意味を理解することができるであろう．

　第4章はAR値についてさらに深く学ぶ章である．すでにAR値は信用リスクモデル評価において多用されている指標であるが，その性質については深く認識されていないことが多い．AR値を利用するにあたっては，計算ができるだけでは十分ではない．たとえば「AR値の推計誤差はどの程度あるか」，「AR値の安定性はどうなっているか」，などである．様々なAR値の特性を知ることによって，AR値を利用したモデル評価のメリットを知るとともにその限界についても認識していただきたい．

　第5章はAR値以外の信用リスクモデル評価指標について解説する．AR値は重要な評価指標であるが万能ではなく，AR値以外の指標と組み合わせてモデル評価を行う必要がある．この章ではモデル評価のための指標や方法を網羅的に紹介する．評価指標も多彩であり，一つ一つの数学的な解説は簡単にならざるを得ないが，それぞれの指標がもつ意味と長所短所についてできる限り詳解する．それによって，どのような場面にはどの指標が適切であるか判断できる能力を養う．

　第6章は第5章と同様に，信用リスクモデルの評価方法の網羅的な解説である．異なる点は第5章がデフォルト確率を推計するためのモデルに対する評価であったのに対して，この章では格付が介在する場合のモデルの評価方法を紹介する．

　第7章ではモデル作成の手順にそって，変数選択やモデル評価の具体的な方針を解説する．それにより単一のモデル評価ではなく，複合的な評価手法による総合判断について学ぶ．

　第8章はモデル作成とモデル評価の関係を考察する．一般にモデルのパラメータ推計はある程度パッケージ化された統計学的手法により自動的に行われているが，そのときの規準は必ずしもモデル評価指標と整合していない．この章ではモ

デル作成とモデル評価の整合性を検討し，モデル評価指標に合致したパラメータ推計方法を提案する．提案された手法は安定性の向上など多くのメリットを有する．この章の内容はややアドバンスなものであるが，信用リスクモデル構築の一貫性を知るために是非学んでいただきたい．

本書の内容の一部は，2003年に金融庁から発行されたディスカッションペーパーをもとに改訂を加えたものであるが，当時のモデル評価技術に比較して現在までに多くの進歩がなされているため，改訂幅が想像以上に多くなってしまった．そのディスカッションペーパーはすでに多くの金融実務担当者に読まれているが，著者自身，考えを改めた点がいくつかある．本書の内容をもって訂正とさせていただきたい．

なお共著者の三浦氏とは，すべての章について共同で執筆しており双方が責任をもっている．また，執筆作業は彼が総合研究大学院に在籍中に行ったものであり，現在所属する企業の見解ではないことをつけ加えておく．

2011年7月

山下 智志

目　　次

1. 信用リスクモデル評価のフレームとタイミング …………………………… 1
   1.1　信用リスクモデル評価の背景 ……………………………………………… 1
      1.1.1　信用リスクのバリエーション ………………………………………… 1
      1.1.2　モデル評価と大規模データ …………………………………………… 3
      1.1.3　モデルの多様性とモデル選択 ………………………………………… 4
      1.1.4　マクロ要因の評価が難しい理由 ……………………………………… 4
   1.2　事　前　評　価 …………………………………………………………… 5
      1.2.1　評価のフローと指標 …………………………………………………… 5
      1.2.2　変数選択とパラメータ評価 …………………………………………… 7
      1.2.3　符号条件の評価 ………………………………………………………… 8
   1.3　バックテスト ……………………………………………………………… 9
      1.3.1　バックテストのタイミング …………………………………………… 9
      1.3.2　二項検定によるバックテスト ………………………………………… 10
      1.3.3　その他の指標によるバックテスト …………………………………… 12
   1.4　アウトサンプルとインサンプル ………………………………………… 13
   1.5　安　定　性　評　価 ……………………………………………………… 14
      1.5.1　モデルの安定性とは …………………………………………………… 14
      1.5.2　モデルが不安定になる要因 …………………………………………… 16
      1.5.3　モデルの安定性向上策 ………………………………………………… 17
   1.6　総合評価の考え方 ………………………………………………………… 18

2. 信用リスクモデルのバリエーション ………………………………………… 20
   2.1　信用リスクモデルの系統 ………………………………………………… 20
      2.1.1　信用リスクの確率過程モデル ………………………………………… 20
      2.1.2　信用リスクの統計モデル ……………………………………………… 24

- 2.2 二項ロジットモデルによるデフォルト確率推計 ················ 25
- 2.3 順序ロジットモデルによる格付推計 ······················· 29
- 2.4 二項ロジットモデルの例題 ····························· 31
- 2.5 ロジットモデルのバリエーション ························ 34
  - 2.5.1 財務変数の選択と変換 ··························· 34
  - 2.5.2 ロジットモデルの多重共線性 ····················· 36
  - 2.5.3 業種セグメントとフラグ ························· 39

3. AR 値を用いたモデル評価方法 ···························· 42
- 3.1 モデル評価指標 AR 値 ································ 42
- 3.2 CAP 曲線の書き方 ··································· 44
  - 3.2.1 通常の信用リスクモデルの CAP 曲線 ··············· 44
  - 3.2.2 完全判別モデルの CAP 曲線 ······················ 48
  - 3.2.3 ランダムモデルの CAP 曲線 ······················ 49
- 3.3 AR 値を求める作図的方法 ····························· 52
- 3.4 格付モデルの評価指標としての AR 値 ··················· 54
- 3.5 AR 値 の 性 質 ····································· 58
  - 3.5.1 AR 値のとる範囲 ······························· 58
  - 3.5.2 信用スコアやデフォルト確率の水準に依存しない指標 ··· 59
- 3.6 AR 値を求める数学的方法 ····························· 60
  - 3.6.1 AR 値の数学的記述 ····························· 60
  - 3.6.2 第2章のデータを用いた AR 値の計算例 ············· 62
- 3.7 AR 値に関するトピック ······························· 65
  - 3.7.1 AR 値向上のための方法 ························· 65
  - 3.7.2 AR 値の経年劣化 ······························· 67
- 3.8 AR 値と AUC の関係 ································· 68
  - 3.8.1 CAP 曲線と ROC 曲線との関係 ··················· 68
  - 3.8.2 AR 値と AUC の対応関係 ······················· 69
- 3.9 AUC の特徴と類似指標としての N/S 比（難）················ 71
  - 3.9.1 予 測 の 正 誤 ································· 71
  - 3.9.2 表3.2のデータを用いた偽陽性率 FPR，真陽性率 TPR ··· 74
  - 3.9.3 N/S 比 ······································ 77

4. AR 値の標準偏差・信頼区間と応用 …… 81
- 4.1 AR 値の推計誤差としての標準偏差 …… 81
  - 4.1.1 異なる標準偏差をもつ AR 値の比較 …… 82
  - 4.1.2 AR 値の標準偏差の推定量 …… 82
  - 4.1.3 (4.2), (4.3)式の説明 …… 84
  - 4.1.4 AR 値の分散推計の例 …… 86
- 4.2 AR 値の信頼区間 …… 89
  - 4.2.1 AR 値の信頼区間の推計方法 …… 90
  - 4.2.2 表3.2のデータを用いた信頼区間の推計結果 …… 90
  - 4.2.3 データ数と信頼区間の関係 …… 91
  - 4.2.4 第2章で用いたデータの AR 値の標準偏差と信頼区間の推計 …… 93
- 4.3 AR 値を用いた検定方法 …… 96
  - 4.3.1 AR 値＝0 の検定方法（難）…… 96
  - 4.3.2 AUC（AR 値）の差の検定方法（難難）…… 97
- 4.4 AR 値を用いた格付モデルの評価方法 …… 98
- 4.5 ROC 曲線の一部の下側面積を用いる局所 AUC（難）…… 102

5. AR 値以外の信用リスクモデル評価指標 …… 107
- 5.1 モデル評価指標のバリエーション …… 107
- 5.2 t 値と p 値 …… 110
- 5.3 尤 度 比 …… 114
- 5.4 情報量規準（AIC）…… 117
- 5.5 KS 値 …… 120
- 5.6 ダイバージェンス …… 124
- 5.7 F 検 定 …… 127
- 5.8 ブライアスコア …… 132
- 5.9 CIER …… 135
- 5.10 クロスバリデーション法 …… 138
- 5.11 ブートストラップ法 …… 140

6. 格付モデルの評価指標 …… 145
- 6.1 各企業に格付を付与するモデルの評価 …… 145
- 6.2 二 項 検 定 …… 148

- 6.3 Hosmer-Lemeshow 検定（HL 検定） ……………………………… 152
- 6.4 母比率検定とライアンの方法 ………………………………………… 154
- 6.5 多重比較法 …………………………………………………………… 156
- 6.6 格付モデル評価のまとめ …………………………………………… 161

7. モデルの利用に適した複合評価 …………………………………… 163
- 7.1 データレンジング —— 異常値の欠損値の対応 —— ……………… 164
- 7.2 多重共線性の処理 …………………………………………………… 167
  - 7.2.1 多重共線性の意味と対策 ……………………………………… 167
  - 7.2.2 主成分ロジットモデル ………………………………………… 169
- 7.3 二項ロジットモデルをパラメータ推定に用いたデータによって事前評価をする方法 …………………………………………………… 172
  - 7.3.1 変数選択を行う場合 …………………………………………… 172
  - 7.3.2 変数が決定している場合 ……………………………………… 175
- 7.4 二項ロジットモデルをバックテストによって評価する方法 ……… 177
- 7.5 格付モデルを運用結果データ（バックテスト）によって評価する方法 ……………………………………………………………………… 179
  - 7.5.1 格付モデル全体を評価したい場合 …………………………… 180
  - 7.5.2 格付ごとの推計デフォルト率を評価したい場合 …………… 181
  - 7.5.3 各格付に与えたデフォルト確率に有意差を評価したい場合 … 181

8. AR 値最適化手法 …………………………………………………… 184
- 8.1 パラメータ推計とモデル評価基準の相違 ………………………… 184
- 8.2 AR 値をパラメータ推計に用いるのが困難な理由 ………………… 186
- 8.3 AR 値最適化によるパラメータ推定方法 …………………………… 188
- 8.4 近似関数を用いた近似 AR 値の最大化 …………………………… 190
- 8.5 近似パラメータ σ の決め方と β の自由度の調整方法 ……………… 194
- 8.6 線形スコアからデフォルト確率を算出する場合の処理 …………… 195
- 8.7 AR 値を用いたパラメータ推計法のロバスト性 …………………… 197
- 8.8 AR 値をパラメータ推計法として利用するときの注意点 ………… 198

参 考 文 献 …………………………………………………………………… 199

索　　引 ……………………………………………………………………… 203

1 信用リスクモデル評価のフレームとタイミング

　本章では，信用リスクモデル評価の背景と基本的な概念について解説する．まず，信用リスクモデル評価が必要とされる理由について概説する．モデルの評価と選択は，複数のモデルの候補がある場合はつねに必要なものである．なぜ信用リスクモデルが複数存在するか，その理由を説明し，さらにモデルの候補が近年増加する傾向にあることを述べる．1.2節と1.3節では評価のタイミングに関する問題を取り上げる．評価タイミングにはモデル作成時点において行う事前評価と，実際に運用した後にその結果から評価するバックテストがある．それぞれの評価の内容を概説することにより，モデル作成と評価の流れを理解する．

　1.4節はアウトサンプルとインサンプルの違いについて述べる．モデル作成時に使用するデータと検証用データが同じであるかどうかの問題である．

　1.5節は安定性評価に関する話題である．モデル評価の方法によっては，事前評価に対してのみ良好な結果をもたらすが，バックテストでは良い結果が得られないモデルを作成することが可能である．このような見かけの的中率が高いモデルは安定的でないことが多く，モデル評価では安定性を確認することが重要である．この節では安定性評価とは何かについて解説する．1.6節は総合評価の考え方について述べる．モデル評価方法にも多くの選択肢がある．そのため分析目的に応じたモデル評価方法の選択が必要となる．モデル評価指標の組合せと評価の使われ方について論じる．

1.1 信用リスクモデル評価の背景

1.1.1 信用リスクモデルのバリエーション

　90年代の不良債権問題や金融危機以降，信用リスクの計測が注目されるようになった．金融機関はそれ以前にも企業の返済能力を様々な形で計測し，融資の審査や与信金利の算定に用いており，その方法についても試行錯誤的に改良を加

えてきた.90年代後半以降の信用リスク計測方法の改良点の特徴は，それまで経験則的な方法をもとにしていたのに対し，データをもとにした統計モデルによるアプローチが開発されたところにある.

一方，正確な統計モデルの構築には，質の良い大量のデータが不可欠である.モデルの構造が高度であっても利用可能なデータベースの質が悪ければ，精度の高い推計を行うことはできない.信用リスク計測の統計モデルが発達した背景には，信用データベースの整備があったことも一因である.

信用リスク計測モデルの代表例であるデフォルト率推定モデルは，データベースの整備に伴い，多様なモデルが生まれた.その多くは，企業の財務データを用い，1年などの一定期間にデフォルトを起こしたかどうかを説明するモデルである.最も利用されているモデルは二項ロジットモデルで，財務変数を加重平均した信用スコアによって，それぞれの企業のデフォルト率を推定する.

二項ロジットモデルだけでなくその他のモデルも含めて，デフォルト率推計モデルには多種多様なバリエーションがある.バリエーションが発生する要因としては，図1.1に記載したとおり，

1. 関数型（単純な二項ロジットモデルを使うか，それ以外のモデルを使うかなど）
2. 用いる変数（財務データの選択，定性的データを織り込むかなど）
3. セグメント（業種ごとにモデルをつくる場合,業種をどのように定義するか）
4. デフォルトの定義（利払いの延滞や格付の低下など，デフォルトと認識す

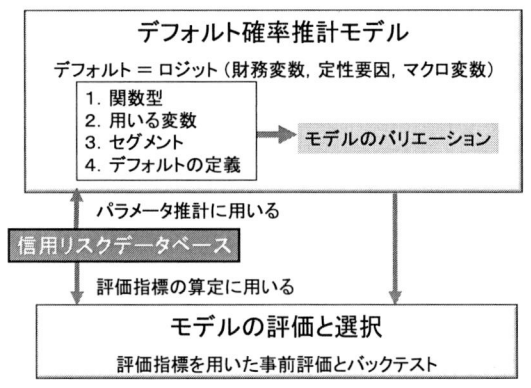

図1.1 モデル評価の対象と論点

る状態の差異）

などが考えられる．これらの要因の組合せの数だけデフォルト率推計モデルの候補が存在する．なお，二項ロジットモデルとそのバリエーションについては第2章において詳しく説明する．

何をもって「当たる」とするか？

前述の4つの要因はそれぞれ複雑に絡み合っており，単純にどの方法を信用リスク計測に用いるべきかを議論することができない．目的，データの性質，要因間の複合条件によって，最適な組合せを評価選択する必要がある．たとえば，データ数が多い場合は用いる財務変数は多くてもかまわないが，データ数が少ないときは多くの財務変数を用いるとモデルが不安定になり，予測精度が低下する．同様にデータ数が少ない場合，業種や規模などのセグメントを設定することができない．1つのセグメントに属する企業数が少ないと，有効なモデルをつくることが難しいからである．

これらの要因の組合せの数を考えると，デフォルト率推計モデルには多くの種類が存在することがわかるだろう．モデルを活用する実務家にとって，どのモデルが自分にとって最適なモデルなのか，多彩な選択肢の中から判断する必要がある．そのとき評価選択のための「根拠」が必要である．

モデルを評価するには，まず「当たる」の定義を決めなければならない．予測が「デフォルトする」，「デフォルトしない」の2値で表現されているならば，当たったか外れたかを判定するのは容易である．しかし「デフォルト率が30%」のように確率として予測された場合，どれくらい当たったかを評価するのは容易ではない．たとえば，デフォルト率が30%と予測された企業がデフォルトした場合，単純に「予測が外れた」と結論づけるだけで十分ではなく，「どの程度予測が外れた」かを示す必要がある．

1.1.2　モデル評価と大規模データ

確率による予測に対しては，ある程度のデータ数が必要である．たとえば，10社のうち3社がデフォルトすれば，「デフォルト率が30%という予測」は正しい可能性が高く，10社のうち9社がデフォルトしていれば「デフォルト確率が30%という予測は正しくない」と，おおよそ評価することができる．

このとき，評価は用いるデータは多ければ多いほど正確になる．たとえばデフォルト数を評価する場合，データの量と評価の正確さは二項分布とよばれる確率分

布によって数学的に関係が示され，データ数の平方根に比例して正確さは増す．ちなみに二項分布の性質から，評価の正確さは検証データの量だけでなく，予測デフォルト率からも影響を受ける．一般的にデフォルト率が低い予測に対しては，より多くのデータが必要になる．詳しくは 6.2 節を参照されたい．

データが大量にあることが，デフォルト確率の「予測精度」を上げることについては一般的に認識されているが，モデル評価の「評価精度」（予測が当たったかどうかの判定の精度）も向上させることはあまり意識されていないように思える．このことは，信用リスク大規模データベースを構築することが重要であることの理由のひとつである．

1.1.3 モデルの多様性とモデル選択

近年の信用リスク大規模データベースは，データ数が多いだけでなく財務フィールド数も多いことが特徴である．会計データをもとにした様々な財務指標が提案されていることと，非財務の定性的データも整えられていることが原因で，大規模データベースでは 100 近いフィールドがある．このような状況では，たとえば「利益に関する財務指標」では売上高営業利益率を使うのが良いのか，売上高経常利益率を使うのが良いのかという問題が発生する．財務指標の組合せの数を考えると，財務指標の数が増えるほどモデル候補の数が飛躍的に増大することがわかる．

変数選択の問題だけでなくセグメントによってモデルが多様性をもつことがある．代表例は業種のセグメントである．たとえば建設業と製造業ではデフォルト要因は異なると考えられ，業種個別の要因に応じた異なるモデルを適用する考え方である．業種ごとに異なる信用リスクモデルを構築する場合は，まず業種分類を決定しなければならないが，あまりに多くの業種分類を導入することは不可能である．そのため同じような業種は同一のセグメントとして扱うが，どの業種が同じであるかは判断が難しい．分析者によって業種分類が異なることがあり，それが信用リスクモデルの多様性の原因のひとつになっている．ちなみに，一切分割しないというのもひとつの方法で，フラグとよばれる 0-1 変数によってその企業がどの業種に属しているかを情報化する方法もある．業種フラグについては第 2 章で紹介する．

1.1.4 マクロ要因の評価が難しい理由

モデルを高い精度で評価するためには大量のデータが必要であるが，一般的に

これはデータベースに登録されている企業数が多いことをいう．大規模な信用リスクデータベースを用いることにより，どのような財務指標がデフォルトに影響を与えているかを正確にチェックすることが可能となる．

一方，信用リスク推計の精度をより正確にするためには，企業の財務指標だけでなく金利水準や景気などのマクロ経済要因を反映する必要がある．そのため，近年ではマクロ変数を伴ったモデルが提案されているが，マクロ要因がデフォルト確率に対して有効であるかどうかを評価することはきわめて困難である．それはデータベースの規模を大きくすれば企業財務データベースの企業数は増えるが，マクロ変数のデータ数は観測期間にのみ依存することが理由である．たとえば，GDP成長率のデータは3ヶ月に1つしか採取することができないため，GDP成長率のデフォルト確率に対する影響度を評価するためには長期にわたる観測期間が必要となる．これは企業数を増やすといったデータベースの大規模化では解決しえない問題である．

マクロ要因の評価を正確にするには，時系列的に長いデータが必要になり，十分な評価ができるには数十年のデータの蓄積が必要である．マクロデータだけならば数十年のデータが存在することもあるが，長期間のデフォルト実績データが存在しない．そのため，マクロ変数がどの程度個々の企業のデフォルト確率に影響を与えているか，十分に検証を行うことは不可能に近い．一方で，マクロ要因がまったく効かないと仮定してモデルから除外するのもまた問題があると考えられており，現状では不確かな検証の下にマクロ要因をモデルに用いる例がみられる．当然ながらそのようなマクロ要因を取り込んだモデルの評価は困難であり，評価結果の解釈をより慎重に行わなければならない理由のひとつになっている．

以上のような信用リスクモデルの評価についての考え方を踏まえながら，目的にあった様々な評価指標や評価手法を用いる必要がある．

1.2 事前評価

1.2.1 評価のフローと指標

モデルから算出されるデフォルト確率の信頼性を確かめるための評価のタイミングには2つある．1つはモデルを作成した時点で予測精度を評価する方法で，「事前評価」，「事前テスト」とよぶ．もう1つはモデルを実際に運用して，たとえば

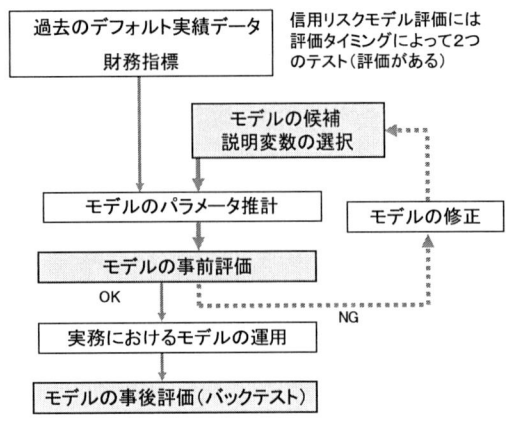

図1.2 モデル作成と評価の流れ

1年後に実際のデフォルト件数を確認することにより，予測が当たっているかどうかを評価する．これを「バックテスト」とよぶ．

図1.2は信用リスクモデルの作成と評価のおおよその作業フローである．一般的な信用リスクモデルは，過去のデフォルト実績データと，その直前の企業の財務指標をもとにつくられる．実際のモデル作成作業は，候補となるモデルをあらかじめ決めておき，モデルの中に存在するパラメータを上記のデータを用いて推計する．現在，信用リスク計測の主流である二項ロジットモデルは，財務指標を加重平均して企業の信用スコアを計算し，信用スコアに応じたデフォルト率を推計するものである．このとき，推計すべきパラメータは財務指標の加重平均の重みである．パラメータの推計は最尤法とよばれる統計学的方法に従って機械的に行われる（第2章参照）．

モデルのパラメータが推計されると，そのモデルの推計結果の精度が適当かどうか一度チェックし，問題がなければ実務の運用に用いられる．事前評価はこの推計精度のチェックの部分に相当し，それに対してバックテストは1年間などの一定期間の運用を行った後に評価する．つまり事前評価は「パラメータ推計」と「実務での運用」の間に行うモデル評価である．

事前評価において悪い結果が得られた場合はモデルを修正する．モデルの修正とは，基本的にはモデルの数式を変えることと，モデルの変数（用いる財務指標）を入れ替えることであり，稀にデータの異常値処理やパラメータの推計方法の検討が含まれることがある．

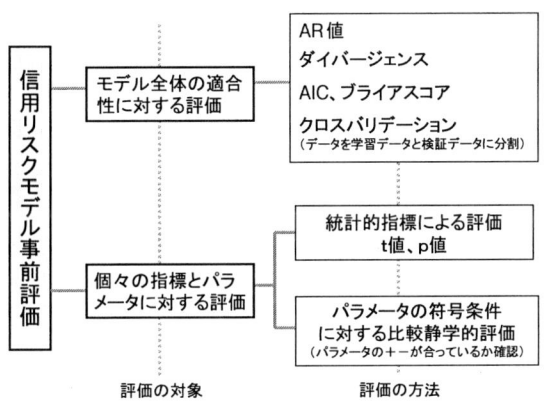

図 1.3 事前評価の指標

事前評価のモデル評価指標は主に2種類ある．図 1.3 にその分類と評価指標の一覧を示した．1つはモデル全体の良し悪しの問題で，モデルが過去のデータに対してどの程度適合しているかを評価する．もう1つは変数に対する評価で，用いられた財務指標一つ一つが有効であったかどうかを評価する．モデル全体の適合度の評価に用いられる指標は，AR 値，AIC, ダイバージェンス，クロスバリデーションなどがある．指標の内容については第3章から第5章にかけて詳しく解説する．もう1つは次のパラメータ評価であり，以下に説明する．

1.2.2 変数選択とパラメータ評価

パラメータ評価ではモデル全体を評価するのではなく，モデルに用いた財務変数の一つ一つを評価して，必要であるかどうかをチェックする．その変数が必要でないと評価された場合は，モデルからその変数を除き，パラメータを再推計する．

統計学における変数の有効性の評価指標としては，t 値と p 値がある．この2つの評価指標は本質的には同じもので，t 値が悪い変数は必ず p 値も悪いため2つを併用する意味はなく，通常どちらか1つを判断材料とする．

具体的な計算については第5章で解説する．ただし，これらの指標についてはモデルのパラメータ推計の際に用いる統計パッケージソフトが自動的に算出するため，計算式を特に理解しなくても，信用リスクの分析において問題はない．重要なのは算出された数値の解釈である．t 値の場合は値が -2 と $+2$ の間にある場合はその変数が有効でない可能性があり，逆に -2 以下や $+2$ 以上であればそ

の変数は有効であると判断できる．p値の場合は0.05以下が有効であると判断する．

ただし，これらの値は一応の目安であり，モデルの目的やデータの性質によって変化する．たとえば，財務変数だけでなく都道府県を示すフラグといった定性的な変数をモデルに組み込んでいる場合，ゼロ近辺のt値や0.05以上のp値であっても，その変数を採用した方がよいことがある．このようなケースでは，その変数をいったん除いたうえで，前述のAR値やAICなどの「モデルの適合度の事前評価」を行い，評価が良くなるか悪くなるかを確認するという作業が必要である．

つまり，変数選択においてはt値やp値を指標として判断されることが通例だが，t値やp値のみの判断に頼るのではなく，モデル全体にとってその変数が必要かどうかを総合的に判断するとよい．

1.2.3　符号条件の評価

実際に信用リスクモデルを作成すると，推計されたパラメータに違和感を覚えることがある．たとえば，売上高営業利益率をモデルの変数として採用しているときに，そのパラメータの推計値が信用スコアに対してマイナスとなる場合がある．つまりそのモデルでは，営業利益率が高いほどデフォルトを起こしやすいと予測していることであるが，これは経営の常識からは納得しがたい結果である．

モデルのパラメータの正負の符号が実務の感覚に合うかどうかを確認する作業を「符号条件の評価」とよぶ．一般に符号が感覚に合わない場合，その変数を除去することが行われる．ただし，上記のt値やp値が有効であるとされている変数を，符号が合わないという理由で削除すれば，モデル全体の適合性を下げることが経験的に知られているため注意が必要である．

パラメータの正負の符号が一般的常識と異なる場合は，その理由を丹念に調べる必要がある．多くのケースでは以下のいずれかが原因になっている．

① 「一般的常識」が必ずしも正しくない
② パラメータの推計値が不安定である
③ データに異常値が含まれている

①のケースはそれほど多くはなく，むしろ符号については実務的な感覚は正しいことが多い．②は同じような指標を複数個モデルの中に使用しているときに起こる．たとえば，売上高営業利益率と売上高経常利益率，売上高純利益率などの

似た変数を，モデルに変数として取り入れている場合，そのうちのいくつかが符号条件を満たさなくなる．この問題は「多重共線性の問題」として統計学では広く知られており，リッジ回帰や主成分分析などの解決策がある．興味のある方は一般的な統計学の教科書を参照にされたい．またこの問題は第7章でも取り上げる．

中小企業の大規模データでは③のケースもよくみられる．財務諸表のデータがなんらかの都合で間違っていたり，改竄されていたりする場合に起こる．データが正確でない場合，一般的に推計パラメータが信頼できないが，パラメータの符号が逆転するほど強く影響を及ぼす異常値は，「桁を間違っている」や「データベースの列がずれている」などが原因であることが多い．

また，1つの信用リスクモデルの符号をチェックするのではなく，データの期間を変えてモデルを複数作成し，その符号条件の時系列的な変化を検証することが行われている．たとえば，1年前に入手したデータによってパラメータ推計を行い，その1年後に新たなデータを用いてパラメータを再推計する．このとき，たとえば流動比率にかかるパラメータが，前回はプラスだったのに今回はマイナスであったとする．つまり，昨年は流動比率が低ければデフォルトしやすかったのに，今年は流動比率が高ければデフォルトしやすいという結果である．符号がデータの期間に依存して不安定であったとすると，そのパラメータは有効でないとみなされ変数を除外することが一般的である．

ちなみに正規の統計学では，パラメータの符号が時系列的に変化するかどうかをモデル評価の手段として採用することはない．しかし，実務的にはこのような符号の検証というのは一般的に行われている方法である．

1.3 バックテスト

1.3.1 バックテストのタイミング

具体的な年次を用い，図1.4にバックテストまでの時間的な流れについて示した．

一般的なモデル構築においては，まず財務データを観測することから始まる．財務データはある会計年度の企業活動の成果であり，1年間の観測期間が少なくとも必要である．なお，会計年度が終了して決算書が入手されるまで数ヶ月を要

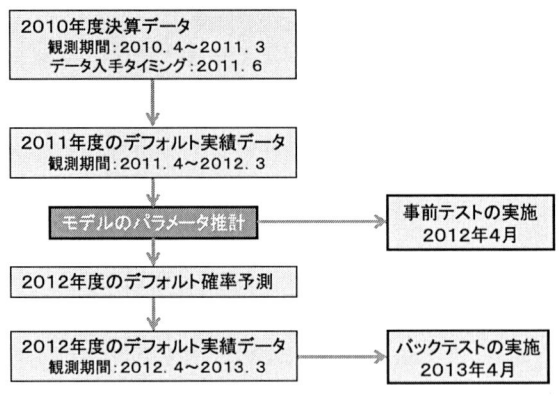

図 1.4 バックテストまでの時間経過

する．次に次年度のデフォルト実績データを観測する．決算終了より 1 年間経ることにより，財務データとデフォルトデータのペアをデータベースに組み入れることができる．この時点のデータベースによりモデルのパラメータ推計が可能となり，同時に事前評価を行う．バックテストはさらに 1 年間のデフォルト実績を観測する．財務データの観測からすれば次々年度に相当する．たとえばこの図の例では，2010 年度の財務データによるデフォルト率予測モデルのバックテストを行うのは 2013 年 4 月以降になる．

このように，バックテストは結果の観測期間が必要であるため，評価タイミングが遅れるという欠点がある．その代わり実際の運用結果が判断の材料となっているため，評価の信頼性が高くなる．逆に事前評価は，モデル作成の際に評価が良くなるようにモデルの関数形やパラメータを設定しているため，ある程度良くて当然で，評価の信頼性はやや低いといわざるを得ない．そのため実務的な観点からは，バックテストが重要な評価手段として受け入れられている．以下ではバックテストで用いられる評価指標について解説する．全体を図 1.5 に示した．

1.3.2　二項検定によるバックテスト

最も基本的な例として二項分布によるバックテストを簡潔に紹介しよう．二項分布による検定は，平均デフォルト率が当たっていたかどうかを知る最も基本的な方法である．二項分布というのは，数社の企業に対して同じデフォルト率が与えられたときに「デフォルト企業数」が従う確率分布である．

ある信用リスクモデルがある格付に対して推計デフォルト率を計算したとす

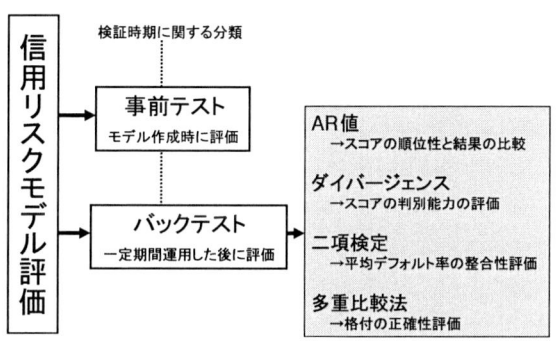

図 1.5 バックテストの評価方法

る．デフォルト率が高ければ高いほど，またその格付に属する企業数が大きければ大きいほど，デフォルトする企業数は大きくなるはずである．格付内の企業数を n，デフォルト確率を p とすると，平均的なデフォルト企業数は「企業数 n」×「デフォルト確率 p」の掛け算で表される．これが二項分布の平均である．

一方，二項分布の標準偏差はどうなるか．結論だけ書くと

$$\text{「デフォルト企業数の標準偏差」} = \sqrt{np(1-p)}$$

である．この計算はモデルを作成した予測時点で決定する．つまり n に予測時点の企業数を，p に予測されたデフォルト確率を代入すると標準偏差が計算できる．たとえば企業数 n が 10000 でデフォルト確率が 10％（$p=0.1$）の場合，上式により標準偏差は 30 になる．

予測値が，おおよそ標準偏差の 2 倍までは上下にぶれることはよくあることである．上の例では平均デフォルト企業数が 1000 社で，1000±60 社くらいは自然にばらつくので，たとえデフォルト企業数の結果が予測値の 1000 社でなく，1050 社であったとしても「モデルが間違っている」ということにはならない．いわゆる「誤差の範囲内」ということになる．このように実際に生じたデフォルト企業数が標準偏差の何倍離れているかを基準にモデル評価をすることができる．

ただし二項分布の場合，企業間のデフォルトの発生に独立性を仮定している．言い換えれば各企業のデフォルトに相互の影響はまったくないとし，たとえば景気の動向で特定の業種がデフォルトしやすいというような状況を反映できない．一般的に企業のデフォルトの発生は独立の関係にはないため，二項分布による評価は不正確になり，精度の高いモデルでも「モデルが間違っている」という結論

になってしまう．このように，評価指標にも欠点があり，1つの評価指標に頼っていては，ときに判断を誤ってしまう．このようにモデル評価の際には，評価指標の性質や長所短所を理解して，適切な用い方をしなければならない．

1.3.3　その他の指標によるバックテスト

第3章で詳しく解説するAR値は，事前評価にもバックテストにも用いることができる．AR値は信用スコアがデフォルト・非デフォルトをうまく説明できるかどうかの評価指標である．バックテストにAR値を用いる場合，予測時点のスコアと運用後のデフォルト・非デフォルトのデータを使う．つまり予測時点のスコアが，その後1年のデフォルト・非デフォルトを完全に予測できていたとすれば1で，まったく予測能力が0（ランダムな予測）であったとすればAR値は0になる．1に近いほどモデルの予測精度が高い．ただし，AR値はスコアの順位性だけに着目した指標であるため，スコアの低い企業のデフォルト確率が，スコアの高い企業のデフォルト確率に比較して，「相対的に」高いかどうかだけを評価している．たとえば，全企業の平均デフォルト率が予測と結果で大きく乖離していても，順位性（スコアの低い企業ほどデフォルト率が高い）が当たっていれば高い評価になってしまう．

AR値はモデル評価の重要な参考値のひとつだが，それだけではモデルを安心して使用することができるかどうかの基準にはならない．たとえば前述の二項検定との組合せで平均デフォルト率が当たっていたかどうかを検証する必要がある．

AR値によるモデルの有効性についての検定は一般には行われない．これは，AR値の誤差範囲の計算が煩雑であり，あまり知られていないことが原因である．このことについては第4章で詳しく解説する．モデルが有効であるかどうかは，一般的には二項検定か，母比率検定を用いる（第5章）．ただし，これらの検定はあくまでもデフォルト・非デフォルトに対する判定力の検定であることに注意が必要である．銀行の実務ではデフォルトの定義が曖昧で，デフォルト・非デフォルトの判定よりも要管理先，破綻懸念先などの格付の方が重要とみなされることもある．

ちなみに，格付が妥当であったかどうかの検定は，デフォルト率の検定よりかなり複雑になる．なぜなら，格付は通常5～15程度あり，複数の検定を同時に行う必要があるからである．それぞれの格付に対してデフォルト率が正確かどうか

を検定した場合，たとえ精度の良いモデルであったとしても，すべての格付で「正しい」と検証されることは稀である．そのため，数ある格付の中で1, 2個の格付の推計デフォルト率が検定で「不正」となっても，そのモデルが悪いとは一概に言えない．

この点に注目し，複数の検定を組み合わせて全体で整合性がとれているかどうかを検定する方法があり，これを多重比較法とよぶ．多重比較法には検定の目的に合わせて，多くの種類がある．検定の計算そのものはそれほど困難なものではないが，適切な検定方法を選ぶのはかなりの経験が必要とされる．このことについては第6章で触れる．

1.4 アウトサンプルとインサンプル

事前評価とバックテストの違いを説明したが，同様の問題としてインサンプルデータによる評価とアウトサンプルデータによる評価の違いについても説明する．

インサンプルはモデル作成に使ったデータ，詳しくいえばモデルのパラメータ推定に使ったデータである．パラメータ推計に使ったデータと同じデータを使ってモデルを評価することを「インサンプルによる評価」という．

アウトサンプルデータはモデルのパラメータ推計に使ったデータと異なるデータのことであり，アウトサンプルデータを使ってモデルを評価することが「アウトサンプルによる評価」である．この典型例がバックテストであり，パラメータ推計のためのデータと評価用データでは観測期間が違う．たとえば，パラメータを推定するために使用したデータが2009年度のデフォルト実績で，モデルを評価するのは2010年度のデフォルト実績だとすると，それは異なるデータなので，アウトサンプルによる評価ということなる．

表1.1は重要である．事前評価とバックテスト，インサンプルとアウトサンプ

表1.1 インサンプル-アウトサンプルと事前，バックテストの関係

	インサンプルデータによるテスト	アウトサンプルデータによるテスト
事前評価	通常の事前評価	クロスバリデーション
バックテスト	（ありえない）	通常のバックテスト

ルを比べると，ほとんどのケースでは事前評価はインサンプル評価，バックテストはアウトサンプル評価となる．表の対角の部分が一般的な評価手法であり，特に断らなければアウトサンプルといえばバックテストのこと，インサンプルといえば事前評価のことだが，1つだけ例外が存在する．

クロスバリデーションという手法は事前評価であるがアウトサンプルによる評価である．具体的には，データベースを複数に分割して一部を使ってモデルのパラメータ推計を行い，残りのデータを用いてモデルを評価する方法である．推計のためのデータを「学習データ」，評価のためのデータを「検証データ」とよぶ．この方法の特徴は，検証データをあたかもバックテストの運用実績データのように扱うところにある．運用実績データは1年後でなければ得られないところを，データ分割によりパラメータ推計時点で実績データのような情報を得ることになる．そのため，具体的な評価方法と指標は，バックテストと同じである．典型的な検証としては，AR値やダイバージェンスによる評価を行い，それがモデルの使用目的に照らして許容範囲内かどうかを判断する．

クロスバリデーションはバックテストと同じ手法を採用するので，直感的にわかりやすく便利な方法である．一方で検証データの分だけパラメータ推計に使うデータが少なくなるため，評価としては適切な方法だが，推計精度については若干不利になる．また，バックテストと同じフォーマットの検証結果が得られるが，時間経過を伴った実績データを利用するバックテストと，一時点のデータを分割しているクロスバリデーションとは本質的に違うことを行っている．そのためクロスバリデーションの結果をバックテストによって得た結果として取り扱うのは，正しい評価とはいえない．クロスバリデーションは時間経過に伴う予測結果については何も情報は与えていないことに注意が必要である．

1.5 安定性評価

1.5.1 モデルの安定性とは

モデルの評価の本質は「モデルの予測が良いか？」にある．何をもって「良い」とするかはそのモデルの目的とデータの性質によって様々な見解がある．

「モデルの予測が良い」の意味を分解すると「予測が妥当である」と「予測が安定している」の2つに分けられる．前者の「予測が妥当である」とは，「狭義

1.5 安定性評価

の当たる」といってもよいもので,英語では fitness といい,訳語では単に「フィット」とよばれる. まさにデータに対してモデルがフィットしているかどうかを評価する方法である. 後者の「予測が安定しているか」というのは英語では robustness とよび,訳語として実務では「安定性」と訳されており,統計学では「頑健性」と訳されていることが多い.

　実例を通してこの問題を考える. わかりやすいようにここでは線形モデルを例にした. 図 1.6 の上の 2 つの図は X 軸に企業の一株利益をおき, Y 軸の株価を説明させるモデルの結果である. 左側が通常の最小 2 乗法を用いた回帰分析で,右側が絶対残差和最小法とよばれる方法で作成したモデルである. 2 つのモデルは同じデータを使用しており,この図ではモデル(直線)はほとんど同じである. 図 1.6 の下の 2 つの図は,上図において最も右上にあった企業の一株利益がゼロに変化したときの計算結果を表している. 通常の回帰分析(最小 2 乗法)ではデータの変化に対して大きく反応し(左下図),直線の位置が変わっている. それに

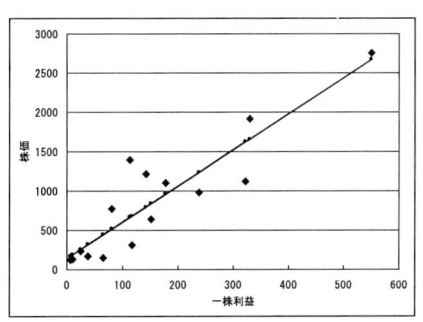
安定性のないモデル(最小2乗法)

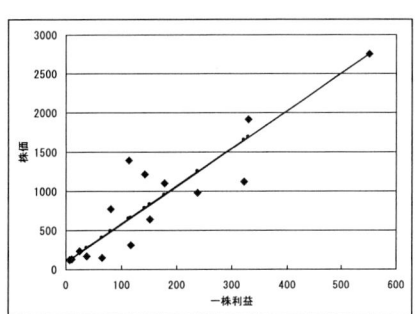
安定性のあるモデル(絶対残差和最小化法)

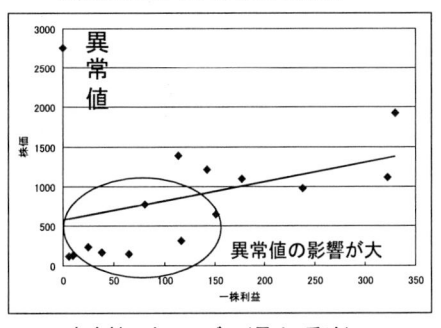
安定性のないモデル(最小2乗法)

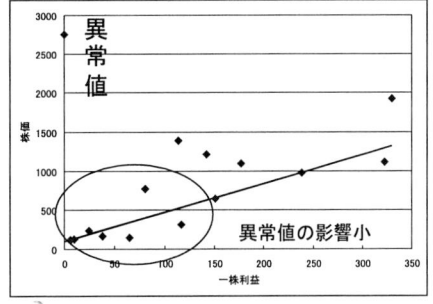
安定性のあるモデル(絶対残差和最小化法)

図 1.6　モデルの安定性評価

対して右の方法ではデータが1つ変わってもあまり直線の位置が変わっていない（右下図）．横軸の単位が変わっているため，少々注意が必要であるかもしれないが，一株利益の低い水準に着目すると，左図ではデータのプロットより上に回帰線が引かれており，切片も約600と大きく上昇していることがわかる（○で囲まれた部分）．つまり右のモデルの方が高い安定性をもっているといえる．

このように安定性がないモデルは1つのデータの変化が結果に対して大きく影響を与える．また，新たにデータが追加されたときや，時間的な変化があるとき，データに異常値が含まれる場合もモデルの計算結果が大きく変化する．それに対して安定的なモデルは，データが変化しても計算結果はあまり変化しない．そのため安定性があるモデルは計算結果の信頼性が高いことになり，少々フィットが悪くても安定性の高いモデルを選択する方が適切である場合が多い．

1.5.2 モデルが不安定になる要因

モデルが安定的でないと予測の結果が信頼できないことを説明した．それでは，どのような原因でモデルが不安定になるのかについて述べる．

最も一般的な原因はデータ数が少ないことによる．100個のデータのうち1つが変化することは，100万個のデータのうち1つが変化した場合に比較して，結果の変化の影響が大きいことは直感的に理解できるであろう．特に信用リスクモデルにおいては，デフォルト企業の数がモデルの安定性に大きく影響を与える．

次に重要な点は，モデルの中のパラメータが多い場合である．一般に統計モデルでは変数が多いと「フィット」は良くなるが，「安定性」は低下する．そのためフィットと安定性の両方をみて適切な変数の数を決める必要がある．信用リスクモデルの場合はモデルに利用する財務変数の数が多いときに注意が必要で，有効度の低い財務指標はモデルから外すことが重要である（図1.7）．

また，パラメータの数が適切であっても，変数間に多重共線性とよばれる現象

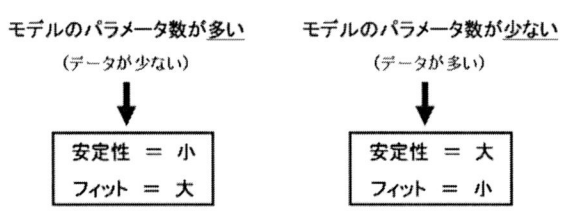

図1.7 安定性とフィットの関係

がある場合も不安定になる．多重共線性は財務変数に同じような指標がある場合に起こる統計学的な問題で，たとえば経常利益率と営業利益率の両方を変数として採用したとき，モデルが不安定になる現象である．

極端な例をいえば，フィットをまったく考慮しなければ，パラメータ数を減らすことにより安定性を機械的に改善できる．逆に安定性を無視すれば，フィットを極限にまで良くすることも可能である．良いモデルというのはフィットと安定性のバランスがとれていなければならないため，フィットが悪い場合も安定性が悪い場合も，良いモデルとはいえない．

AIC（赤池情報量規準）は安定性とフィットを同時に評価する代表的な指標で，一般に信用リスクの事前評価に用いられる．AIC はパラメータ数が多いと罰則が与えられ，パラメータ数が必要以上に多くならないようになっている．なお，AIC が使えない場合においてはシミュレーションを用いて安定性を評価する．

AIC やシミュレーションのような明確な評価手法とはいえないが，事前評価とバックテストを比較する方法もある．事前評価で良い結果が得られたモデルがバックテストで悪い場合，そのモデルは安定性が低いとみなすことができる．そのため特に安定性の評価を行わなくとも，バックテストを繰り返すことにより自然に安定性の欠如が判明する場合もある．

1.5.3 モデルの安定性向上策

モデルの安定性を増すためにはどうすればよいか．前述のようにパラメータを減らせば安定性は増すが，その分フィットも悪くなるので本質的な解決ではない．最も良い方法はデータ数を増やすことである．同じモデルならデータ数が多い方が安定性は高いからである．

データ数を増やすことが困難な場合は，安定的なパラメータ推計を行うことを考えるとよい．一般に信用リスクモデルで用いられている最尤法や最小2乗法はあまり安定性の高い推計方法ではない．これを改善するための「ロバスト推計」という統計学的な技術があり，前述した絶対残差和最小法もそのひとつである．ただし，絶対残差和最小法は信用リスクモデルのパラメータ推計には実用的とはいいがたい．それに対して，第8章に紹介する AR 値最適化法は信用リスクモデルにおけるロバスト推計の例である．

このように様々な工夫を凝らしてモデルの安定性を確保するが，それでも安定しない場合の対策について触れる．一般的にとられている方法はパラメータの

再推計を頻繁に行うことである．モデルが安定的であるならば一度推計したパラメータは長期間にわたって有効だが，安定性に欠けるモデルでは早期に有効でなくなる．どのくらいの頻度でパラメータの再推計を行う必要があるかについては，事前評価とバックテストのギャップをもとに，事後評価の結果が利用者にとって受け入れ可能であるかを考えて決定する．バックテストが受け入れがたいレベルであるならばパラメータ再推計の必要があり，安定性に欠けるモデルでは早々に「受け入れがたいレベル」になってしまう．

　以上のように，安定性はフィット（狭義の当たる）と同様に重要なモデルの要件である．しかしフィットに対する評価は必須のものと認識されているのに対して，安定性の評価はあまり重要視されていないのが現状である．将来，データベースの蓄積が進むことにより，バックテストを継続的に行うようになれば安定性の重要度についても認識が広まるだろう．

1.6　総合評価の考え方

　これまでの節で紹介したように，信用リスクモデルの評価方法には多くのバリエーションがある．評価のタイミングには事前評価と事後評価（バックテスト）があり，また評価したいモデル精度には適合度（フィット）と安定性がある．実際の評価ではこの組合せ $2 \times 2 = 4$ 通りの評価の立場があり，さらにそれぞれの立場にも複数の評価指標が存在する．評価指標が複数存在する理由は，何をもって「当たっているか」とするかについて様々な考え方があるからである．たとえば，デフォルトしたかしないかのみを評価する場合や，格付や信用スコアを対象に「当たった度」を評価する方法もある．

　バックテストで適合度を順位性のみで評価するという場合は，AR 値を用いるが，この指標は「信用スコアが正確であるか」を評価する指標で，厳密にいえば「デフォルトするかしないか」に対する予測精度の評価ではない．この微妙な差異については，一般的に認識されていないことが多いが，非常に重要な問題である．この差異についての解答は第 3 章に記載している．

　このように信用リスクモデルの評価といっても，どのような観点からどのようなタイミングで評価するかによって様々なバリエーションがある．

複数の評価指標を組み合わせる

　実際の信用リスクモデルの評価は，評価指標を複数組み合わせることによって行われる．なぜならば信用リスクモデルが期待される予測能力は，単一の評価基準で表現できるものではないからである．一般的に信用リスクモデルは，利用者の複数の目的を同時に満たしていなければならず，特定の立場や特定のタイミングのみで有効な指標だけでは十分なモデル評価ができない．

　複数のモデル評価指標を用いる場合，それぞれの評価指標に対してどのような重み付けをするかが問題になる．一方の評価指標で最良とされた信用リスクモデルが，他の評価指標でも最良とされるとは限らない．繰り返しになるが，このような評価指標によって選択されるモデルが異なる原因は大きく分けて2つに集約できる．1つは安定性評価の問題，もう1つの原因はもともとモデルの目的が複数存在しているからである．複数の目的とは，フィットと安定性もその一例ともいえるが，他にも「直近のデフォルトを反映しつつも，長期的にも予測精度が高いモデルが必要である」や，「モデル予測能力だけでなく，規制に対しても適合していなければならない」，「平均的な予測だけでなく，下方リスク（VaR）も正確に当てる必要がある」などがある．このように，1つのモデルに対して様々な要望を同時に満たすことが求められており，しばしばその要望は同時に達成するのが困難なものである．この問題に対して数学的な解決方法はない．複数の要望のうち何を重視するか（またはまったく平等に扱うか）は，信用リスクモデルの作成目的を考慮して外生的に決める必要がある．

　このとき重要なのは，要望の重みを最終的に決定するのは，モデルの作成者ではなくまたモデルの評価担当者でもないということである．モデルに対する要望を選択するのはあくまでもモデルの予測精度の影響を最終的に受けるモデルの利用者である．そのとき利用者は自分が「予測が当たったときはどの程度の利得を得るか」や「予測が外れたときの損失はどの程度か」を正確に把握して，それに見合ったモデル評価指標の組合せと重み付けを考えなければならない．

　以上，信用リスクモデル評価の概略について説明した．次章以降では具体的なモデル評価方法について解説するが，まず第2章においては評価対象となる信用リスクモデルの成り立ちについて説明する．それとともに，信用リスクモデルの利用者にとって，モデルの選択肢が多様化している理由について示す．

2 信用リスクモデルのバリエーション

　本章では精度評価の対象となる信用リスクモデルとそのバリエーションについて概説する．モデル評価手法の必要性と意味を理解するためには，信用リスクモデルのバリエーションがどのような由来で成立しているかを知ることが重要である．

　まず，2.1 節において数ある信用リスクモデルをその理論的根拠によって分類し，モデルの系統について述べる．その中で，それぞれの系統がもつ意味と長所短所について解説する．2.2 節は二項ロジットモデルについて解説する．このモデルはデフォルト確率を算出するときに，実務で最も利用されているモデルである．モデル精度の評価方法を議論する場合，何も断りがなければモデルの対象は二項ロジットモデルを指していることが多い．二項ロジットモデルがデフォルト確率を説明するためのモデルであるのに対して，2.3 節の順序ロジットモデルは格付を説明するためのモデルである．この 2 つのモデルは共通点が多いが，モデルの目的が違うためモデル評価指標も異なる．2.4 節では小規模の仮想データを用いて二項ロジットモデルの計算プロセスを解説する．2.5 節ではロジットモデルにおいて評価対象となるモデルの候補が複数になる原因を紹介する．ここで取り上げるのは財務変数の選択，多重共線性の問題，定性要因のセグメントとフラグ，マクロ要因の扱いである．

　なお，本章は信用リスクモデルについての解説であり，モデルの「評価手法」の解説ではない．すでに信用リスクモデルについて知識のある読者や，上であげたようなモデル評価の具体的な対象（モデル）をすでにもっている読者は，この章を省いて第 3 章に進んでもよい．

2.1 信用リスクモデルの系統

2.1.1 信用リスクの確率過程モデル

　バーゼルⅡや信用リスク不安が契機となり多くの信用リスクモデルが提案され，様々なバリエーションが生まれた．ここでは信用リスクモデルを基礎的アイ

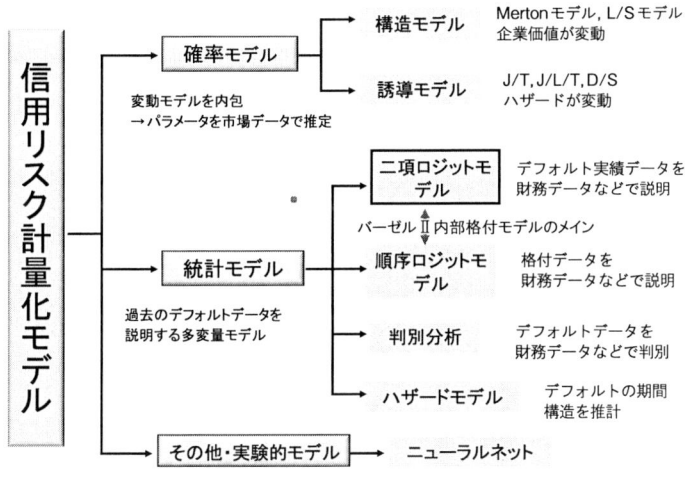

図 2.1 信用リスクモデルの系統

デアによって分類し，その系統について解説する．図 2.1 に信用リスクモデルの系統を図示した．

　信用リスクモデルのアイデアの系統は大きく分けて，不確実性を数学的に表現する確率論ベースのモデルと，過去の実績データをベースとした統計モデルに別れる．確率論ベースの信用リスクは「デフォルトするかしないか」などの将来の不確実性を，時間経過を伴った変動（＝確率過程）で表現したものである．確率論の信用リスクモデルは，企業価値が変動するとした構造モデルと，債券の市場価格をベースとした誘導モデルに分類することが一般的である．ただし，近年の研究では構造モデルと誘導モデルの両方の概念を取り入れたモデルが多く提案されており，この境界は曖昧になりつつある．また，デフォルト強度（瞬間的なデフォルト確率）が変動するモデルをインテンシティモデルとよび，誘導モデルに代わって構造モデルに対立する概念であると紹介されることも多くなってきた．そのため，論文や教科書によっては表現が異なることに注意されたい．ここでは最もオーソドックスな分類である，構造モデルと誘導モデルによって説明する．

　構造モデルは企業の価値が確率変動し，ある一定の価値を下回るとデフォルトを起こすと仮定されている．この考え方は Merton(1974) において提唱され，1997年にノーベル経済学賞を受賞したため著名なモデルとなった．モデルでは企業価値の変動に対して確率過程をおく．最も単純なモデルでは幾何ブラウン運動とよばれる変動を仮定し，また，デフォルトを起こす水準には負債を用いる．

つまり，企業の資産価値が負債を下回って，実質債務超過に陥った場合にデフォルトを起こすと仮定している．

構造モデルには満期において資産価値とデフォルト水準を比較するマートンモデルと，満期までのすべての時点において資産価値とデフォルト水準を比較する初到達モデルが存在する．言い換えればマートンモデルの場合，デフォルトは満期時点においてのみ発生するが，初到達モデルでは満期までの任意の時点でデフォルトが起きる可能性があると仮定している．初到達モデルが現実に近くより有用であるが，数学的表現が難しいためマートン型のモデルが構造モデルの説明として多用されている．図2.2にマートン型モデルの基本的な概念図を掲載した．期初の企業価値が A_0 であり，時間とともに幾何ブラウン運動に従い変動する．前述のとおり，デフォルトが起きる可能性は満期のみであり，企業価値と負債総額を比較してデフォルトが起こるかどうかを判定する．このとき企業価値が負債総額を下回る確率を数学的に導くことができるが，ここではその導出方法は他の文献に譲ることにする．マートンモデルのデフォルト確率はオプションのブラック–ショールズモデルと類似した以下の数式で与えられる．

$$P(T) = \Phi\left(\frac{\log(D/A_0) - (\mu - (1/2)\sigma^2)T}{\sigma\sqrt{T}}\right) \quad (2.1)$$

T：満期
$P(T)$：満期 T におけるデフォルト確率
$\Phi(\cdot)$：標準正規分布の累積密度関数
σ：企業価値の変動率（標準偏差）
A_0：現在の企業価値
D：負債額
μ：企業価値の成長率

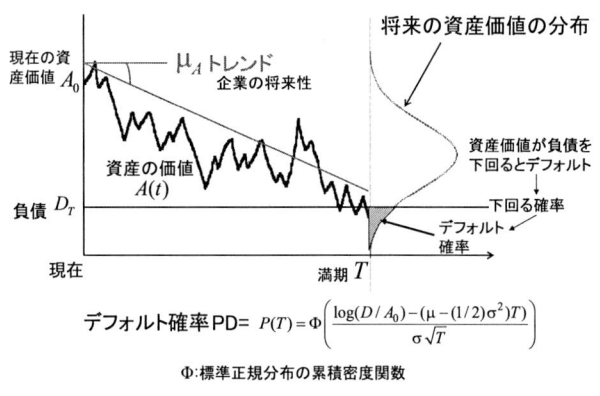

図 2.2 マートンモデルの概

計算に必要とされるデータは，①満期，②現在の企業価値，③負債額，④企業価値の成長，⑤企業価値の変動率である．この5つのパラメータがあれば，数式に代入することにより企業のデフォルト確率が算出される．ちなみに，回収率もこの5つのパラメータから算出可能であり，ブラック-ショールズモデルのプットオプション価格に似た数式となる．

　構造モデルによってデフォルト確率や回収率を推定するためには，企業の価値の変動を表すパラメータ μ と σ を，現実に即した値として与えなければならない．しかし，企業の価値は直接観測できないためこの推定はきわめて困難である．また，A_0 は単純なバランスシートの資産額ではなく，現時点における企業の実質の価値であり，これも簡単に観測される値ではない．構造モデルの多くのモデルではこれらのパラメータを株価や時価総額を用いて計算されているが，その信頼性は決して高くはない．

　誘導モデルは社債の価格やリスクプレミアムをもとに信用リスクを評価する方法である．社債市場や融資においては，信用リスクの大きい企業の金利は高く，信用リスクの小さい企業の金利は低い．その傾向を，数式を用いて正確に記述し，リスク計量化モデルとして活用する方法である．誘導モデルでは社債価格，回収率および金利が与えられたときにデフォルト確率が推計される（図2.3）．しかしその推計値は実際のデフォルトデータをもとにして得られた数値ではなく，あくまでも市場の価格，言い換えれば投資家のコンセンサスを反映した予測値であることに注意が必要である．このような市場の均衡価格をもとに推計された信用リスクを，リスク中立確率的信用リスクもしくはリスク中立的立場ということが

- 社債のスプレッドはその企業の信用リスクを反映したもの

  > スプレッド（リスクプレミアム）　大　→　信用リスク　大
  > スプレッド（リスクプレミアム）　小　→　信用リスク　小

- この関係を数学的に精緻に記述したモデル

  > 社債価格　＝　f(デフォルト強度、回収率、金利)

  ※モデル式 f は仮定によって多彩である
  ※デフォルト率はデフォルト強度を変換することにより求める

  > 社債価格が低い企業は信用リスクが大きい
  > 社債価格が高い企業は信用リスクが小さい

図 2.3　誘導モデルの概念

あり，実データから求められた信用リスク（実確率とよぶ）と区別されている．リスク中立確率を実確率の推計値として用いることについては様々な議論があり，リスク管理の実務においては否定的に考えられることが多い．

2.1.2 信用リスクの統計モデル

統計モデルは，過去のデフォルトデータをもとにデフォルト確率を推計するモデルである．バーゼルIIにおいて過去のデータを用いて分析することが義務づけられたこともあり，統計モデルが実務において中心的な存在となっている．データを用いて統計モデルをつくるとき，モデルの形（モデル式）とパラメータの推計方法，データベースが必要である．モデル式については，従来は線形関数の判別分析や正規分布の分布関数を利用したプロビットモデルなど，様々な数式が利用されていたが，現在では二項ロジットモデルが最も利用されており，その他のモデルはあまり用いられなくなった．

このような過去のデフォルトの実績データをもとにモデルパラメータを求める試みは，判別分析を用いて行った研究が発端とされている（Altman, 1968）．判別分析は多変量解析の一方法であり，当時からすでに統計学において重要な役割を担っていた．それをデフォルトするかしないかを判別するための問題に応用したのである．

それ以降，企業のデフォルトを判別する方法に長らく判別分析が用いられてきた．判別分析は説明変数（この場合財務データ）を用いて，企業をデフォルト群と非デフォルト群に判別する方法である．モデルのパラメータの推計方法は，2つの群の分散が，2つの群間の距離に比較して小さくなるように設定する方法がとられていた（第5章のダイバージェンス (5.23) 式に相当する）．その後，分析の直感的な理解のしやすさから実証研究は進む一方，理論研究は一定の水準にとどまった．また，実務面においてもデフォルトデータ数と，非デフォルトデータ数が極端に違う場合（実際，非デフォルト数の方が極端に多い）は，推計精度を維持することが難しいとされ，現在ではデフォルト確率の推計の主流ではなくなっている．さらに，判別分析はあくまでも「デフォルトの判別」のためのモデルであり，デフォルト確率を直接推計できないことも欠点として考えられている．ただし，判別分析の目的の明確さと論理のわかりやすさから，現在も他のモデルの評価方法の一部として用いられることがある．

前述のとおり現在の実データを用いた統計モデルの主流はロジットモデルであ

る．このモデルは，被説明変数が [0, 1] の間で定義されているため，デフォルトするかしないか（1 or 0）という問題や，回収率（0〜100%）を説明する問題に利用されるモデルである．基本的にはロジスティック関数を用いた一般化線形モデルであり，用語的にはロジスティック回帰分析とよぶべきである．また，ミクロ経済学におけるランダム効用理論を用いたモデルにもロジットモデルとよばれる方法があり，発案者のマックファーデンがノーベル経済学賞を受賞したことから金融以外の分野ではこの方法を指すことが一般的である．そのため，紛らわしさを避けるためにもロジットモデルとよばない方がよいのであるが，金融の分野ではすでにロジットモデルという表現が学問的にも実務的にも普及しており，今後もこの言葉の用法はなくなりそうもない．本書でも以下，ロジットモデルと表現する．

ロジットモデルには，デフォルト率を計算するための二項ロジットモデルのほか，格付を計算するための順序ロジットモデルがある．どちらも，信用力を表す信用スコアを財務データの線形モデルで記述することは共通である．

図 2.1 にあるようにハザードモデルも統計モデルの一種である．判別分析やロジットモデルはある一定の期間内の信用リスクを計算するためのものであり，たとえば今後 1 年以内に起こるデフォルト率などが計算対象となる．それに対してハザードモデルとよばれる方法はデフォルトの期間構造などの時間的変化を説明するモデルであり，医学などで用いられていた Cox 比例ハザードモデルを流用したモデルが多い．

この他にも，純粋には統計モデルとはいえないが，過去のデフォルト実績データを用いて将来のデフォルトを予測する方法として，ニューラルネットワークやサポートベクターマシーンなどの実験的計算手法もしくは機械学習とよばれる技術が提案されている．これらの手法は財務データの線形性の仮定を必要としないという点において実用的であるが，一方「モデルの過学習の問題」などモデルの安定性（ロバストネス）の評価において解決困難な問題点をもっている．現在，研究が盛んな分野であり，今後の発展が期待される方法である．

2.2 二項ロジットモデルによるデフォルト確率推計

二項ロジットモデルは説明変数（財務指標）の線形結合（加重平均）によって

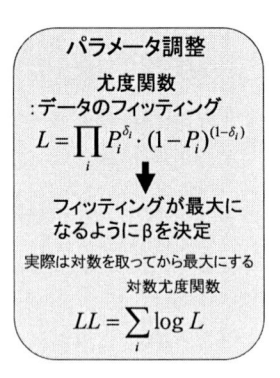

図2.4 二項ロジットモデルの数学記述

モデル
信用スコア: $Z_i = \alpha + \sum_{k=1}^{q} \beta_k X_{ki}$

デフォルト確率: $P_i = \dfrac{\exp(-Z_i)}{1+\exp(-Z_i)}$

- x：観測変数（財務データ、定性データ）
- Z：信用リスクスコア
- P：デフォルト確率
- δ_i：デフォルトフラグ：デフォルト1、非デフォルト0

パラメータ調整
尤度関数：データのフィッティング
$L = \prod_i P_i^{\delta_i} \cdot (1-P_i)^{(1-\delta_i)}$

↓

フィッティングが最大になるようにβを決定
実際は対数を取ってから最大にする
対数尤度関数
$LL = \sum_i \log L$

信用スコアが算出され，それをもとに被説明変数である推計デフォルト率の値が説明される．図2.4に二項ロジットモデルの数学的な記述を示した．具体的には以下の式によって表現される．

$$Z_i = \alpha + \sum_{k=1}^{q} \beta_k X_{ki} = \alpha + \beta_1 X_{1i} + \beta_2 X_{2i} + \cdots + \beta_q X_{qi} \quad (2.2)$$

ここで，Z_i は企業 i の信用スコアを表しており，一般的に大きい数値ほど信用力が高く，デフォルト確率が低いとされている．ただし逆の定義をおくことも可能であり，スコアが小さいほど，デフォルト率が小さいと定義されたモデルも存在するので注意が必要である．X_{ki} は企業 i の財務指標であり，指標が複数存在するときの k 番目の指標をさしている．β_k は k 番目の財務指標にかかるパラメータである．たとえば，財務指標が2種類あるときは β は2つある（β_1, β_2）．q はその財務指標の数である．α は切片パラメータである．α と β のパラメータが与えられれば，財務指標 X_{ki} に基づき企業 i の信用スコア Z_i が算定される．

次に，企業 i の信用スコア Z_i とデフォルト確率との関係は以下の式によって表現される．

$$P_i = \frac{\exp(-Z_i)}{1+\exp(-Z_i)} \quad (2.3)$$

左辺の P_i は企業 i のデフォルト確率を表している．右辺はロジスティック関数とよばれる関数であり，この式では信用スコア Z_i が $-\infty$ のときデフォルト確率 P_i が1となり，Z_i が $+\infty$ のときデフォルト確率がゼロになる．それ以外のスコアの場合，デフォルト確率が0～1の範囲となり，スコア Z_i が大きければデフォルト確率 P_i が小さくなることを示している．(2.3)式を用いれば，スコア Z_i が

わかっている企業については予測デフォルト確率 P_i を計算することができる.

(2.2), (2.3)の2つの式を用いることにより,パラメータ α と β が与えられれば,財務指標によりデフォルト率が計算される.しかし,当然ながら α と β がわからなければ上記のような計算はできない.統計モデルの特徴は,過去のデフォルト実績データを用いてこれらのパラメータを推計することにある.具体的には以下の式を最大化するような α と β を見つける.

$$L = \prod_{i=1}^{n} P_i^{\delta_i} \cdot (1-P_i)^{(1-\delta_i)} \tag{2.4}$$

この式の左辺の L は一般に尤度といわれ,両辺をあわせて尤度関数とよばれている.尤度関数を最大にするようにパラメータを設定する方法を最尤法(最尤推計法)とよび,統計学全般において重要な概念である.

この式の右辺をみる. δ_i は企業 i がデフォルトしていれば1,非デフォルトならば0となる変数である.この変数 δ_i のことをデフォルトフラグとよぶこともある.この式の中の

$$P_i^{\delta_i} \cdot (1-P_i)^{(1-\delta_i)} \tag{2.5}$$

は,企業 i について,デフォルトしていれば $\delta_i=1$ なので P_i,デフォルトしていなければ $\delta_i=0$ なので $1-P_i$ である.つまり,デフォルト企業については「デフォルト確率」が代入され,非デフォルト企業に対しては「デフォルトしない確率」が代入される式である.俗な表現であるが(2.5)式は「当たった度」を示している.

(2.4)式は企業に割り当てたこの「当たった度」を,すべての企業について掛け合わせることを意味している.つまり(2.4)式の値は, α と β が与えられた状態(デフォルト確率が推計できる状態)において,採取したデフォルトデータ全体の出現確率を表現していることになる.最尤法は被説明変数(モデルの左辺:この場合はデフォルト確率)のデータの出現確率が最大になるようにパラメータを推計する方法であり,ここでは α と β を変化させて尤度を最大化する.

ただし,(2.4)式が $\prod$ を含む積で表されているためこの最適化計算は容易ではない.そのため(2.4)式の対数をとり,和で求められる以下の式を最大化するようにパラメータを推計する.

$$LL = \log L = \sum_{i=1}^{n} \log\left(P_i^{\delta_i} \cdot (1-P_i)^{(1-\delta_i)}\right) \tag{2.6}$$

この LL を対数尤度といい,最尤推計法は対数尤度を最大化することが一般的で

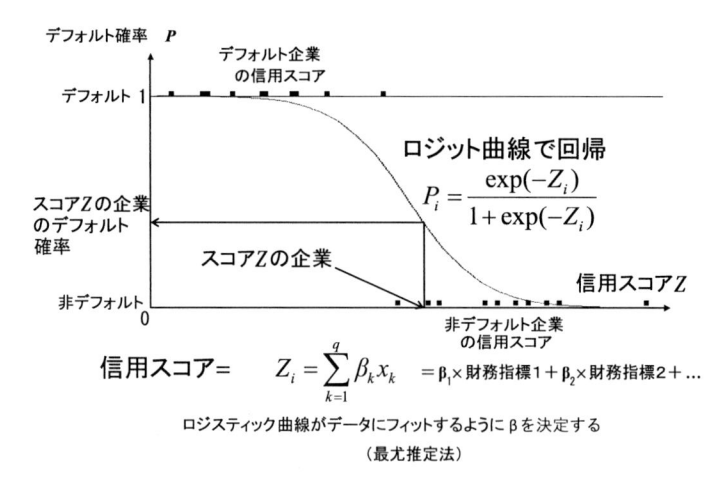

図2.5 ロジットモデルの図的概念

図中の数式・ラベル:
- デフォルト確率 P
- デフォルト 1
- デフォルト企業の信用スコア
- スコアZの企業のデフォルト確率
- スコアZの企業
- 非デフォルト 0
- 非デフォルト企業の信用スコア
- 信用スコア Z
- ロジット曲線で回帰 $P_i = \dfrac{\exp(-Z_i)}{1+\exp(-Z_i)}$
- 信用スコア= $Z_i = \sum_{k=1}^{q} \beta_k x_k$ = $\beta_1 \times$ 財務指標1 + $\beta_2 \times$ 財務指標2 + ...
- ロジスティック曲線がデータにフィットするように β を決定する（最尤推定法）

ある．これは対数関数が単調関数であるため，対数尤度を最大にするパラメータ α と β の組合せは必ず尤度も最大化するという数学定理に基づいている．

　以上の最尤推計-二項ロジットモデルの概念を図2.5に示した．(2.3)式のロジット曲線は，下限を0上限を1としたS字カーブになる．デフォルト実績データの企業は，デフォルト企業ならば縦軸の1，非デフォルト企業ならば0のところにプロットされる．このときの横軸の値は，その企業の財務指標によって計算された信用スコアZである．

　上記の最尤推計は，α と β の2つのパラメータを操作することによって，プロットされたデータと曲線のフィットを高くする．α, β が変化すれば，企業iの信用スコア Z_i もそれに伴い変化するため，プロットされた点は左右に動くことになる．最適とされる α, β の組合せは，点と曲線の距離が最小になるときであり，上記のとおり尤度が最大になる値である．ちなみに，一般の最尤法や最小2乗法の場合，曲線や直線をデータに近づけるようなパラメータを探すのに対して，ロジットモデルの場合は曲線にデータを近づける作業を行う．一見，まったく異なる作業のように感じるが，数学的には同値の作業である．

　このように最尤法によって求められた α, β によって企業iの信用スコア Z_i を求めることができる．この信用スコア Z_i は本書のメインテーマであるモデル評価においても大変重要な変数であり，以下の章・節において何度も再登場することになる．そのため，(2.2)，(2.3)式の関係を十分に理解していただきたい．

2.3 順序ロジットモデルによる格付推計

二項ロジットモデルでは財務情報を用いてデフォルト確率を推計したのに対して，順序ロジットモデルでは財務情報を用いることは同じであるが，求めるものは格付である．どちらのモデルも財務変数によって線形関数で定義された信用スコアを用いる．

順序ロジットモデルの利用方法を先に紹介する．いま格付を得ていない企業 i の格付を推計し，推計の結果によって融資の判断をしたいとする．企業の情報は財務データである．二項ロジットモデルはデフォルト実績データを用いて，デフォルトするかどうかわからない企業に対してデフォルト確率を推計した．これと同じように，順序ロジットモデルは格付を得ている企業データを用いて，格付のわからない企業の格付を推計する．このモデルは，財務情報のあるすべての企業に対して格付を自動的に付与することを可能とする，一種のエキスパートシステムとしての役割をもっている．

順序ロジットモデルの役割は格付の推計にあるが，デフォルト確率を知りたい場合は，格付に対してデフォルト確率を与えることにより，財務情報→格付→デフォルト確率という流れで推計できる．企業を格付ごとにグループにまとめて信用リスクを計量化する方法は，融資先が多数存在する金融機関にとって非常に有益な方法である．

順序ロジットモデルの概念を図 2.6 に示した．数学的記述は以下のとおりである．

まず，企業 i の信用スコア Z_i の算出については二項ロジットモデルと同じく財務指標の加重和，線形和で与えられるが，定数項はない点が異なる．q は財務指標の数である．

$$Z_i = \sum_{k=1}^{q} \beta_k X_{ki} \tag{2.7}$$

信用力が高い企業には高い格付が，低い企業には低い格付が付与される．格付は BBB などの記号で与えられ，信用スコア Z_i に対してある程度の幅をもって設定される．つまり，閾値とよばれるパラメータが設定され，ある閾値とその隣にある閾値の間にスコアをもつ企業が同じ格付になる．閾値 θ_j と θ_j+1 の間に信用ス

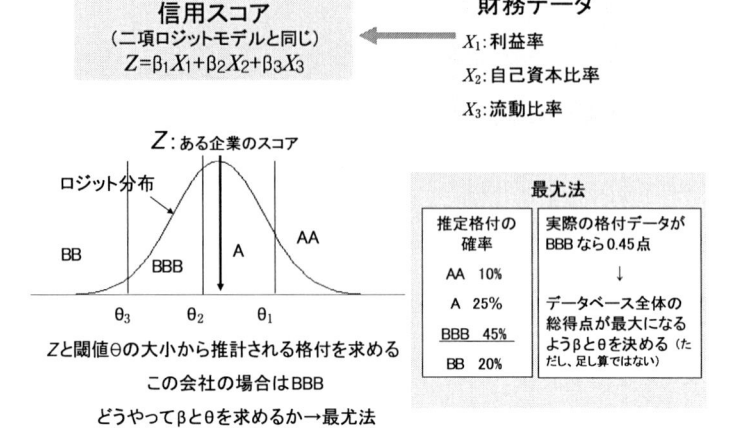

図2.6 順序ロジットモデルの概念

コア Z_i があるとすると，企業 i が格付 j となる条件は，

$$\theta_{j+1} < Z_i < \theta_j \tag{2.8}$$

である．ここでは j が小さいほど，格付は高いとしている．また，信用スコアと閾値の大小関係が以下の式で定義されるとする．

$$P(\theta_j < Z_i) = \frac{\exp(Z_i - \theta_j)}{1 + \exp(Z_i - \theta_j)} \tag{2.9}$$

このとき，企業 i が格付 j を付与される確率は，(2.8)式と(2.9)式から，

$$P(\theta_j < Z_i < \theta_{j-1}) = \frac{\exp(Z_i - \theta_j)}{1 + \exp(Z_i - \theta_j)} - \frac{\exp(Z_i - \theta_{j-1})}{1 + \exp(Z_i - \theta_{j-1})} \tag{2.10}$$

となる．もう少し具体的な表記に変える．一番上位の格付になる確率 P_{i1} は，Z_i が θ_1 より大きくなる確率で，以下の式によって与えられる．

$$P_{i1} = P(\theta_1 < Z_i) = \frac{\exp(Z_i - \theta_1)}{1 + \exp(Z_i - \theta_1)} \tag{2.11}$$

2番目の格付になる確率 P_{i2} は

$$P_{i2} = P(\theta_2 < Z_i < \theta_1) = \frac{\exp(Z_i - \theta_2)}{1 + \exp(Z_i - \theta_2)} - P(\theta_1 < Z_i) \tag{2.12}$$

3番目以降の格付も同様の式で計算され，j 番目の格付を付与する確率 P_{ij} は

$$P_{ij} = P(\theta_j < Z_i < \theta_{j-1}) = \frac{\exp(Z_i - \theta_j)}{1 + \exp(Z_i - \theta_j)} - P(\theta_{j-1} < Z_i) \tag{2.13}$$

最後の m 番目の格付を付与する確率 P_{im} は

$$P_{im} = P(Z_i < \theta_{m-1}) = 1 - \sum_{j=1}^{m-1} P(\theta_j < Z_i < \theta_{j-1}) - P(\theta_1 < Z_i) \qquad (2.14)$$

となる．これによって，企業 i に各格付が付与される確率を推計できる．しかし，そのためにはパラメータ β と閾値 θ の推計値が必要である．これを求める手段は二項ロジットモデルと同じく最尤法を用いる．二項ロジットモデルでは (2.5) 式のように，デフォルトするかしないかの 2 つの確率のうち，［デフォルト率］と 1 －［デフォルト率］の積を尤度に設定していた．それに対して，順序ロジットモデルでは m 個の格付があるため，(2.11)～(2.14)式により，m 個の確率が計算されている．それに応じて尤度の定義を変えなくてはならない．具体的には，モデルが実際の格付を正しく付与する確率が尤度となる．なお，$P_{ij}(\beta, \theta)$ としたのは，推計される確率がパラメータ β と θ の関数であり，尤度もこれらのパラメータの関数であることを明記するための記述であり，(2.13)式の左辺の P_{ij} と同じである．

$$L(\beta, \theta) = \prod_{j=1}^{m} \prod_{i=1}^{n} P_{ij}(\beta, \theta)^{\delta_{ij}} \qquad (2.15)$$

ここで δ_{ij} は企業 i の格付が j の場合 1 となり，それ以外の格付であれば 0 となるフラグ変数である．実際の計算は二項ロジットの場合と同じく，対数尤度をとり，それを最大化するような β と θ を求める．

$$\sum_{j=1}^{m} \sum_{i=1}^{n} \log P_{ij}(\beta, \theta)^{\delta_{ij}} \xrightarrow[\beta, \theta]{} \max \qquad (2.16)$$

最尤推計法によって $\hat{\beta}$ と $\hat{\theta}$ が求めることができ，新たな企業に対してその財務データがあれば，信用スコア Z を計算し，各格付が付与される確率を求めることができる．実際に企業に格付を付与する方法は，

① 推計された確率 P_{ij} が最大となる格付を与える
② 信用スコア Z がどの閾値 θ 間にあるかを判定し，その区間の格付を与える

の 2 通りがあるが，最近は②の方法をとるケースが多いようである．

2.4　二項ロジットモデルの例題

表 2.1 に二項ロジットモデルによってデフォルト確率を推計する場合のデータ例を紹介する．デフォルト確率を，Excel により実際に計算してみる．全企業数を 20 社とした．与えられたデータは企業番号，自己資本比率，営業利益率とそ

表 2.1 20 社の財務データとデフォルトデータ

与えられた財務データとデフォルトデータ

企業 No.	自己資本比率	営業利益率	デフォルトフラグ
1	10	2	1
2	10	9	1
3	15	6	1
4	15	12	0
5	20	5	0
6	25	11	0
7	25	3	1
8	30	7	1
9	30	4	0
10	35	8	1
11	35	9	0
12	40	9	0
13	45	9	0
14	50	10	0
15	60	13	0
16	65	11	0
17	65	5	1
18	70	12	0
19	70	6	0
20	75	10	0

の企業がデフォルトしたかどうかを示すデフォルトフラグである（1 がデフォルト，0 が非デフォルト）．

まず，このデータを用いて信用スコアのパラメータを推定する．得られるパラメータは 2 つの財務データに対応した $\hat{\beta}_1, \hat{\beta}_2$ と切片項 $\hat{\alpha}$ であり，それを用いて各企業の信用スコアとデフォルト確率が計算される．

図 2.7 は Excel で計算した例である．パラメータ推計には最尤法が使われるため，対数尤度を最大化するステップが必要である．ここでは，ソルバーという Excel の関数最大化のための機能を使うこととする．また，ソルバーによってパラメータ $\hat{\alpha}, \hat{\beta}_1, \hat{\beta}_2$ が推計されれば，デフォルト判定されていない企業に対して，その企業のデフォルト確率を計算できる．

このスプレッドシートでは左上のパラメータのセルに初期値を代入し，この値を変化させて右上の対数尤度を最大化する．パラメータの値とデータにより，D 列の信用スコア Z が 2 つの財務変数の加重和と定数項 α により算出され，さらに E 列でロジット関数で変換することによってデフォルト確率が計算されてい

2.4 二項ロジットモデルの例題

Zスコアに関するパラメータ	
α	-4.17
β（自己資本）	0.04
β（営業利益率）	0.44

←ソルバーの「変化させるセル」

ソルバーの目的セル

LL対数尤度	-8.66

尤度の対数の和

$$P_i^\delta \cdot (1-P_i)^{(1-\delta)}$$

与えられたデータ

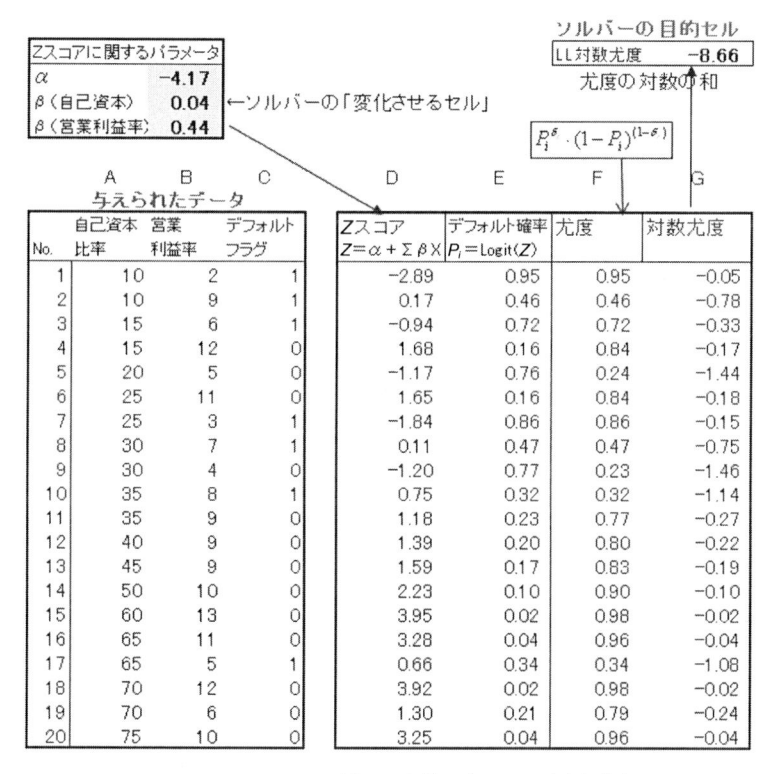

	A	B	C	D	E	F	G
No.	自己資本比率	営業利益率	デフォルトフラグ	Zスコア $Z=\alpha+\Sigma\beta X$	デフォルト確率 $P_i=\text{Logit}(Z)$	尤度	対数尤度
1	10	2	1	-2.89	0.95	0.95	-0.05
2	10	9	1	0.17	0.46	0.46	-0.78
3	15	6	1	-0.94	0.72	0.72	-0.33
4	15	12	0	1.68	0.16	0.84	-0.17
5	20	5	0	-1.17	0.76	0.24	-1.44
6	25	11	0	1.65	0.16	0.84	-0.18
7	25	3	1	-1.84	0.86	0.86	-0.15
8	30	7	1	0.11	0.47	0.47	-0.75
9	30	4	0	-1.20	0.77	0.23	-1.46
10	35	8	1	0.75	0.32	0.32	-1.14
11	35	9	0	1.18	0.23	0.77	-0.27
12	40	9	0	1.39	0.20	0.80	-0.22
13	45	9	0	1.59	0.17	0.83	-0.19
14	50	10	0	2.23	0.10	0.90	-0.10
15	60	13	0	3.95	0.02	0.98	-0.02
16	65	11	0	3.28	0.04	0.96	-0.04
17	65	5	1	0.66	0.34	0.34	-1.08
18	70	12	0	3.92	0.02	0.98	-0.02
19	70	6	0	1.30	0.21	0.79	-0.24
20	75	10	0	3.25	0.04	0.96	-0.04

以下の企業のデフォルト確率を求めてみよ

自己資本比率	営業利益率	Zスコア	PD
30	14	3.16	0.04
60	5	0.46	0.39

図2.7 二項ロジットモデルの計算例

る．次のF列が (2.4)式に相当する尤度である．デフォルトフラグが1の企業については，E列のデフォルト確率をそのままこのセルにおいている．たとえばNo.1の企業はデフォルトフラグが1なのでデフォルト確率0.95がそのまま入力されている．一方，デフォルトしていない企業については，このセルは（1－デフォルト確率）になる．たとえばNo.4の企業はデフォルト確率が0.16でデフォルトしていないため，「1－デフォルト確率」＝0.84となっている．

次のG列は対数尤度であり，F列の尤度の自然対数をとった値である．すべてのデータの対数尤度を足した値が右上のLL：対数尤度と書かれたセルにある．これをソルバーで最大化し，パラメータ α, β_1, β_2 を「変化するセル」として求める．

ソルバーを実行させると，初期値が代入されたセルが変化して最尤推計のパラメータが求められる．この表ではその値がすでに記載されており，定数項 −4.17，自己資本 0.04，営業利益率 0.44 であった．

次に推計されたパラメータを利用し，財務データがある企業のデフォルト確率を求める．図 2.7 の右下の例では，上の企業は自己資本比率 30%，営業利益率が 14% の場合のデフォルト率を計算している．信用スコア Z は，定数項（−4.17）＋自己資本のパラメータ（0.04）×自己資本比率（30）＋営業利益率のパラメータ（0.44）×営業利益率（14）と計算されている．さらに信用スコアをロジット変換することによりデフォルト確率を算出した．この例の自己資本比率が 30%，営業利益率が 14% の企業は，信用スコアが 3.16 であり推計デフォルト確率が 0.04 であることがわかった．一方，下の自己資本比率が 60%，営業利益率が 5% の企業のスコアは 0.46，デフォルト率は 0.39 である．この 2 社を比較すると営業利益率の影響が大きいことがわかる．

なお，二項ロジットモデルのインサンプルによる評価は，パラメータ推計に使った 20 社に対する評価であり，アウトサンプルによるモデル評価は右下の 2 社に対するものである．2 社については現状でデフォルトデータがないためモデル評価はできないが，20 社に対するモデル評価は可能である．

次章以降，このデータを用いてモデルを実際に評価する．当然ながら実際の信用リスクの分析ではインサンプルもアウトサンプルも大量にデータが存在するのが一般的で，このような少数のデータでモデル評価を行うことはない．

2.5 ロジットモデルのバリエーション

2.5.1 財務変数の選択と変換

信用リスクの二項ロジットモデルの説明変数には，財務指標，定性要因，マクロ変数が存在するため候補が非常に多い．表 2.2 に山下・川口(2003) において二項ロジットモデルに使用された説明変数を列挙した．この表に記載されている変数は候補であり，このリストから説明力の低い変数を削除することによって最終的なモデルを確定している．

財務指標は一般に実数値であるが，離散変数となるように事前に変換されていることもある．たとえば，利益系の指標を「赤字」，「黒字」の 0-1 変数で定義し

表2.2 ある二項ロジットモデルの説明変数

1 1996年度（フラグ）	31 経常利益	61 固定資産回転率
2 1997年度（フラグ）	32 当期利益	62 流動資産回転日数
3 1998年度（フラグ）	33 受取手形割引高	63 売掛金回転日数
4 1999年度（フラグ）	34 受取手形裏書譲渡高	64 買掛金回転日数
5 欠損値に対するペナルティ（フラグ）	35 減価償却実施額	65 棚卸資産回転日数
6 流動資産合計	36 期末従業員数	66 売上高減価償却費
7 現金預金	37 流動資産合計伸び率	67 売上高支払利息・割引料率
8 受取手形	38 現金預金伸び率	68 営業利益支払い率（逆数）
9 売掛金	39 その他流動資産合計伸び率	69 1人当たり売上高
10 棚卸資産合計	40 固定資産合計伸び率	70 一人当たり総資本
11 その他流動資産合計	41 その他固定資産伸び率	71 キャッシュフロー
12 固定資産合計	42 資産合計伸び率	72 固定負債キャッシュフロー倍率（逆数）
13 土地（フラグ）	43 流動負債合計伸び率	73 現預金比率
14 その他固定資産	44 その他流動負債合計伸び率	74 支払準備率
15 繰延資産	45 固定負債合計伸び率	75 預借率
16 資産合計	46 資本合計伸び率	76 当座比率
17 流動負債合計	47 売上高営業収益伸び率	77 流動比率
18 支払手形	48 売上総利益伸び率	78 正味運転資本額
19 買掛金	49 営業利益伸び率	79 正味運転資本比率
20 短期借入金	50 支払利息割引料伸び率	80 固定負債対有形固定資産比率
21 その他流動負債合計	51 経常利益伸び率	81 固定比率（逆数）
22 固定負債合計	52 当期利益伸び率	82 固定長期適合率（逆数）
23 その他固定負債	53 期末従業員数人伸び率	83 自己資本比率
24 資本合計	54 総資本当期利益率	84 借入金依存度
25 資本金	55 （受取利息−支払利息）対総資本	85 有利子負債利子率
26 売上高営業収益	56 総資本経常利益率	86 インタレストカバレッジ
27 売上総利益	57 自己資本当期利益率	
28 営業利益	58 （受取利息−支払利息）対自己資本	
29 受取利息割引料配当金	59 売上高総利益率	
30 支払利息割引料	60 総資本回転率	

たり，売上高規模を5段階評価し1〜5のスコアを与えたり，といった処理をしていることがある．そのため財務変数の候補は，変換しない指標を用いるのか変換後の指標を用いるのかといった選択もあるため，このような表よりも多い．さらに変換方法にもいくつかの種類があり多様性を増加される原因になっている．代表的な変換方法には

① 対数変換
② Neglog 変換
③ 離散スコア化

がある．

①の対数変換は文字どおり指標の対数をとる．売上高データなど必ず正の値で企業によって桁が違うような財務指標に対して用いられることが多い．

②の Neglog 変換は以下の式によって与えられる変換である．

$$ngl(x) = \begin{cases} -\log(1-x), & x \leq 0 \\ +\log(1+x), & x > 0 \end{cases} \tag{2.17}$$

①の対数変換が負の値が変換できない欠点を補うものである．負の値もとりうる利益を表す財務指標について用いられる．

③の離散スコア化には多くの手法がある．代表的な方法は特定の財務指標について，昇順もしくは降順に並べ替え，k 個のクラスに分割し，クラスごとに得点を与える方法である．二項ロジットモデルの最尤法によるパラメータ推計は，異常値に対して過敏に反応するという性質をもっているが，このような処理をすることにより異常値の影響を緩和することができる．そのため，離散スコア化による変数変換は異常値の多いデータ，特に中小企業を対象にしたデータに対して行われることが多い．

このようにロジットモデルの変数選択には，指標の組合せのバリエーションだけでなく，変数をどのように変換して利用するかというバリエーションがある．そのため，候補とするモデルの種類は膨大であり，その選択が重要な課題となる．

2.5.2　ロジットモデルの多重共線性

変数選択のときに重要な概念となるのが多重共線性の問題である．多重共線性とは，同じような説明変数がモデルの中で2つ以上存在した場合，モデルが不安定になって精度が落ちる現象である．信用リスク計量化のロジットモデルにおいては，財務変数を多く使用しているため，特に意識しなければ多重共線性はほぼ

必ず発生する．そのため多重共線性をチェックすることは信用リスクモデル評価において重要なポイントとなっている．たとえば売上高経常利益率と売上高営業利益率などは傾向として近いため，2つは必要がなく，どちらか1つで十分である．

多重共線性は相関係数により評価することが多いが，財務変数を多数利用した場合は一般的な相関係数だけではチェックできない．相関がすべて低くても多重共線性が存在する例がある．代表的な例として，2変数でもう1つの変数が計算できる場合である．たとえば資産と負債の情報があれば会計上は資本が計算される．つまり資産と負債，資本の3つのうち2つまでは有効な情報だが，もう1つはほかの2変数の情報を利用することによってつくり出せる情報である．相関係数は2変数の関係をチェックするだけで，3つ以上の変数間の関係をチェックできないため，この例では正確な判断ができない．

相関係数をすべての変数間で計算したものを相関行列というが，3つ以上の変数間の多重共線性はその行列の固有値によって評価するとよい．固有値がゼロに近いものが存在すれば多重共線性があると判断できる．ちなみに固有値はモデルの説明変数の数だけ存在するが，その中で1つでもゼロがあれば多重共線性に対するなんらかの対策が必要である．

図2.8に多重共線性があるデータの例を記載した．図2.7に比較して経常利益率が挿入されている点が異なる．この図においては営業利益率と経常利益率はほぼ同じ値をとっているため，明確に多重共線性がある．下方に相関係数を示した．0.964であり十分な相関をもっている．

このデータを用いて最尤法によりパラメータを推計する．ステップは前述の方法と同じで，パラメータの初期値を与え，尤度と対数尤度が計算される．先ほどと同じようにソルバーによりパラメータ α と3つの β を最適化を行う．図2.8に計算結果を示している．

多重共線性がある場合，モデルのパラメータ β の推計値は不安定になる．この計算結果では経常利益に対するパラメータ推計値がマイナスとなっているが，利益指標は高ければ高いほどデフォルト確率が低い指標なので，これは一般的な概念と相違している．実際，図2.8のデータを詳しくみると，デフォルトしていない企業の方が経常利益率は高い傾向にあるため，パラメータはプラスになるはずである．ところが，実際には結果はマイナスになっている．このように多重共線性がある場合，他の説明変数が説明できなかった残りの要因を説明しているこ

2. 信用リスクモデルのバリエーション

Zスコアに関するパラメータ	
α	-4.10
β（自己資本）	0.04
β（営業利益率）	0.79
β（経常利益率）	-0.37

←ソルバーの「変化させるセル」

ソルバーの目的セル

LL対数尤度	-8.52

尤度の対数の和

$P_i^\delta \cdot (1-P_i)^{(1-\delta)}$

与えられた財務データと倒産非倒産データ

企業no. i	自己資本比率 X_1	営業利益率 X_2	経常利益率 X_3	デフォルトフラグ δ	Zスコア $Z=\alpha+\sum \beta X$	デフォルト確率 $P_i=\text{Logit}(Z)$	尤度	対数尤度
1	10	2	1	1	-2.49	0.92	0.92	-0.08
2	10	9	9	1	0.11	0.47	0.47	-0.75
3	15	6	8	1	-1.71	0.85	0.85	-0.17
4	15	12	12	0	1.58	0.17	0.83	-0.19
5	20	5	4	0	-0.83	0.70	0.30	-1.19
6	25	11	11	0	1.54	0.18	0.82	-0.19
7	25	3	4	1	-2.22	0.90	0.90	-0.10
8	30	7	5	0	0.78	0.31	0.31	-1.16
9	30	4	4	0	-1.24	0.77	0.23	-1.49
10	35	8	8	1	0.66	0.34	0.34	-1.07
11	35	9	9	0	1.08	0.25	0.75	-0.29
12	40	9	9	0	1.65	0.16	0.84	-0.18
13	45	9	9	0	1.84	0.14	0.86	-0.15
14	50	10	10	0	2.09	0.11	0.89	-0.12
15	60	13	13	0	3.75	0.02	0.98	-0.02
16	65	11	10	0	3.47	0.03	0.97	-0.03
17	65	5	5	1	0.55	0.37	0.37	-1.01
18	70	12	11	0	4.09	0.02	0.98	-0.02
19	70	6	6	0	1.17	0.24	0.76	-0.27
20	75	10	10	0	3.06	0.04	0.96	-0.05

営業利益率と経常利益率の相関係数　0.964

図 2.8　多重共線性のある二項ロジットモデル

とが原因で，パラメータの符号が逆になることがある．この例では，営業利益率の変数がデフォルトを説明し，その残った部分を経常利益率が説明しているからである．多重共線性がパラメータの不安定性を増すことは数学的に証明可能である問題だが，このような例をみればおおよそ実感することができるだろう．

ただし，この表のインサンプルのデフォルト確率をみると，多重共線性がない場合の図 2.7 と比較して大きな違いがない．これはパラメータが不安定であったとしても，説明変数全体のもつ情報がほぼ同じであることによる．そのため，インサンプルにおけるデフォルト確率だけをみると多重共線性は大きな問題でないようにみえることが多い．しかし，パラメータが不安定なモデルは，バックテストにおいて経年劣化が早い傾向にあるため，これをして多重共線性を軽視するのは危険である．具体的な解決方法については第 7 章で紹介する．

2.5.3 業種セグメントとフラグ（定性要因の扱い）

ロジットモデルのバリエーションの1つが業種に対する扱いである．一般的には業種が異なれば，デフォルトの構造も異なると考えられており，企業が属する業種の情報をモデルに取り入れることが求められる．業種は財務変数と違い定性要因であり，ロジットモデルの一般的な説明変数のように用いることはできない．そのため，業種要因を反映する方法としてセグメントによる方法とフラグによる方法が提案されている．

セグメントによる方法は，データを業種ごとに分割する方法である．データベースが業種数だけ存在し，それぞれに異なるロジットモデルが適用される．データが分割されるためそれぞれの業種の企業数は少なくなる．

一方，フラグによる方法はデータベースを分割するのではなく，業種を示すフラグ変数（0-1変数）をモデルの説明変数として用いる．たとえば，建設業フラグ変数であれば該当企業が建設業であれば1，それ以外の業種であれば0となる変数である．

ロジットモデルのスコアの式を示せば以下の違いになる．なお Z_{ij} は業種 j の i 番目企業のスコア，d_{ij} は企業 i が業種 j に属していれば1，そうでなければ0となる変数，X は財務変数である．

セグメントによる対応

$$Z_{ij} = \alpha_j + \sum_{k=1}^{q} \beta_{jk} X_{ki} \qquad (2.18)$$

フラグによる対応

$$Z_{ij} = \alpha + \sum_{k=1}^{q} \beta_k X_{ki} + \sum_{j=1}^{m-1} \gamma_j d_{ij} \qquad (2.19)$$

一般的にセグメントによる対応の方が求めるパラメータ数が多くなる．たとえば，業種数が5で説明変数が4の場合，セグメントによる方法は $5+4\times5=25$（α が5個，β が 4×5 個），フラグによる対応の場合は $1+4+(5-1)=9$（α が1個，β が4個，γ が4個）となる．フラグによる対応の第3項のパラメータが $(5-1)$ なのは自由度の関係で，5業種の場合4つの業種フラグを用意し，残りの業種はフラグがすべて0の場合に相当するからである．図2.9にセグメントによる対応とフラグによる対応のデータのイメージを記載した．このケースでは業種は「建設業」，「小売業」，「その他」である．

セグメントかフラグかを決定したとしても，業種の分割数を決定する問題が残

フラグによる対応
(ロジットモデルは1つ)

i	自己資本比率X1	営業利益率X2	建設業フラグX3	小売業フラグX4	デフォルトフラグδ
1	10	2	1	0	1
2	10	9	0	0	1
3	15	6	1	0	1
4	15	12	0	1	0
5	20	5	0	0	0
6	25	11	0	1	0
7	25	3	1	0	1
8	30	7	0	0	1
9	30	4	1	0	0
10	35	8	0	1	1
11	35	9	0	0	0
12	40	9	0	0	0
13	45	9	1	0	0
14	50	10	0	1	0
15	60	13	0	0	0
16	65	11	0	1	0
17	65	5	1	0	1
18	70	12	0	0	0
19	70	6	1	0	0
20	75	10	0	1	0

セグメントによる対応
(ロジットモデルは3つ)

建設業

i	自己資本比率X1	営業利益率X2	デフォルトフラグδ
1	10	2	1
3	15	6	1
7	25	3	1
9	30	4	0
13	35	9	0
17	65	5	1
19	70	6	0

小売業

i	自己資本比率X1	営業利益率X2	デフォルトフラグδ
4	15	12	0
6	25	11	0
10	30	8	1
12	40	9	0
14	45	10	0
16	50	11	0
20	55	10	0

その他

i	自己資本比率X1	営業利益率X2	デフォルトフラグδ
2	10	9	1
5	15	5	0
8	20	7	1
11	35	9	0
15	60	13	0
18	65	12	0

図 2.9 業種分類：フラグによる対応とセグメントによる対応

る．分割数が多いほど推計すべきパラメータは増えるため，モデルの安定性を失われる．そのため，業種の分割数にはある程度の適切な値が存在する．データベースの企業数が多いほど，またデータベース内のデフォルト確率が高いほど，多くの業種分割が可能である．データベースの規模と業種セグメント数の関係については，山下・川口(2003) を参照.

なお，ここでは業種についての対応を紹介したが，企業の所在地（都道府県データ）などの定性データについても同様の扱いが必要で，セグメントで対応するかフラグで対応するかを検討しなければならない．一般的に定性要因が多い場合は，前述のパラメータ数の理由からセグメントを用いずにフラグを組み合わせてモデル化することが多い．

以上，信用リスクモデルのバリエーションについて説明をした．次章からは，このような複雑化した信用リスクモデルの中から，より目的に合致したモデルを選択するための評価基準とその利用方法について解説する．第3章では，現在実務において最も利用頻度が高い AR 値について，特に詳しく取り上げる．さらに第4章では AR 値の利点欠点について解説し，第5章では AR 値以外の評価方法を列挙する．第6章では順ロジットモデルなどの格付モデルのバックテスト方法について説明する．

3 AR 値を用いたモデル評価方法

　前章まで，信用リスクモデルの様々な種類，およびその評価方法を述べた．モデルの作成方法や目的によってその評価方法も多様であり，モデルを評価する際にはどういった指標で評価すべきか適宜判断する必要がある．現在，デフォルト確率を推計するモデルの評価指標としては，AR 値（accuracy ratio）が一般的な指標となりつつある．そこで本章と次章では，信用リスクモデルを作成したときの判別力を評価する指標として，AR 値の解説を行う．

　最初に 3.1 節では信用リスクモデルの評価指標としての AR 値の概略を述べる．また，AR 値の計算方法が 2 つあることも説明する．AR 値の計算方法の 1 つ目は CAP（cumulative accuracy profiles）曲線の下側面積を求めることで定義され，3.2 節では CAP 曲線の描き方を解説し，3.3 節において AR 値を求める際の計算方法を説明する．また，3.4 節では，格付が付与されているデータの AR 値の計算方法を述べる．3.5 節では，AR 値の性質を概観する．次の 3.6 節においては，2 つ目の AR 値の計算方法として，CAP 曲線を描くことなく AR 値が計算される方法を紹介する．これによって，第 8 章で述べる AR 値の最大化の方法の導入とする．また，第 2 章で用いたデータを使用して CAP 曲線を描き AR 値を計算した結果と，数学的な記述方法で得られる AR 値が同じ値となることを確認する．3.7 節では AR 値に関する様々な話題を取り上げる．3.8 節では AR 値と AUC（area under the curve）の関係を述べ，3.9 節では AUC の考え方のもととなっている判別ルールについて解説する．

3.1　モデル評価指標 AR 値

　第 2 章において構造モデルや誘導モデル，統計モデルなどの様々な信用リスクモデルを紹介した．モデルを作成したのち，モデルに適した評価指標を用いて評価・検証する必要がある．本章では前章で紹介した統計モデル，特に二項ロジッ

トモデルの評価指標として広く用いられている AR 値を説明する.

AR 値とは accuracy という言葉が表すとおり,「正確さ」を表す指標である. ここでの「正確さ」とは, 順位性の正しさを意味し, デフォルト確率モデルを評価するときに, 推計した信用スコアが低い (デフォルト確率が高い) 企業から順に, 正しくデフォルトが発生しているかを意味する. つまり, モデルから得られた信用スコアが低い企業から順にデフォルトが発生するとき, モデルの精度が高いと判断できる. 逆に, デフォルト企業に高い信用スコアを付与しているときには, そのモデルの判別力が低いと判断できる. このように, デフォルト・非デフォルトと企業の信用スコアの順位性を評価しているのが AR 値である. AR 値を評価指標として用いることによって, 与信ポートフォリオ内のデフォルト企業に正しく低い信用スコアが付与できているかを検証できる.

AR 値は「デフォルトと非デフォルトの順位性の検証」や「1 に近ければ近いほど良いモデルである」といった直感的な理解のしやすさから, デフォルト確率モデルの評価指標として広く用いられている. 現在では, 様々なモデルデータに対して適用され, どういったモデルデータであれば, AR 値はどれほどの水準であるかという共通認識ができつつある. そのため, モデルを作成する際のベンチマークとして採用されることも多い.

本章では AR 値の計算方法や特徴を通して性質を解説する. その際に, AR 値はモデルのどういった点を評価できる指標であり, またどういった点は評価できない指標なのか説明を行う.

AR 値の 2 つの計算方法

AR 値の計算方法を 2 つ紹介する. 1 つは, ① CAP 曲線を描き, その下側面積を求める作図的な計算方法, もう 1 つは, ② CAP 曲線を描くことなく, AR 値を定式化して求める数学的方法である. まず本章では①の CAP 曲線を描く方法を解説する. この方法を通して, AR 値が信用スコアの順位性に着目した指標であることのイメージをつかむ. また, ②の CAP 曲線を描かずに AR 値を求める数学的な計算方法は一般的な方法ではないが, AR 値を求める手順が少なく, 便利な方法であるため, ぜひ確認していただきたい. ②の方法は 3.6 節で述べる. 図 3.1 に 2 つの計算方法をまとめた.

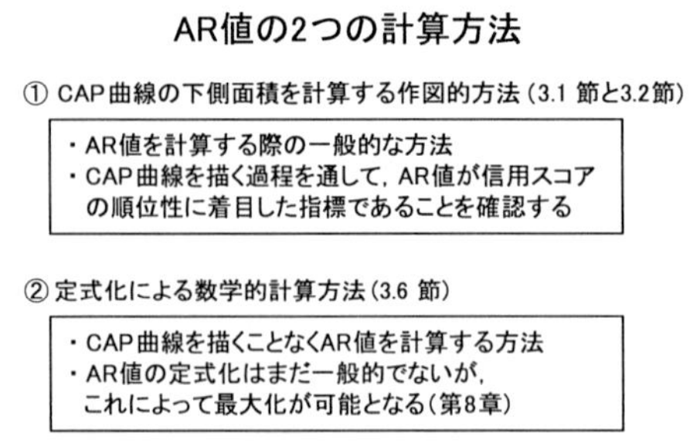

AR値の2つの計算方法

① CAP曲線の下側面積を計算する作図的方法（3.1節と3.2節）

・AR値を計算する際の一般的な方法
・CAP曲線を描く過程を通して，AR値が信用スコアの順位性に着目した指標であることを確認する

② 定式化による数学的計算方法（3.6節）

・CAP曲線を描くことなくAR値を計算する方法
・AR値の定式化はまだ一般的でないが，これによって最大化が可能となる（第8章）

図 3.1　AR値の2つの計算方法とその説明箇所

3.2　CAP 曲線の描き方

3.2.1　通常の信用リスクモデルの CAP 曲線

現在の AR 値の一般的な計算方法は，①の CAP 曲線とよばれる曲線の下側面積を計算する作図的方法である．CAP 曲線とは，デフォルト・非デフォルト企業がどのような信用スコア（デフォルト確率）の順序で並んでいるかを視覚的にとらえることができる曲線である．

最初に CAP 曲線のイメージをつかむために，簡単なデータ例を用いて，CAP 曲線の描き方を説明する．使用するデータは，デフォルト企業が3社，非デフォルト企業が7社で，全データが10社とする．また，それぞれの企業の信用スコアは，あるデフォルト確率モデル（たとえば二項ロジットモデルなど）をもとにすでに得られているとする．以下の表 3.1 に用いるデータを示す．

表 3.1　信用スコアとデフォルトの結果

	モデルから計算された信用スコア	モデルから計算された推計デフォルト率	デフォルト・非デフォルトの結果
A社	98.5	0.0125	0
B社	23.5	0.1020	1
C社	40.5	0.0890	1
D社	51.0	0.0719	0
E社	75.0	0.0341	0
F社	88.0	0.0293	0
G社	32.0	0.0971	0
H社	60.5	0.0618	1
I社	64.5	0.0593	0
J社	92.0	0.0151	0

3.2 CAP 曲線の描き方　　　45

表 3.2　表 3.1 を企業の信用スコア順にソートした結果

	信用スコア	推計デフォルト率	デフォルトの結果
B 社	23.5	0.1020	1
G 社	32.0	0.0971	0
C 社	40.5	0.0890	1
D 社	51.0	0.0719	0
H 社	60.5	0.0618	1
I 社	64.5	0.0593	0
E 社	75.0	0.0341	0
F 社	88.0	0.0293	0
J 社	92.0	0.0151	0
A 社	98.5	0.0125	0

4 列目は対応する企業のデフォルト（1）または非デフォルト（0）を記述している．

信用スコアの高い（推計デフォルト率の低い）A 社が非デフォルトで，信用スコアの低い（推計デフォルト率の高い）B 社がデフォルトしている点などをみると，この信用スコアはある程度の判別力を有している．

CAP 曲線は各企業の信用スコアの値とデフォルト・非デフォルトの 2 つのデータがあれば描くことができるため，表 3.1 のデータが手元にあれば，CAP 曲線と AR 値が計算できる．CAP 曲線を描くために必要な作業として，各企業を信用スコアの昇順にソートする．または，推計デフォルト率を降順にソートしても同様の順位となる．結果を表 3.2 に示す．

CAP 曲線を描くときの一般的なルールを図 3.2 に示す．また，CAP 曲線の具体例として，表 3.2 の企業の信用スコアをもとに実際に CAP 曲線を描く．

Step1　表 3.2 の全企業数は 10 社であるから，単位正方形の横軸を 10 分割する．デフォルト企業数は 3 であるから，単位正方形の縦軸は 3 分割する（図 3.3 を参照）．

Step2　全 10 社の企業を信用スコアが低い順に企業をソートした結果，B 社が最も低い．原点 (0, 0) から，横に 1/10 進む．縦は，B 社がデフォルト企業であるため，1/3 だけ上昇する．次に信用スコアが低い企業は G 社である．横に 1/10 進み，G 社は非デフォルト企業であるため，縦は上昇せず真横に 1/10 進む．3 番目に信用スコアが低い企業は C 社であり，C 社はデフォルト企業だから，横に 1/10, 縦に 1/3 進む．以下，最も信用スコ

Step1　横軸，縦軸に一辺の長さが1の単位正方形を描く．横軸を全企業数で，縦軸をデフォルト企業数でそれぞれ分割し，これを1マスとする（図3.2参照）

Step2　正方形の左下の点（原点 (0,0)）を始点とし，信用スコアの低い企業順に1マスずつ横に進む．縦軸の進み方は，「デフォルト企業なら右上に斜め上に1マス」，「非デフォルト企業なら縦軸方向には進まず，真横に1マス」進む（図3.3参照）

Step3　Step2.の操作を信用スコアの最も低い企業から始めて，最も高い企業まですべての企業に対して行う．最後に，最も信用スコアの良い企業をプロットすると (1, 1) の点まで到達する（図3.3参照）

図 3.2　一般的な CAP 曲線の描き方

1×1の単位正方形を横軸は全企業数、縦軸はデフォルト企業数で分割する

デフォルト企業数は3社なので、3分割

長さ=1

長さ = 1
全企業数は10社なので、10分割

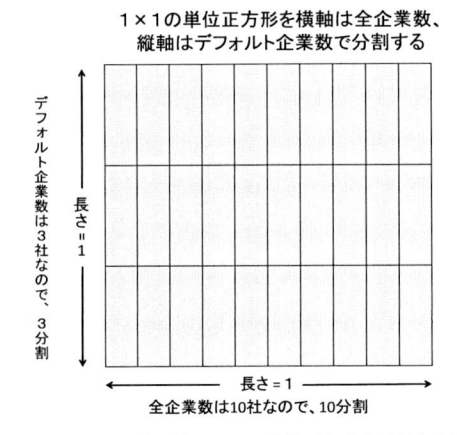

図 3.3　CAP 曲線を描くために単位正方形を分割した図

アの高い企業である A 社まですべての企業に対して同様の操作を行う（図 3.4 を参照）．

Step3　最も信用スコアの高い企業である A 社は非デフォルトであるから，横に 1/10 進み，縦は上昇しない．最終的に (1, 1) の点に到達する（図 3.4 を参照）．

以上の Step1〜3 の操作を行うことによって，図 3.4 の CAP 曲線を描くことができる．

CAP 曲線を描く手順を Step1〜3 のように記したが，1社ずつの進み方を折れ線上に記入せずとも，同様の CAP 曲線が得られる方法がある．具体的には表 3.3

3.2 CAP 曲線の描き方

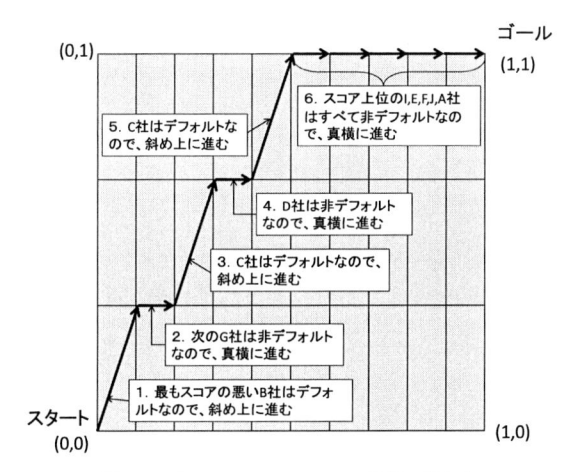

図 3.4 表 3.2 のデータの CAP 曲線の描き方

表 3.3 CAP 曲線を描くための座標として，表 3.2 に 4, 5 列目を加えた表

	信用スコア	デフォルトの結果	累積企業割合（横軸）	累積デフォルト企業割合（縦軸）
始点（原点）			0	0
B 社	23.5	1	1/10	1/3
G 社	32.0	0	2/10	1/3
C 社	40.5	1	3/10	2/3
D 社	51.0	0	4/10	2/3
H 社	60.5	1	5/10	1
I 社	64.5	0	6/10	1
E 社	75.0	0	7/10	1
F 社	88.0	0	8/10	1
J 社	92.0	0	9/10	1
A 社	98.5	0	10/10	1

をもとに CAP 曲線が作成できる．表 3.3 は表 3.2 のデータをもとに，4 列目：累積企業割合，5 列目：累積デフォルト企業割合を付け加えたデータである．

　上の表 3.3 の 4, 5 列目の点を正方形上にプロットすることによって，先と同様の CAP 曲線が得られる．したがって，1 社ずつ原点からの進み方を記入する必要はなく，累積企業割合と累積デフォルト企業割合を表に加えることによって，容易に CAP 曲線を描くことができる．

3.2.2 完全判別モデルの CAP 曲線

デフォルト確率モデルのような判別モデルには,「完全判別モデル」が存在する.完全判別モデルとは,デフォルト・非デフォルトが信用スコアで完全に分離できているモデルを意味する.

完全判別モデルは信用スコアの順に企業をソートした際に,ある閾値でデフォルト・非デフォルトが完全に判別できるモデルである.完全判別モデルでない場合,たとえば表 3.2 にある信用スコアを算出したモデルは,信用スコアの順に企業をソートしたときにデフォルト・非デフォルトが交差している(たとえば,非デフォルト企業のG社はデフォルト企業のC社やH社よりも信用スコアが低い).完全判別モデルの出力結果の例を表 3.4 に記す.

企業の信用スコアを昇順にソートすると,すべてのデフォルト企業が信用スコアの低いところに集まり,ある閾値よりも高い信用スコアにすべての非デフォルト企業が並ぶことになる(図 3.5 参照).

このようなデータに対して前述の手順に従って CAP 曲線を作図する.得られる CAP 曲線は,原点 (0, 0) を始点とし,デフォルト企業の数の分だけ斜め上に進み,その後は非デフォルト企業の数分だけ横に 1 マスずつ進むことによって得られる曲線となる(図 3.6 参照).

完全判別モデルの CAP 曲線の特徴として,原点からデフォルト企業の分だけ右斜め上に進み,正方形の上辺に到達するとそれ以降は真横に進む.図 3.5 に示したデフォルト・非デフォルト企業の順位性と図 3.6 の CAP 曲線の対応関係を

表 3.4 完全判別モデルの例

	モデルから計算された信用スコア	デフォルトの結果	累積企業割合(横軸)	累積デフォルト企業割合(縦軸)
B社	23.5	1	1/10	1/3
C社	30.5	1	2/10	2/3
H社	42.9	1	3/10	1
G社	58.0	0	4/10	1
I社	64.5	0	5/10	1
E社	75.0	0	6/10	1
D社	81.0	0	7/10	1
F社	88.0	0	8/10	1
J社	92.0	0	9/10	1
A社	98.5	0	10/10	1

**表3.4の完全判別モデルのデータを信用スコアの順に
デフォルト(D)・非デフォルト(ND)で並べる**

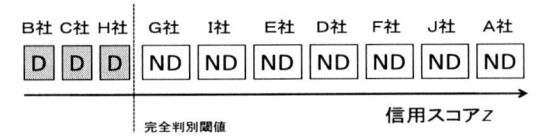

B社 C社 H社 | G社 I社 E社 D社 F社 J社 A社
D D D   ND ND ND ND ND ND ND
　　　　↑
　　完全判別閾値　　　　　　　　　　　　　信用スコア z

完全判別モデルにおいては、デフォルト企業と非デフォルト企業の信用スコアが、ある閾値 (H社とG社の間の値)によって完全に判別できる

図 3.5　完全判別モデルの信用スコアの順位

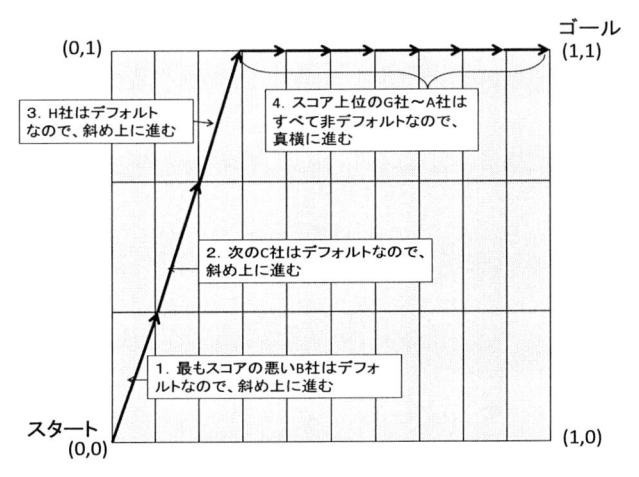

(図：完全判別モデルのCAP曲線の描き方)

- 1. 最もスコアの悪いB社はデフォルトなので、斜め上に進む
- 2. 次のC社はデフォルトなので、斜め上に進む
- 3. H社はデフォルトなので、斜め上に進む
- 4. スコア上位のG社～A社はすべて非デフォルトなので、真横に進む

スタート (0,0)、ゴール (1,1)

図 3.6　完全判別モデルの CAP 曲線の描き方

確認していただきたい．

3.2.3　ランダムモデルの CAP 曲線

　完全判別モデルはある閾値でデフォルト企業と非デフォルト企業を完全に判別できるモデルであった．このモデルといわば逆の性質をもつモデルとして「ランダムモデル」が存在する．デフォルト・非デフォルトの判別力がまったくない「ランダムモデル」とは，デフォルトと非デフォルトに関係なく，各企業にランダム（でたらめ）に信用スコアが付与されている状況を想定するとわかりやすい．このモデルの CAP 曲線は，信用スコアがデフォルト・非デフォルトに対してランダムに付与されて企業順位が決まるため，CAP 曲線を描くときの折れ線の進み方は斜め上への移動と真横への移動を交互に繰り返すことになる．これによって得ら

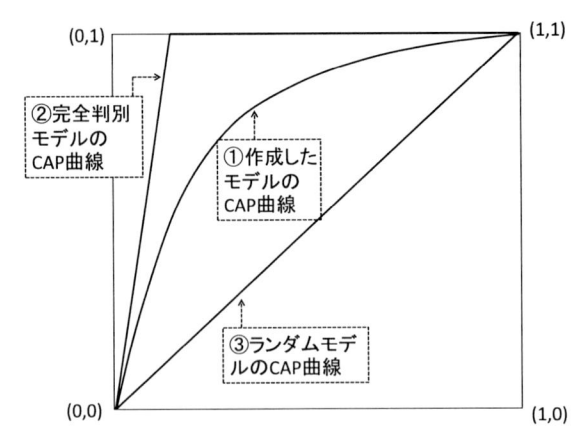

図3.7 3つのCAP曲線の位置関係

れるCAP曲線は，単位正方形の原点 (0, 0) と終点 (1, 1) を結ぶ対角線となる[1]．

以上で説明した3つのモデル，①作成したモデル（通常の信用リスクモデル），②完全判別モデル，③ランダムモデルのCAP曲線の関係図を以下に記す(図3.7)．一般的には，作成した通常の信用リスクモデルは完全判別モデルほど判別力はなく，ランダムモデルよりも高い判別力を有する．したがって，通常の作成したモデルは完全判別モデルとランダムモデルの間の判別力を有するため，CAP曲線もそれらのモデルのCAP曲線の間に描かれる．

CAP曲線によるモデル比較

CAP曲線によるモデル評価は，「デフォルト・非デフォルト企業をいかに正しく順位をつけられたか」であるから，完全判別モデルの企業順位に近いほど，モデルの精度は高いと判断する．

図3.7に示したように，作成した通常の信用リスクモデルのCAP曲線は，完全判別モデルとランダムモデルのCAP曲線の間に位置する．したがって，（完全判別モデルのように）CAP曲線が左上にあるほどモデルの判別力は高いといえる．つまり，作成したモデルのCAP曲線が完全判別モデルのCAP曲線により近いモデルが良いモデルであると判断する．

複数作成したデフォルト確率モデルのCAP曲線が得られており，これらの

---

[1] デフォルト・非デフォルトの企業数が異なる有限個のデータにおいては，ランダムに信用スコアを付与しても，実際には (0, 0) と (1, 1) を結ぶ対角線にはならない．対角線となるには，デフォルト・非デフォルト企業数が非常に大きい場合を想定している．

CAP曲線を比較することによって，どのモデルが良いモデルであるか判断したいとする．たとえば，以下の図3.8のように，2つのCAP曲線が得られているとする．

CAP曲線は左上にある方が良いモデルなので，図3.8においては，CAP曲線①のモデルよりもCAP曲線②のモデルの方が判別力に優れたモデルであると判断できる．

このように，CAP曲線のすべての点において一方のCAP曲線が他のCAP曲線よりも左上に描かれていれば，どちらのモデルがより判別力のあるモデルのCAP曲線であるかはわかりやすい．しかし，図3.9のように，ある点ではCAP曲線①の方が左上にあるが，他の点ではCAP曲線②の方が左上にあるような状況では，CAP曲線だけでどちらのモデルが判別力が高いかを評価するのは容易ではない．

また，CAP曲線の比較だけでは，どちらのモデルが「どれほど」判別力に優れているのかを定量的に評価することはできない．そこで，CAP曲線を定量的に評価するために，CAP曲線がより左上にあるほど曲線の下側面積が大きくなるという特徴を活かした指標がAR値である．AR値はCAP曲線の下側面積として定義される．

AR値を用いることによって，CAP曲線を用いて視覚的にモデルの判別力を比較するのではなく，定量的にモデル比較を行うことができる．次節では，具体的なAR値の求め方を解説する．

CAP曲線②が良いモデルとわかる

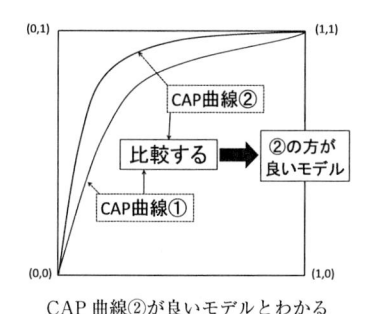

図3.8 2つのCAP曲線の比較図

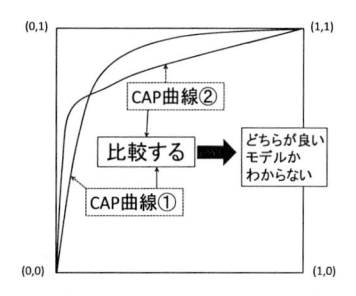

どちらが良いモデルか図からは判断できない

図3.9 2つのCAP曲線の比較図

3.3 AR 値を求める作図的方法

本節では，CAP 曲線を描き，AR 値を求める方法を述べる．これにより，AR 値を用いて，複数のデフォルト確率モデルの判別力の比較ができることを説明する．

図 3.10 は表 3.2 のデータを用いて描いた CAP 曲線である．図 3.10 において作成したモデルの CAP 曲線と正方形の対角線との間の面積を A とする．次に，完全判別モデルの CAP 曲線と作成したモデルの CAP 曲線との間の面積を B とする．なお，図 3.10 は，図 3.4 と図 3.6 の CAP 曲線を重ね書きした図である点に注意してほしい．

この下で，AR 値の定義は以下のようになる．

$$\mathrm{AR} = \frac{A}{A+B} \tag{3.1}$$

(3.1)式の AR 値の定義式から，A：作成したモデルの CAP 曲線と対角線で囲まれた面積と，$A+B$：完全判別モデルの CAP 曲線と対角線で囲まれた面積との比率として AR 値が定義されている．つまり，作成したモデルが完全判別モデルにどれほど「近いか」という点が評価基準となっている．

実際に表 3.2 のデータの AR 値を計算してみる．最初に，表 3.2 の信用スコアによって得られる CAP 曲線と対角線で囲まれる面積 A を求める．A の面積の求

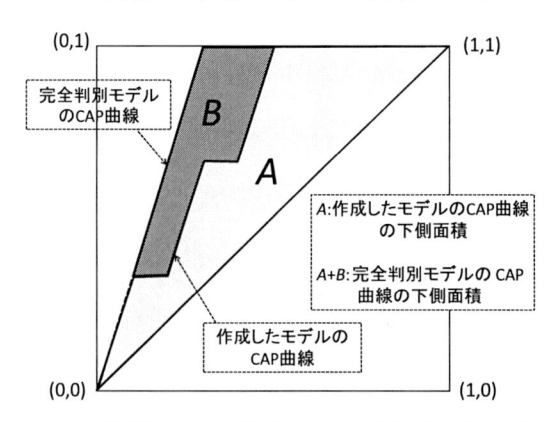

図 3.10 作成したモデルの下側面積 A と完全判別モデルの下側面積 $A+B$

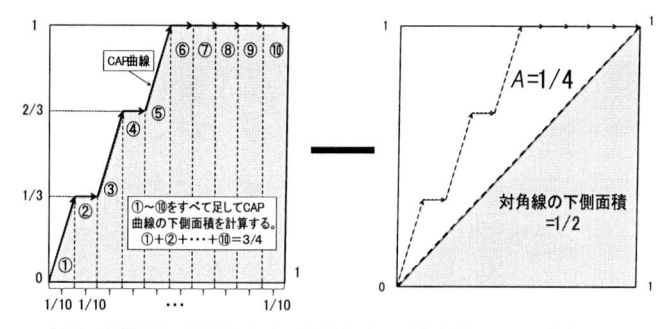

3.3 AR 値の計算方法

左図の網掛部分の面積から右の網掛部分の面積を引いて，A を求める．

図 3.11 作成したモデルの下側面積 A の計算方法

め方としていくつか方法があるが，まず CAP 曲線の下側面積全体（図 3.11 左図）を求め，その面積から対角線上の下側面積（同右図）である 1/2 を引く計算方法が一般的であると考えられる．

図 3.11 左図は表 3.2 の企業 10 社を CAP 曲線の折れ線の進み方に従って①〜⑩の番号を記入してある．CAP 曲線の下側面積は，①〜⑩の三角形や台形，長方形の面積の総和と考えられる．図 3.11 をもとに，原点を始点として 1 つずつ面積の計算をしていく．このとき，横軸の 1 マスの長さは 1/10 であり，縦軸の 1 マスの長さは 1/3 であることを確認する．

最初に得られる図形①は，原点を 1 つの頂点とする三角形である．この三角形は，底辺の長さが 1/10 で，高さが 1/3 だから，その面積は 1/60 である．

次に得られる図形②は，辺の長さが 1/3 と 1/10 の長方形だから，その面積は 1/30 であり，その次に得られる図形③は上底の長さが 1/3，下底の長さが 2/3，高さが 1/10 の台形だから，その面積は 1/20 となる．以下，このようにして⑩までの面積を求めて，その和を求めると，その値は 3/4 となる．

また，対角線の下側の三角形の面積は（正方形の 1 辺の長さが 1 だから）1/2 となるので，この面積を引いて A を求めると，

$$A = 3/4 - 1/2 = 1/4$$

となる．次に，完全判別モデルと対角線の間の面積 $A+B$ を求める．最初に，図 3.12 左図にある台形の面積を求め，同右図の面積である 1/2 を引くことによって計算する．

完全判別モデルによって得られる CAP 曲線の下側の台形面積は，上底の長さ

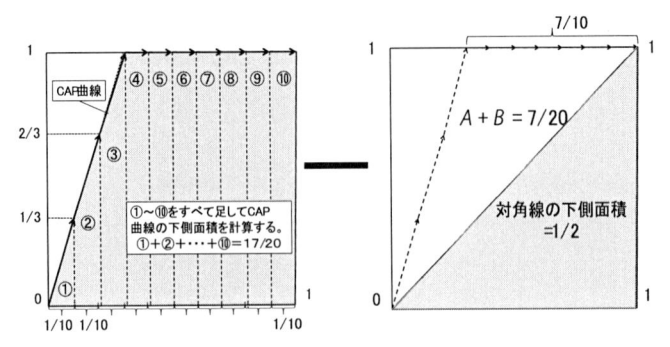

左図の網掛部分の面積から右の網掛部分の面積を引いて，$A+B$ を求める

図 3.12 完全判別モデルの下側面積 $A+B$ の計算方法

が 7/10，下底の長さが 1，高さが 1 だから，その面積は 17/20 となる．この値から，対角線の下側面積である 1/2 を引いて，$A+B=7/20$ となる．

以上から，AR 値は以下のように求まる．

$$\mathrm{AR} = \frac{A}{A+B} = \frac{1/4}{7/20} = \frac{5}{7} = 0.714$$

なお，「完全判別モデル」の CAP 曲線と対角線との間の面積 $(A+B)$ は，全企業数とデフォルト企業数を用いた一般的な計算式が存在する．デフォルト企業数が N_D，非デフォルト企業数が N_{ND} であるとき，上底の長さが $N_{ND}/(N_D+N_{ND})$ であり，下底の長さが 1 の台形面積から，対角線の下側面積である 1/2 を引けばよいので，

$$A+B = \left(\frac{N_{ND}}{N_D+N_{ND}} + 1 \right) \times \frac{1}{2} - \frac{1}{2} = \frac{N_{ND}}{2(N_D+N_{ND})} \tag{3.2}$$

となる．

本節では，CAP 曲線を用いた作図的な計算方法によって AR 値を計算する方法を述べた．CAP 曲線の描き方を通して，AR 値が企業の信用スコアの順位性に着目した指標であることがわかった．次節以降では，本節までの内容を発展させ，AR 値の性質や特徴を詳しくみていく．

3.4 格付モデルの評価指標としての AR 値

これまでは，各企業の信用スコア（またはデフォルト確率）が個別に付与され

3.4 格付モデルの評価指標としての AR 値

ている状況の AR 値を考えてきた．しかし，格付モデルを用いる際には，複数の企業に同格付を付与するため，同じデフォルト確率を有する企業が複数存在することになる．本節では，こういった各格付に複数の企業が含まれている状況において，AR 値をどのように定義するかを述べる．

AR 値を格付モデルの評価指標として用いる方法

格付モデルの評価に AR 値を用いる場合，CAP 曲線の描き方が異なる．デフォルト確率モデルでは，1 辺の長さが 1 の正方形の横軸を全企業数で分割し，縦軸をデフォルト企業数で分割していた．格付モデルの CAP 曲線においても同様の正方形を分割するが，その分割方法が異なる点に注意してほしい．

イメージをつかむために例を考える．表 3.5 にある結果は，ある格付モデルによって得られた結果を想定している．全企業数が 500 社あり，デフォルト企業が 50 社ある．格付は A〜G までの 7 区分存在し，それぞれの格付に属する企業数およびデフォルト企業数は表のようになっている．

表 3.5 をもとに格付モデルの AR 値を計算する．デフォルト確率モデルの CAP 曲線と同様に，信用スコアの低い(悪い)順に CAP 曲線の原点からスタートする．

まず，最も信用スコアの低い格付は G であり，格付 G における企業数は 50 社，うちデフォルト企業が 20 社である．全企業数が 500 社，全デフォルト企業数が 50 社であることに注意すると，原点 $(0, 0)$ から横軸に 50/500 進み，縦軸に 20/50 進む．次に格付が低いのが格付 F である．格付 F においては，企業数が 50 社，デフォルト企業数が 8 社であるから，先ほどの点から横軸は 50/500，縦軸は 8/50 進む．結果として，点 $(100/500, 28/500)$ の点に進むことになるが，これは表 3.5 の格付 F の第 4 列と第 5 列の値となっている．以下，同様の操作

表 3.5 格付が付与されているときのデータ例

格付	企業数	デフォルト企業数	累積企業割合（横軸）	累積デフォルト企業割合（縦軸）
G	50	20	50/500 = 0.1	20/50 = 0.4
F	50	8	100/500 = 0.2	28/50 = 0.56
E	90	10	190/500 = 0.38	38/50 = 0.76
D	90	5	280/500 = 0.56	43/50 = 0.86
C	90	4	370/500 = 0.74	47/50 = 0.94
B	80	2	450/500 = 0.9	49/50 = 0.98
A	50	1	500/500 = 1.0	50/50 = 1.0
合計	500	50	—	—

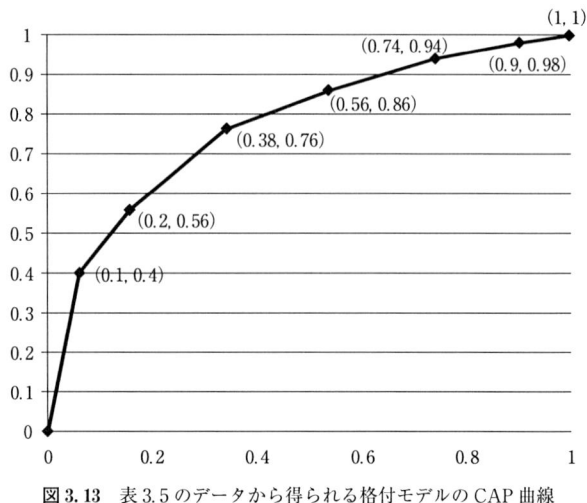

図 3.13 表 3.5 のデータから得られる格付モデルの CAP 曲線

を最も格付の良い格付 A まで行うと，点 (1, 1) までの折れ線グラフが得られる．このようにして得られる折れ線グラフが，格付モデルの CAP 曲線となる．得られた CAP 曲線を以下の図 3.13 に示す．

次に，CAP 曲線と対角線との間の面積 A を求める．求め方は，先と同様に CAP 曲線の下側面積全体を求め，そこから対角線の下側面積の 1/2 を引けばよい．結果として，$A = 0.773$ という結果を得る．

次に完全判別モデルによって格付が付与されているときの CAP 曲線を描く．完全判別モデルによる格付付与の例として，表 3.6 のデータを考える．

このようなデータによって得られる CAP 曲線は図 3.14 のようになる．

完全判別モデルと対角線との間の面積 $(A + B)$ を求める．上底が 0.9 で下底が 1，

表 3.6 格付が付与されているときの完全判別モデルのデータ例

格付	企業数	デフォルト企業数	累積企業割合（横軸）	累積デフォルト企業割合（縦軸）
G	50	50	50/500 = 0.1	50/50 = 1.0
F	50	0	100/500 = 0.2	50/50 = 1.0
E	90	0	190/500 = 0.38	50/50 = 1.0
D	90	0	280/500 = 0.56	50/50 = 1.0
C	90	0	370/500 = 0.74	50/50 = 1.0
B	80	0	450/500 = 0.9	50/50 = 1.0
A	50	0	500/500 = 1.0	50/50 = 1.0
合計	500	50	—	—

3.4 格付モデルの評価指標としての AR 値

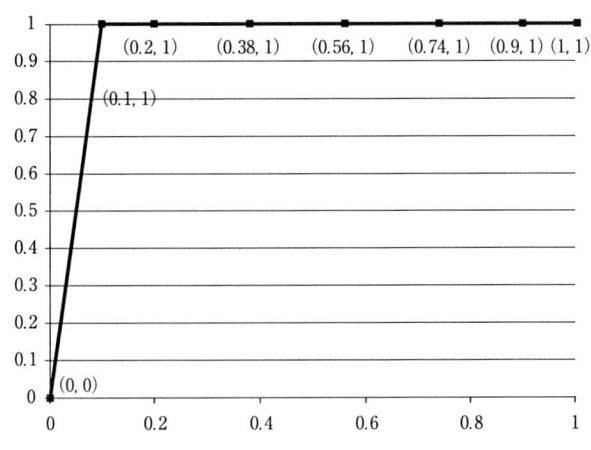

図 3.14 格付が付与されているときの完全判別モデルの CAP 曲線

高さが 1 の台形の面積だから，$A + B = 0.950$ となる．

以上より，

$$\mathrm{AR} = \frac{A}{A+B} = \frac{0.773}{0.950} = 0.814$$

という結果が得られた．

ここで，上で求めた AR 値は，格付モデルのどういった点を評価しているのか考えてみる．上で行った格付モデルの評価方法はあくまでもデフォルト・非デフォルトと格付との関係を評価しており，「低格付ほどデフォルトしやすいか」がモデル評価の基準となっている．つまり，デフォルトと格付の関係を検証していることになる．

一方で第 2 章で説明した順序ロジットモデルは格付を適切に付与するためのモ

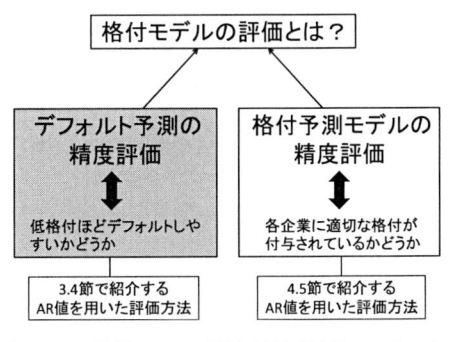

図 3.15 格付モデルの評価は何を評価しているのか

デルであり，各企業のデフォルト・非デフォルトを当てるモデルではない．あくまでも各企業の「格付を的中する」ようにモデルが設計されている．したがって，順序ロジットモデルのような格付を当てるモデルに対しては本節で説明したAR値の使い方は妥当ではない．格付が付与されているときのモデル評価には注意が必要である（図3.15を参照）．

なお，順序ロジットモデルなどの「格付を当てる」モデルでAR値を用いる評価指標は第4章にて説明を行う．また，他の格付モデルの評価方法は第6章にて解説する．

3.5 AR 値 の 性 質

前節までに，CAP曲線の描き方とその下側面積としてのAR値の求め方を説明した．本節ではAR値のもつ性質を述べ，AR値をどのように信用リスクモデルの評価に使うのか考える．

3.5.1 AR値のとる範囲

定義から，AR値のとりうる範囲は$-1 \sim 1$の値をとり，値が大きい（1に近い）ほどモデルの信用リスクモデルの精度が高いと評価する．ただし，定義上は負の値をとりうるが，実際のモデル評価の段階ではほとんどが正の値をとる．AR値が0ということは，モデルの判別力がまったくないランダムモデルであり，デフォルトと非デフォルトをまったく予測できていない信用スコアであるといえる．モデルに少しでもデフォルトと非デフォルトの判別力があれば，そのモデルから得られる信用スコアによるAR値は正の値をとるため，実用上は負の値をとることはない．もし，AR値が負の値をとった場合は，そのモデルは使用すべきではない．

AR値を用いて信用リスクモデルの評価を行うためには，AR値の水準について知る必要がある．ここ数年，AR値が信用リスクモデル評価に使用されており，様々なモデルやデータのAR値の実績値が蓄積されてきた．それらの値を確認し，どういったモデルやデータであれば，AR値はどの程度の水準となるかを把握することは重要である．

実際のデータを用いたAR値として，田邉ら(2008)では，経験的な感覚によるアプローチでつくられたモデルによるAR値が$0.40 \sim 0.55$ほどの値をとり，

統計モデルを用いた場合では 0.60〜0.75 の値をとるとしている．他に公表されている AR 値の例として，以下のものがあげられる．

- Moody's(2002) では，自社のモデルを用いて，530 を超えるデフォルト事例を含む 54000 事例のデータを利用して AR 値が 0.76 であったと報告している．
- 柳澤ら(2007) では，2000〜2006 年度の RDB（Risk Data Base）社のデータをもとに各年の AR 値を計算している．それぞれのデータ数は公表されていないが，およそ 10 指標ほどの説明変数を用いてロジットモデルを作成し，AR 値は 0.62〜0.717 となっている．
- Standard & Poor's(2008) では 2005〜2007 年における各年の企業数が 5000 件ほどの格付モデルの AR 値を計算し，0.68〜0.78 の値となっている．
- 枇々木ら(2009) では，日本政策金融公庫国民生活事業本部が開発した小企業向けスコアリングモデル（ロジットモデルの）を用いて，36 万件のデータをもとに AR 値を算出している．その値は，おおよそ 0.35〜0.47 という値となっている．

これらの値から，どのようなデータ（データ数や説明変量の数）ではどれほどの AR 値が得られるのが妥当であるか，ある程度把握できる．

ただし，AR 値をモデル評価として利用する際は，AR 値の絶対的な基準値がないことに注意すべきである．先に AR 値の例をあげたが，これらは異なるデータの AR 値を算出しているため，これらの AR 値を比較してモデルの優劣を問うことはできない．

3.5.2 信用スコアやデフォルト確率の水準に依存しない指標

3.2 節で信用スコアとデフォルト・非デフォルトのデータをもとに AR 値の算出方法を解説した．AR 値は，信用スコアの序列をもとに求めたが，その計算手順から信用スコアの「水準」に依存しない値となることがわかる．

AR 値の算出方法をみれば，企業の信用スコアの序列とデフォルト・非デフォルトの順位が同じデータであれば，同じ AR 値をもつことになる．たとえば，表 3.7 は表 3.2 と同じ AR 値をもち，信用スコアの水準が異なるデータの例である（表 3.2 の信用スコアを 10 分の 1 にした．それに伴い，推計デフォルト率の値も大きくなっている）．

デフォルト確率モデルの評価軸として，「デフォルト・非デフォルト企業にお

表3.7 表3.2と同じAR値をもつデータの例

	モデルから計算された信用スコア	推計デフォルト率	デフォルトの結果	累積企業割合（横軸）	累積デフォルト企業割合（縦軸）
B社	2.35	0.241	1	1/10	1/3
G社	3.20	0.235	0	2/10	1/3
C社	4.05	0.229	1	3/10	2/3
D社	5.10	0.218	0	4/10	2/3
H社	6.05	0.207	1	5/10	1
I社	6.45	0.192	0	6/10	1
E社	7.50	0.171	0	7/10	1
F社	8.80	0.157	0	8/10	1
J社	9.20	0.145	0	9/10	1
A社	9.85	0.134	0	10/10	1

ける推計デフォルト率の順位性」と「推計デフォルト率と実績デフォルト率の水準の差」などが重要であると考えられるが，AR値は前者のみの評価指標であることがわかる．よって，後者の「水準」を評価するためには，推計デフォルト率と実績デフォルト率との比較検証が必要である．第5章ではAR値以外の評価方法を述べるので，そちらを参考にしてほしい．

3.6 AR値を求める数学的方法

3.2節おいて，CAP曲線を描き，その下側面積として定義したAR値を算出する方法を述べた．本節では，AR値の定義式を紹介し，CAP曲線を描くことなくAR値が求められることを説明する．これによって，少ない手順でAR値が求められるだけでなく，AR値を信用スコアの関数として認識できるようになる．

3.6.1 AR値の数学的記述

いま，非デフォルト企業数をN_{ND}，デフォルト企業数をN_Dと表し，それぞれの企業群に属する企業の信用スコアを$Z_i(i=1, 2, \cdots, N_{ND})$，$Z_j(j=1, 2, \cdots, N_D)$とする．このとき，AR値は以下の式によって定義される．

$$\mathrm{AR} = \frac{2}{N_D N_{ND}} \sum_{i=1}^{N_{ND}} \sum_{j=1}^{N_D} \mathrm{I}(Z_i - Z_j) - 1 \tag{3.3}$$

ここで，(3.3)式中の関数$\mathrm{I}(\cdot)$は，カッコ内の値が正であれば1を，負であれば0を返す，ヘビサイド関数とよばれる階段関数である(3.4)式に定義式を示す．

以下，断りなく階段関数と述べるときは，ヘビサイド関数を指す．

$$\mathrm{I}(x) = \begin{cases} 1, & x \geq 0 \text{ のとき} \\ 0, & \text{その他} \end{cases} \quad (3.4)$$

信用スコアはこれまでと同様に低い（悪い）方が推計デフォルト率が高いとする．このとき，モデルの評価は，デフォルト企業には低い信用スコアが与えられ，非デフォルト企業には高い信用スコアが与えられているときに，そのモデルの精度は高いと考えられる．この考え方を定量的に評価したのが(3.3)式である．

AR値はCAP曲線の下側面積として定義，説明されることが一般的で，(3.3)式のように数学的な式を用いて定義することは少ない．その理由として，(3.3)式中の2つの$\sum$や階段関数の理解のしにくさがあると考えられる．そこで，以下では2つの$\sum$と階段関数の解説を中心に(3.3)式の説明を行う．(3.3)式で難しいのは，階段関数で定義された第1項の$\sum_{i=1}^{N_{ND}}\sum_{j=1}^{N_D}\mathrm{I}(Z_i - Z_j)$の部分である．階段関数は，非デフォルト企業$i$の信用スコア$Z_i$とデフォルト企業$j$の信用スコア$Z_j$の大小を比較し，$Z_i$が$Z_j$よりも大きければ1の得点を与え，そうでなければ得点を0とする[2]．非デフォルト企業の信用スコアがデフォルト企業の信用スコアよりも大きければ得点が加算される．このような条件を満たす非デフォルト・デフォルト企業の組合せが多いほど，AR値が大きくなる．このような信用スコアの大小比較をすべての非デフォルト企業とデフォルト企業の組合せで計算し，足し合わせるのが，(3.3)式の第1項である．(3.3)式の第1項の計算のイメージを

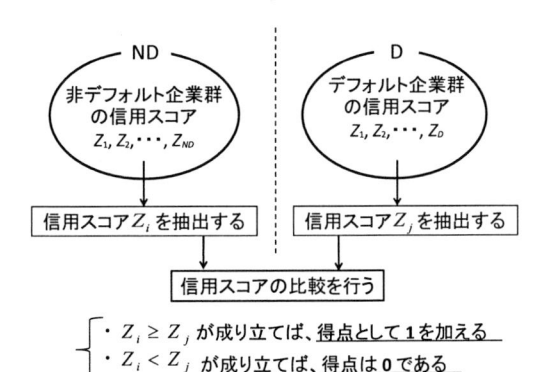

図3.16 (3.3)式中の第1項 $\sum_{i=1}^{N_{ND}}\sum_{j=1}^{N_D}\mathrm{I}(Z_i - Z_j)$ のイメージ

---
[2] この1と0は階段関数の特徴である，1または0の値をとることが理由である．

図 3.16 に記す.

CAP 曲線の下側面積で定義された AR 値と (3.3) 式によって得られた AR 値は同一の値となる．このことを以下に実際のデータを使って確認する．

3.6.2　第 2 章のデータを用いた AR 値の計算例

これまでの内容のまとめとして，図 2.7 の全 20 社のデータを用いて AR 値を求めるまでの流れを確認する．まず作図的な計算方法を説明し，その後に数学的な計算方法を述べる．結果として，同一の AR 値が得られることを確認する．

最初に，得られた信用スコアを用いて，CAP 曲線を描く．図 3.17 に出力結果の例を示してあるので，確認しながら読み進んでほしい．

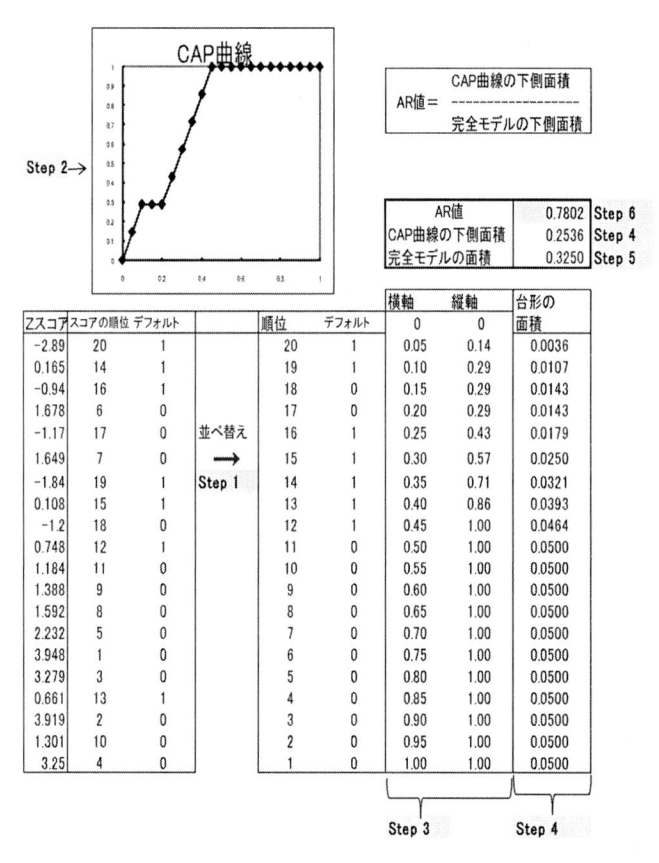

$$AR値 = \frac{CAP曲線の下側面積}{完全モデルの下側面積}$$

		Step
AR値	0.7802	Step 6
CAP曲線の下側面積	0.2536	Step 4
完全モデルの面積	0.3250	Step 5

Zスコア	スコアの順位	デフォルト		順位	デフォルト	横軸	縦軸	台形の面積
-2.89	20	1		20	1	0.05	0.14	0.0036
0.165	14	1		19	1	0.10	0.29	0.0107
-0.94	16	1		18	0	0.15	0.29	0.0143
1.678	6	0		17	0	0.20	0.29	0.0143
-1.17	17	0	並べ替え	16	1	0.25	0.43	0.0179
1.649	7	0	→	15	1	0.30	0.57	0.0250
-1.84	19	1	Step 1	14	1	0.35	0.71	0.0321
0.108	15	1		13	1	0.40	0.86	0.0393
-1.2	18	0		12	1	0.45	1.00	0.0464
0.748	12	1		11	0	0.50	1.00	0.0500
1.184	11	0		10	0	0.55	1.00	0.0500
1.388	9	0		9	0	0.60	1.00	0.0500
1.592	8	0		8	0	0.65	1.00	0.0500
2.232	5	0		7	0	0.70	1.00	0.0500
3.948	1	0		6	0	0.75	1.00	0.0500
3.279	3	0		5	0	0.80	1.00	0.0500
0.661	13	1		4	0	0.85	1.00	0.0500
3.919	2	0		3	0	0.90	1.00	0.0500
1.301	10	0		2	0	0.95	1.00	0.0500
3.25	4	0		1	0	1.00	1.00	0.0500

図 3.17　図 2.7 のデータを用いた CAP 曲線，AR 値の求め方の例

Step1（データのソート） CAP 曲線を描くために，まず信用スコアを大きさ順に並べ替える．

Step2（単位正方形の分割） 単位正方形にマス目を引く．いま，全企業数が20社，デフォルト企業数が7社なので，横軸は1マスが1/20，縦軸は1マスが1/7となる．

Step3（横軸と縦軸のプロット） 横軸に累積企業割合をプロットする．全企業数は20社であるから，1/20ずつ増加する．また，縦軸に累積デフォルト企業割合をプロットする．デフォルト企業であれば1/7ずつ増加する．これらの点をつなぐと，原点 (0, 0) と終点 (1, 1) を結ぶ折れ線グラフが描かれる．この折れ線グラフが図2.7で示したデータのCAP曲線となる．

Step4（台形の面積計算） 得られたCAP曲線をもとにAR値を計算する．最初にCAP曲線の下側面積を1つずつ計算する．CAP曲線の下側の図形は三角形や台形，長方形となっているが，すべて台形の面積公式で計算できる．すべての台形面積を足し合わせた後に，対角線の下側面積である，0.5を引いてCAP曲線と対角線で囲まれた面積（(3.1)式における A）を求める．$A = 0.2536$ という結果を得る．

Step5（完全判別モデルのCAP曲線の下側面積計算） 完全判別モデルと対角線とで囲まれた面積（(3.1)式における $A+B$）を求める．(3.1)式より，デフォルト企業数と非デフォルト企業数から計算できる．$A+B = 0.3250$ という結果を得る．

Step6（AR値の計算） Step4, 5 によって計算された A と $A+B$ の値をもとにAR値を求める．$A = 0.2536$, $A+B = 0.3250$ だから，$AR = A/(A+B) = 0.7802$ という結果が得られる．

以上のStep1～6までの計算例を図3.17に載せる．計算の手順とともに確認していただきたい．

ここまで，CAP曲線を描く作図的なAR値の計算方法を述べた．ここからは，本節で述べた数学的なAR値の計算方法を説明する．図3.18に計算に必要なデータや出力結果を記している．A列に各企業の信用スコア，B列にデフォルト (1)・非デフォルト (0) のフラグを記入している．

Step1（デフォルト・非デフォルト企業に分ける） デフォルト企業群と非デフォルト企業群の2つに分ける図3.18では2群に分けた結果をC～D列

に記している．C列に信用スコア，D列に対応する企業のデフォルト・非デフォルトのフラグである．

Step2($\sum$の計算方法)　(3.3)式中には $i(=1, 2, \cdots, N_{ND})$ と $j(=1, 2, \cdots, N_D)$ のそれぞれの値が変化する2つの $\sum$ があるが，一度に計算するのではなく，1つずつ計算する方法を示す．

　はじめに，あるデフォルト企業（j）を1つ固定してすべての非デフォルト企業（$i=1 \sim N_{ND}$）との信用スコアの大小比較を行う．たとえば，図3.18において，C列1行目の $j=1$ として信用スコアが -2.89 であるデフォルト企業の信用スコアと，非デフォルト企業の信用スコアの大小比較を行うと，-2.89 よりも大きい信用スコアをもつ非デフォルト企業数は13社ある．よって，$j=1$ のときの $\sum_{i=1}^{N_{ND}} \mathrm{I}(Z_i-(-2.83))$ の値は13となる．

　C列2行目のデフォルト企業（$j=2$）の信用スコアの値は 0.17 である．この信用スコアと非デフォルト企業の信用スコアの大小比較を行うと，信用スコアが 0.17 よりも大きい非デフォルト企業は11社なので，$j=2$ のとき $\sum_{i=1}^{N_{ND}} \mathrm{I}(Z_i-(0.17))$ の値は11となる．以下，デフォルト企業が7社あるので，番号 j を $j=1 \sim 7$ まで変化させて，非デフォルト企業の中で信用スコアが大きいものを数え上げる．図3.18のE列を参照のこと．

Step3(すべてのデフォルト企業に対する操作)　Step2のようにひとつのデフォルト企業に対して，すべての非デフォルト企業の信用スコアと大小比較を行い，値を足し合わせると81となる．この値が，$\sum_{i=1}^{N_{ND}}\sum_{j=1}^{N_D} \mathrm{I}(Z_i-Z_j)$ の値となる．

Step4(AR値の計算)　Step3で得られた値をもとに，(3.3)式からAR値を計算すると，

$$\mathrm{AR} = \frac{2}{N_D N_{ND}} \sum_{i=1}^{N_{ND}} \sum_{j=1}^{N_D} \mathrm{I}(Z_i - Z_j) - 1 = \frac{2}{7 \times 13} \times 81 - 1 = 0.7802$$

となる．この結果は，CAP曲線を描いて下側面積を計算したときの結果と一致する．

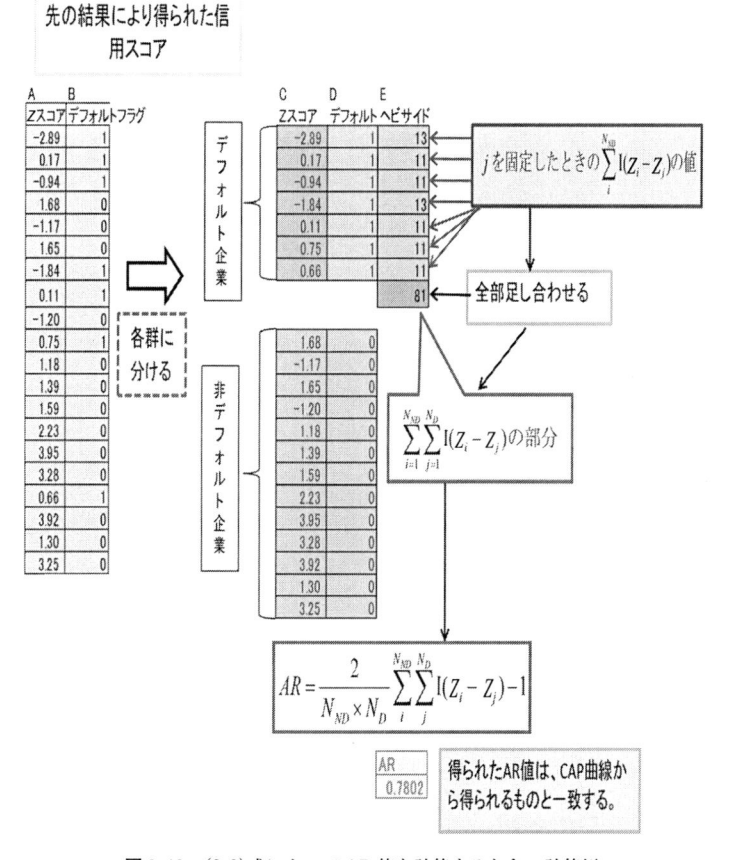

図 3.18 (3.3)式によって AR 値を計算するときの計算例

3.7 AR 値に関するトピック

3.7.1 AR 値向上のための方法

　AR 値の使用方法として，複数作成したデフォルト確率モデルの信用スコアを用いて AR 値を計算し，その値が大きく 1 に近いモデルが良いモデルであると判断する．以下では，AR 値の向上として用いられている方法を記す．大きく分けると，その方法は以下の I. モデルの改良と II. パラメータ推計方法の改良の 2 つの方法に分けられる．

I. モデルの改良による AR 値の向上

第2章で述べたような統計モデル（主に二項ロジットモデル）を用いる際に，モデルを改良することによって AR 値を向上させる方法がいくつか考えられている．以下にそれらの例を示すが，そのほとんどは 2.5 節のロジットモデルのバリエーションと同様の内容であるため，詳細はそちらの節を参考にしていただきたい．

① 説明変数選択

統計モデルに取り入れる説明変数を変えることによって，AR 値を大きくすることができる．具体的な利用方法としては，ステップワイズと呼ばれる方法によって，説明変数を入れ替えたときの AR 値の変化をもとに AR 値がより大きくなるように説明変数を選択する．統計モデルにおける AR 値の向上の方法で最も一般的に用いられている方法は，説明変数選択によるものである．

そのほかに AR 値を向上させる方法として，

② 業種や規模等のセグメントの考慮
③ 説明変数をスコア化する方法
④ 異常値処理を行う方法
⑤ プロビットモデルやトービットモデルなど仮定するモデル自体を変更する方法

などが試みられている．

説明変数と AR 値の関係

説明変数を選択してモデルを作成するときに注意点がある．それは，インサンプルデータにおいて説明変数と AR 値に単調性がある点である．つまり，モデルに説明変数を取り込めば取り込むほどに，インサンプルデータにおける AR 値は上昇することに注意する必要がある．たとえば，社長の身長や体重といった，デフォルト確率の推計に判別力がない説明変数であっても，その説明変数を加えることによって一般に AR 値は大きくなる．これは，（5.4 節で述べる AIC の第2項に該当するような）説明変数に対する罰則項が，AR 値には存在しないからである．

説明変数の数と AR 値との単調性で注意すべき例として，第2章で述べた多重共線性があげられる．図 2.8 で用いたデータは，説明変数として経常利益率を加えた3変数モデルであった．AR 値を計算すると 0.824 となり，（前節で求めた）

説明変数を加えなかった2変数モデルのAR値の0.780よりも大きくなる．このことからもわかるように，インサンプルデータのAR値をみただけでは，多重共線性があるときにも見かけのAR値は大きくなり，説明変数をより多くモデルに取り込んでしまう．

したがって，AR値によるモデル評価は，オーバーフィッティングを起こしている可能性があるので，インサンプルデータにおけるAR値だけをもとにモデル評価を行うべきではない．

II. パラメータ推計法の改良

I.のモデル改良によるAR値の向上は，モデルのバリエーションを考えることによってもたらされている．異なる考え方として，モデルのパラメータ推計方法を変える方法がある．

三浦・山下・江口(2009)では従来のように，尤度関数を目的関数としてパラメータ推計してからAR値の最大化を行うのではなく，目的関数と評価関数を一致させ，直接にAR値を最大化することができると述べられている．具体的には，AR値を(3.3)式のように数学的に記述し，その最大化を達成するパラメータを推計するというものである．詳細は第8章を参考にしていただきたい．

3.7.2 AR値の経年劣化

AR値は信用リスクモデルの評価として用いられるが，データが異なるモデルにおけるAR値を比較する際には，データの相違を考慮する必要がある．すなわち，AR値は作成されたモデルだけでなく，データの質にも依存することに注意したい．

たとえば，AR値の「経年劣化」という現象がある．t期のデータをもとにモデルを作成し，バックテストとして，このモデルを用いて翌$t+1$期（以降）のデータのAR値を求める．そのときに，翌期（以降）のAR値が年々劣化するという現象が経年劣化である．

経年劣化の原因の1つとして，データの構造が変化し，モデルの精度が低くなることが考えられる．このときには，直近のデータを用いてパラメータを再推計し，構造変化後の最新モデルとして再度モデル作成を行うべきである．

3.8 AR 値と AUC の関係

CAP 曲線と AR 値の概念と近いものとして，ROC（receiver operating characteristic）曲線やその下側面積で定義される AUC（area under the curve）が存在する．日本国内においては，デフォルト確率モデルの評価指標として AR 値が一般的な指標となっているが，海外の研究者・実務家にとっては ROC 曲線や AUC の方が一般的である[3]．そのため，海外のリスク管理のモデル評価方法が記述されたレポートを理解するためには，これらの枠組み理解する必要がある．そこで，本節では CAP 曲線と ROC 曲線の関係や AR 値と AUC の関係性を述べる．

3.8.1 CAP 曲線と ROC 曲線との関係

CAP 曲線と ROC 曲線はほとんど同じ性質を有しているが，異なる点がいくつか存在する．そこで，CAP 曲線と ROC 曲線の共通点と相違点を図 3.19 にまとめる．

では，表 3.2 のデータを用いて ROC 曲線を描き，ROC 曲線のイメージをつかむ．まず，ROC 曲線を描くために，表 3.3 の第 4 列を書き換える．CAP 曲線は横軸を全企業数で分割するため，第 5 列に「累積企業割合」を記したが，ROC 曲線の横軸は非デフォルト企業数で分割するため，「累積非デフォルト企業割合」を求め，結果を表 3.8 に記す．

[ROC 曲線の描き方]

以下に表 3.8 のデータの ROC 曲線の描き方を記す．図 3.19 を参照し，CAP 曲線の描き方を記した箇所との相違点に着目しながら確認していただきたい．

Step1（単位正方形の分割）　単位正方形を分割する．CAP 曲線と異なり横軸は非デフォルト企業数で分割するため，1 マスは 1/7 となる．また，縦軸は CAP 曲線と同様にデフォルト企業数で分割するため，1 マスは 1/3 となる．

Step2（ROC 曲線を描く）　原点 (0, 0) を始点として，信用スコアの低い企業から ROC 曲線を描く．最も信用スコアの低い企業 G がデフォルトである

---

[3] Basel (2005. b) や Engelmann and Rauhmeier (2006) などがあげられる．

3.8 AR 値と AUC の関係

＜共通点＞	＜相違点＞
・各企業の信用スコアの順位とデフォルト・非デフォルトの情報があれば描くことができる	・CAP曲線は横軸を全企業数で割合したが、ROC曲線では横軸を非デフォルト企業数で分割する
・単位正方形で縦軸をデフォルト企業数で分割する	・曲線を描く際の折れ線の進み方において、デフォルト企業であったときに、CAP曲線は斜め上に進んだのに対して、ROC曲線は真上に進む
・ランダムモデルの曲線は単位正方形の(0,0)と(1,1)を結ぶ対角線となる	

図 3.19　CAP 曲線と ROC 曲線の比較

表 3.8　表 3.3 を ROC 曲線を描くために第 4 列を書き換えた表

	モデルから計算された信用スコア	デフォルトの結果	累積非デフォルト企業割合（横軸）	累積デフォルト企業割合（縦軸）
B 社	23.5	1	0/7	1/3
G 社	32.0	0	1/7	1/3
C 社	40.5	1	1/7	2/3
D 社	51.0	0	2/7	2/3
H 社	60.5	1	2/7	1
I 社	64.5	0	3/7	1
E 社	75.0	0	4/7	1
F 社	88.0	0	5/7	1
J 社	92.0	0	6/7	1
A 社	98.5	0	7/7	1

から，真上に 1/3 進む（G 社はデフォルト企業だから，横軸方向には進まない）．

G 社の次に信用スコアの低い企業は C 社は非デフォルト企業であるから，真横に 1/7 進む．次に信用スコアの低い C 社はデフォルト企業であるため，真上に 1/3 だけ進む．

以下，この操作を最も信用スコアの高い A 社（非デフォルト）まで行うと，原点 (0,0) と (1,1) を結ぶ折れ線グラフが得られる．

このようにして描いた ROC 曲線を図 3.20 に記す．対応関係をみるため，同様のデータを用いた CAP 曲線を左図に記してある．

3.8.2　AR 値と AUC の対応関係

以上のようにして ROC 曲線を描く方法を述べたが，その下側面積として定義される AUC の説明を行う．

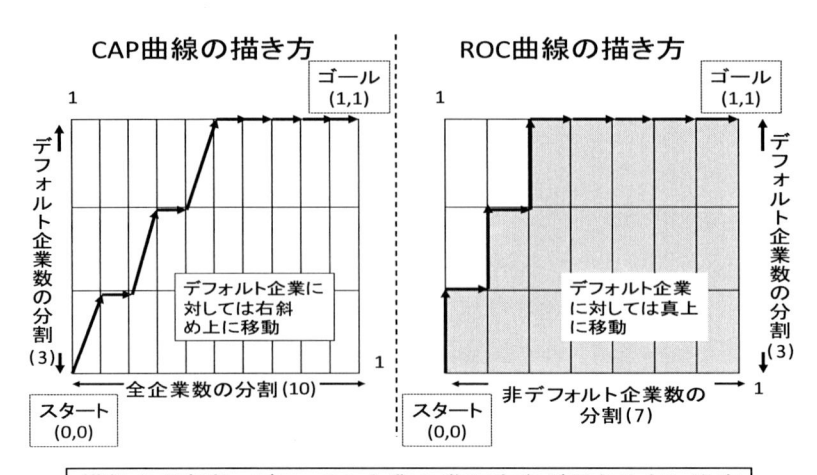

図3.20 CAP曲線とROC曲線の対応関係

CAP曲線の描き方: スタート(0,0)→ゴール(1,1)、横軸は全企業数の分割(10)、縦軸はデフォルト企業数の分割(3)、デフォルト企業に対しては右斜め上に移動。

ROC曲線の描き方: スタート(0,0)→ゴール(1,1)、横軸は非デフォルト企業数の分割(7)、縦軸はデフォルト企業数の分割(3)、デフォルト企業に対しては真上に移動。

横軸の分割数、デフォルト企業の進行方向が異なる点に注意

AR 値は CAP 曲線と対角線の間の面積（(3.1)式の A）を求め，その面積を完全判別モデルのそれ（同 $A+B$）と比較することによって計算された．一方で，AUC は ROC 曲線の下側面積そのものとして定義されている．したがって，AR 値を計算するときのように完全判別モデルの下側面積を計算する必要はなく，AUC を求める際は，AR 値よりも計算ステップは少ない．

簡単な例ではあるが，先の表3.8をもとに，AUC の値を求める．

いま，全企業数が10で，デフォルト企業数が3，非デフォルト企業数が7であるから，ROC 曲線における1マスは横軸が $1/7$，縦軸が $1/3$ の長方形となる（図3.20の右図を参照）．ROC 曲線の下側面積 AUC はこの長方形が18個あり，その総和の面積であるから，

$$\mathrm{AUC} = \frac{1}{7} \times \frac{1}{3} \times 18 = \frac{6}{7}$$

という結果を得る．

AUC のとる範囲は，定義上は0〜1の値をとりうる．完全判別モデルのときに AUC は1（このとき，AR 値は1）となり，ランダムモデルのときには0.5（AR 値は0）となる．したがって，作成したモデルがある程度の判別力を有していれば，AUC の値が0.5以下であることは実務上ほとんどない．

以上，AUC の性質を簡単に述べたが，その性質は AR 値とよく似ており，数

学的には，AR 値と AUC には以下の等式が成り立っている[4]．

$$\text{AR 値} = 2\text{AUC} - 1 \tag{3.5}$$

よって，(3.3)式と (3.5)式から，以下の式を得る．

$$\text{AUC} = \frac{1}{N_D N_{ND}} \sum_{i=1}^{N_{ND}} \sum_{j=1}^{N_D} I(Z_i - Z_j) \tag{3.6}$$

実際に，3.3節で計算した表3.2のデータの AR 値は 5/7 であり，同データの AUC は 6/7 なので，(3.5)式が成立していることが確認できる．

(3.5)式から，複数のモデル間の比較において AR 値が大きいモデルは，AUC も他のモデルより大きくなることがわかる．したがって，モデル評価において，AR 値と AUC を両方考慮する必要はなく，どちらか一方を評価指標とすればよい．

3.9 AUC の特徴と類似指標としての N/S 比（難）

3.9.1 予測の正誤

ROC 曲線の描き方を CAP 曲線との対応関係に注目して説明したが，ここではより一般的な ROC 曲線の説明を行う．なお本節は AR 値や AUC の成り立ちを理解するためのものであるが，内容がやや高度であり，利用の観点からは必ずしも必要でないため，読むことを省略してもよい．

ROC 曲線の解説を行うためには，算出した信用スコアを用いた判別の概念を整理する必要がある．ここでいう判別とは，信用スコアを用いて（非）デフォルトを予測した企業が実際に（非）デフォルト企業であるかどうかを問う問題である．

一般に信用リスクモデルは推計デフォルト率を算出し，「ある企業がデフォルト企業である」という出力はしない．ここでは，閾値（cut-off point）という概念を導入し，信用スコアがある閾値よりも小さければデフォルトと予測し，大きければ非デフォルトであると予測する状況を考える．このとき，信用リスクモデルが「当たっている」ことは，「デフォルトするかを当てる」ことではなく，「信用スコアを用いた予測において，デフォルトか非デフォルトかを当てる」ことであることに注意していただきたい．以下に詳しく述べる．

---

[4] 証明などは Engelmann and Rauhmeier (2006) や山下・川口 (2003) を参照のこと．

企業 i が信用スコア Z_i をもつとき，閾値 c よりも z_i が小さいときにはデフォルトすると予測し，大きいときにはデフォルトしないと予測するルールを考える．信用スコアが閾値 c よりも小さければ，企業 i はデフォルトすると判別する．実際に企業 i がデフォルトであれば，この判別は正しい予測であったといえる．このように，デフォルト企業（positive）を正しくデフォルト（positive）であると予測することを真陽性（true positive）とよぶ．つまり，真陽性の「真」はデフォルトするという予測が当たったことを意味している．

一方で，信用スコア Z_i が閾値 c よりも小さく，デフォルトする企業であると判別したが，実際には企業 i が非デフォルトである状況も考えられる．これは，非デフォルト企業（negative）を誤ってデフォルト（positive）すると判別したという意味で偽陽性（false positive）とよぶ．つまり，偽陽性の「偽」は，予測が外れたことを意味している．

上の二つの予測は，いずれも信用スコアが閾値 c よりも小さい場合（$z_i<c$）の判別ルールを考えたが，信用スコアが閾値よりも大きいとき（$z_i>c$）を考える．

ここまで用いた判別ルールでは，企業 i の信用スコア Z_i が閾値 c よりも大きいとき，企業 i は非デフォルトであると予測する．このとき，企業 i が実際に非デフォルト企業であれば予測は的中している（真陰性）が，企業 i がデフォルト企業であればこの予測は外れている（偽陰性）ことになる．

この判別ルールにおいては，正しい予測と誤った予測はそれぞれ2つに分類される．先にも述べたが，この判別ルールにおいて「当たる」とは「デフォルトと当てる」ことではなく，信用スコアと閾値の大小比較とデフォルト・非デフォルトの関係であることを確認していただきたい．

I. （真陽性，true positive）：デフォルト企業を正しくデフォルトであると予測できた場合

II. （真陰性，true negative）：非デフォルト企業を正しく非デフォルト企業であると予測できた場合

また，誤った予測は，

III. （偽陽性，false positive）：非デフォルト企業をデフォルトであると誤って予測した場合

IV. （偽陰性，fasle negative）：デフォルト企業を非デフォルト企業であると誤って予測した場合

3.9 AUC の特徴と類似指標としての N/S 比（難）

以上でまとめた内容を閾値との対応関係を考察する．企業の信用スコアをこれまでと同様に Z とする．また，デフォルトを陽性（positive）と考え，信用スコアが低いほどデフォルトと判別する判別ルールを考える．この判別ルールにおいては，信用スコア Z_i をもつ企業 i をデフォルトと判別するのは，企業 i の信用スコア Z_i が閾値 c よりも小さいときである．

偽陽性率 $\mathrm{FPR}(c)$ は，非デフォルト（negative）企業をデフォルト（positive）であると誤判別する確率であり，$\mathrm{FPR}(c)$ は以下の式で定義される．

$$\mathrm{FPR}(c) = \Pr(Z_i < c | 企業 i は非デフォルト)$$
$$= \frac{Z < c を満たす非デフォルト企業数}{N_{ND}} = \frac{\mathrm{FP}(c)}{N_{ND}}$$

ただし，$\mathrm{FP}(c)$ は信用スコアが c 以下の非デフォルト企業数である．

また，真陽性率 $\mathrm{TPR}(c)$ は，デフォルト（positive）企業をデフォルト（positive）であると正しく判別する確率であり，$\mathrm{TPR}(c)$ は以下の式で定義される．

$$\mathrm{TPR}(c) = \Pr(Z_i < c | 企業 i はデフォルト)$$
$$= \frac{Z < c を満たすデフォルト企業数}{N_D} = \frac{\mathrm{TP}(c)}{N_D}$$

ただし，$\mathrm{TP}(c)$ は信用スコアが c 以下のデフォルト企業数である．

これら 2 つの確率（$\mathrm{FPR}(c), \mathrm{TPR}(c)$）において c の値を $-\infty$ から $+\infty$ に変化させ，単位正方形上に横軸の値が $\mathrm{FPR}(c)$，縦軸の値が $\mathrm{TPR}(c)$ として点をプロットすると ROC 曲線が得られる．詳細は後述する．

以上の内容をまとめた配置表を表 3.9 に記す．なお，$\mathrm{FNR}(c), \mathrm{TNR}(c)$ も同様に定義されるが，詳細は 3.9.3 項を参照のこと．

表 3.9 配置表

		結果	
		デフォルト（$= N_D$）	非デフォルト（$= N_{ND}$）
予測	デフォルト Positive	真陽性率 (True Positive Ratio) $\mathrm{TPR}(c) = \dfrac{\mathrm{TP}(c)}{N_D}$	偽陽性率 (False Positive Ratio) $\mathrm{FPR}(c) = \dfrac{\mathrm{FP}(c)}{N_{ND}}$
	非デフォルト Negative	偽陰性率 (False Negative Ratio) $\mathrm{FNR}(c) = \dfrac{\mathrm{FN}(c)}{N_D}$	真陰性率 (True Negative Ratio) $\mathrm{TNR}(c) = \dfrac{\mathrm{TN}(c)}{N_{ND}}$

3.9.2 表 3.2 のデータを用いた偽陽性率 FPR, 真陽性率 TPR

ここでは表 3.2 のデータを用いて，閾値 c を動かしたときの偽陽性率 $\mathrm{FPR}(c)$，真陽性率 $\mathrm{TPR}(c)$ の値を計算する．以下の各ステップは図 3.21 にまとめてあるので，確認しながら読み進めてほしい．

表 3.2 の 2 列目の信用スコアを用いて，閾値 c を変化させたとき（ここでは，c を大きくしていく）の各企業の信用スコアとの大小関係を比較する．

Step1 閾値 c が 23.5 以下のとき

まず，最も信用スコアの低い企業が B 社で，その値は 23.5 である．したがって c が $(-\infty, 23.5)$ の範囲では，信用スコアが $Z<c$ を満たす企業は存在しないので，$\mathrm{FP}(c) = \mathrm{TP}(c) = 0$ だから $\mathrm{FPR}(c) = \mathrm{TPR}(c) = 0$ となる．

Step2 閾値 c が 23.5 以上，98.5 以下のとき

閾値 c が $[23.5, 98.5]$ の範囲にあるときには，c が大きくなるに従い，各企業の信用スコアの値を超えたときに $\mathrm{FPR}(c)$, $\mathrm{TPR}(c)$ の値が変化する．

閾値 c が最も信用スコアの低い B 社よりも大きくなったときにはじめて FPR, TPR が変化する．閾値 c が，B 社とその次に信用スコアの低い G 社の間にあるとする．たとえば，$c = 30$ とすると，B 社の信用スコアよりも大きく，G 社の信用スコアよりも小さい．このとき，B 社はデフォルト企業なので $\mathrm{TP}(30) = 1$ と

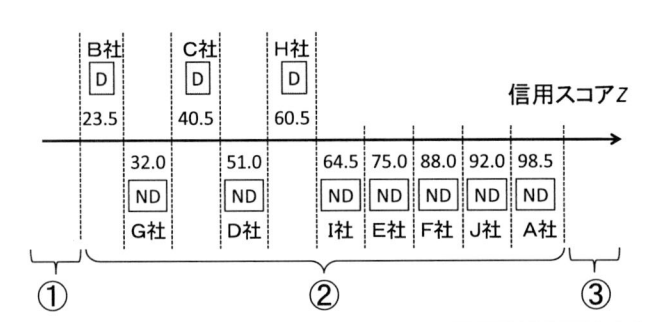

図 3.21 閾値 c を大きくするときの FPR, TPR の変化点のイメージ図

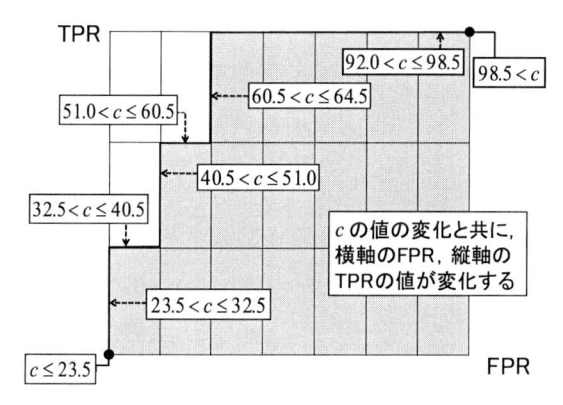

3.9 AUCの特徴と類似指標としてのN/S比（難） 75

図 3.22 表 3.2 のデータの ROC 曲線

なる．一方で，信用スコアが $Z<30$ を満たす非デフォルト企業は存在しないので，FP(30) = 0 であるから，

$$\text{FPR}(30) = \frac{Z<30 \text{ を満たす非デフォルト企業数}}{N_{ND}} = \frac{\text{FP}(30)}{N_{ND}} = \frac{0}{7} = 0$$

$$\text{TPR}(30) = \frac{Z<30 \text{ を満たす非デフォルト企業数}}{N_D} = \frac{\text{TP}(30)}{N_D} = \frac{1}{3}$$

となる．なお，c の値は 30 に固定して値を求めたが，B 社：23.5 と G 社：32.0 の間の値であれば同様の FPR(c), TPR(c) の値が得られる．

$c=30$ から次第に c の値を大きくしていき，閾値 c が G 社：32.0 の値を超えたときに FPR(c), TPR(c) の値が変化する（図 3.21, 図 3.22 を参照）．G 社：32.0 と C 社：40.5 の間の値の例として，$c=35$ とすると G 社は非デフォルト企業だから FP(35) = 1 となる．一方で，信用スコアが $Z<35$ を満たすデフォルト企業は $c=30$ と変わらず B 社のみなので，TP(35) = 1 となる．したがって，

$$\text{FPR}(35) = \frac{Z<35 \text{ を満たす非デフォルト企業数}}{N_{ND}} = \frac{\text{FP}(35)}{N_{ND}} = \frac{1}{7}$$

$$\text{TPR}(35) = \frac{Z<35 \text{ を満たす非デフォルト企業数}}{N_D} = \frac{\text{TP}(35)}{N_D} = \frac{1}{3}$$

となる．

$c=35$ から c の値を再び大きくしていき，次に FPR(c), TPR(c) の値が変化するのは，C 社：40.5 を超えたときである．C 社：40.5 と D 社：51.0 の間の c の値として，$c=45$ とすると，C 社はデフォルト企業だから，FP(45) の値は FP(35) よりも 1 だけ大きくなり，FP(45) = 2 となる．一方で，$Z<45$ を満たす非デフォ

ルト企業は $c=35$ のときと変わらず G 社の 1 社のみであるから，$\mathrm{FP}(45)=1$ である．したがって，

$$\mathrm{FPR}(45)=\frac{Z<45 \text{ を満たす非デフォルト企業数}}{N_{ND}}=\frac{\mathrm{FP}(45)}{N_{ND}}=\frac{1}{7}$$

$$\mathrm{TPR}(45)=\frac{Z<45 \text{ を満たす非デフォルト企業数}}{N_D}=\frac{\mathrm{TP}(45)}{N_D}=\frac{2}{3}$$

となる．

　以上のように，閾値 c を徐々に大きくしていき，各企業を超える大きさになったときに $\mathrm{FPR}(c)$，$\mathrm{TPR}(c)$ を更新していく．この操作を最も信用スコアの大きい A 社：98.5 を超えるまで続ける．

> Step3　閾値 c が 98.5 よりも大きいとき
>
> 　Step2 の操作を続け，閾値 c が 98.5 よりも大きくなると，それ以上に大きい信用スコアをもつ企業が存在しなくなるため $\mathrm{FPR}(c)$，$\mathrm{TPR}(c)$ は変化しない．すなわち，c が $(98.5, \infty)$ のときは，$\mathrm{FPR}(c)$，$\mathrm{TPR}(c)$ は同じ値をとる．すべての企業において，その信用スコアは $Z<c$ を満たすので，$\mathrm{FPR}(c)=\mathrm{TPR}(c)=1$ となる．

　以上の Step1〜3 の操作を通じて，すべての値の閾値 c に対応する $\mathrm{FPR}(c)$，$\mathrm{TPR}(c)$ の値が計算された．この結果，正方形の横軸に $\mathrm{FPR}(c)$，縦軸に $\mathrm{TPR}(c)$ の値をプロットして，表 3.2 のデータの ROC 曲線が得られる．結果は図 3.20 の右図である．Step1〜3 の操作をもとに，図 3.22 の ROC 曲線の描き方を確認してほしい[5]．

　CAP 曲線の下側面積として AR 値を定義したように，ROC 曲線の下側面積として AUC を定義できる．

$$\mathrm{AUC}=\int_{c=+\infty}^{c=-\infty}\mathrm{TPR}(c)\,d\mathrm{FPR}(c) \tag{3.7}$$

　この式は，Bamber(1975) において，以下の式と同値であることが証明されている．

$$\mathrm{AUC}=\Pr(Z_{ND}-Z_D>0) \tag{3.8}$$

ただし，Z_{ND} は非デフォルト企業の信用スコア，Z_D はデフォルト企業の信用ス

---

[5] ここでは信用スコアを用いて FPR, TPR の計算を行ったが，デフォルト確率の値を用いても同様の FPR, TPR および ROC 曲線が得られる．これは，いく度か説明している AR 値（AUC）の値が水準に依存しないことから説明される．

コアである．(3.7)式や(3.8)式によるAUCの定義は，AUCの期待値の定義式である．したがって，その値を直接計算することはできず，その推計値を計算することになる[6]．

3.9.3 N/S 比

以上の議論は判別の閾値と判別率という評価基準をもとにして，AUCやAR値の成り立ちを説明したが，その理解をより正確なものにするために，「N/S (noise/signal) 比を紹介する．

偽陽性率（FPR），真陽性率（TPR）を用いた指標として，N/S比という指標が存在する．この指標の説明の前に，表3.9の分割表を用いて，偽陰性率や真陰性率の関係を再確認する．

まず，偽陰性率（false negative ratio, 以下FNRと記す）とは，実際にはデフォルト（positive）である企業を，非デフォルト（negative）と誤って予測する確率である．信用スコアZが閾値cよりも小さいときにデフォルト（positive）であると判別する判別ルールとし，FNR(c)と表す．これは，閾値cを用いて以下のように書ける．

$$\text{FNR}(c) = \Pr(Z_i > c | 企業 i はデフォルト)$$
$$= \frac{Z > c を満たすデフォルト企業数}{N_D} = \frac{\text{FN}(c)}{N_D}$$

ただし，FN(c)は信用スコアがc以上のデフォルト企業数である．

同様に考えると，真陰性率（true positive ratio, 以下TPRと記す）は，非デフォルト企業（negative）を正確に非デフォルト（negative）であると判別する確率であるから，閾値cを用いて以下のように書ける．

$$\text{TNR}(c) = \Pr(Z_i > c | 企業 i は非デフォルト)$$
$$= \frac{Z > c を満たす非デフォルト企業数}{N_{ND}} = \frac{\text{TN}(c)}{N_{ND}}$$

ただし，TN(c)は信用スコアがc以上の非デフォルト企業数である．

以上のようにFNR(c)とTNR(c)を定義すると，先に定義したFPR(c)とTPR(c)と合わせて表3.9のように配置表を作成できる．

また，これらの確率の特徴として，以下のような性質があることを確認してい

---

[6] データからAUCの値を計算するには，(3.6)式のZに$\hat{Z}_{ND}$と$\hat{Z}_D$を代入して計算する．(3.6)式と(3.8)式の関係から，(3.6)式で定義されるAUCは，(3.7)式で定義されるAUCの期待値の推定量であることがわかる．

ただきたい．任意の閾値 c において，以下の等式が成り立つ．

$$\begin{cases} \text{TNR}(c) + \text{FPR}(c) = 1 \\ \text{TPR}(c) + \text{FNR}(c) = 1 \end{cases}$$

この対応関係は，ROC 曲線の中にすべて組み込まれている．このことは図 3.23 で確認できる．

以上のような設定の下，ここから N/S 比の説明を行う．N/S 比は閾値 c を固定したときの偽陰性率（$\text{FNR}(c)$）の値を，同様の閾値で固定したときの真陽性率（$\text{TPR}(c)$）で割った値として定義される．したがって，閾値 c を固定したときの NS 比は以下のように表現される．

$$\text{N/S 比}\ (c) = \frac{N}{S} = \frac{\text{FNR}(c)}{\text{TPR}(c)}$$

閾値 c を固定したとき，分子の偽陰性率（$\text{FNR}(c)$）は小さい方が良く，分母の真陽性率（$\text{TPR}(c)$）は大きい方が良い判別といえるので，N/S 比全体としては値が小さいほど良い判別ができている．

また，N/S 比にはとりうる値の範囲がある．閾値 c の変化によって，分子の $\text{FNR}(c)$ は 0〜1 の値をとり，分母の $\text{TPR}(c)$ も 0〜1 の値をとる．したがって，N/S 比全体としては，0 以上の値となるが，その値に上限はない（分母の $\text{TPR}(c)$ が 0 であるとき，値は発散してしまう）．

$$0 \leq \frac{N}{S} < +\infty$$

N/S 比は小さいほどモデルの判別力が高いが，その最小値は 0 となり，0 に近

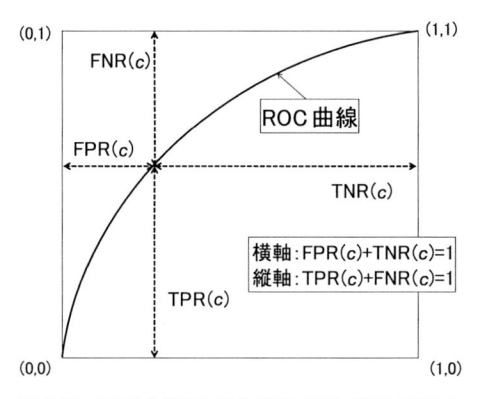

図 3.23 ROC 曲線における FPR，TPR，FNR，FPR の対応関係

いほどモデルの判別力は高いと判断する．ただし，N/S 比の注意点として，値自体によってモデルの判別力を評価するのではなく，AR 値や AUC と同様にモデル間の比較に意味がある点があげられる．

また，N/S 比の特徴として，閾値 c の恣意性がある．つまり，ROC 曲線は閾値 c の値を $-\infty$ から $+\infty$ に変化させることによって，任意の閾値におけるモデルの FPR(c) や TPR(c) を評価していたのに対し，N/S 比はある1つの固定した閾値 c における判別力を評価しているにすぎない．したがって，N/S 比は信用スコアをソートとした結果の一部を取り出してモデル評価をしているといえる．モデル全体の判別力を評価するには閾値 c を $-\infty \sim +\infty$ の範囲で変化させたときの N/S 比を考察する必要があるが，それは AR 値や AUC を計算することと同値であるため，N/S 比を用いたモデル評価方法は適切とはいえない．

しかし，モデル全体の判別力を評価するのでなく，ある値の閾値における FNR(c) や FPR(c) に興味があるときもある．たとえば，配置表における FNR(c) を Type I エラー（第一種の過誤），FPR(c) を Type II エラー（第二種の過誤）と考えたときに，Type I エラーをある程度の水準に抑えたままで，Type II をなるべく小さくしたいといった動機があるときには，N/S 比を用いることによってその方法を探ることができるであろう．また，AR 値や AUC を用いて，ある水準の Type I エラーと Type II エラーの関係を考察する手法として局所 AUC とよばれる指標が存在する．局所 AUC については第 4 章で詳細に説明する．

以上，3.1～3.3 節では，AR 値の計算方法として一般的な方法である CAP 曲線の下側面積の求め方を説明した．これによって，AR 値が信用スコアの順位性の指標であることが確認された．また，デフォルトと格付の順位性を評価する指標として AR 値を用いる方法を 3.4 節で示した．また，3.5 節では AR 値の性質として AR 値のとりうる範囲や AR 値が信用スコア（デフォルト確率）の水準に依存しない点を解説した．

3.6 節では CAP 曲線を用いずに直接 AR 値を求める数学的な定義式を紹介した．これによって，AR 値を信用スコアの関数として表現できることがわかった．この定式化によって，第 8 章の AR 値の最大化が可能となる．3.7 節では AR 値に関するトピックとして説明変数と AR 値の関係や多重共線性があるときの AR 値，母集団が異なるときの AR 値の評価方法を述べた．最後に AR 値と AUC の

関係を説明したが，これらは本質的にはまったく同じ性質を有することを概観した．

次章ではAR値の発展とした話題として，AR値の標準偏差や信頼区間の推計方法を説明する．また，AR値を応用した評価指標も解説する．

4 AR 値の標準偏差・信頼区間と応用

　第3章でAR値の定義や性質を述べたが，本章ではその応用編としてAR値のもつ特徴やAR値の応用方法を述べる．
　AR値はデータから得られる統計量であるため，その値には推計誤差を含んでいる．そこで，AR値を比較するだけでなく，その差が統計的に有意であるかを検証する必要がある．その方法として，本章ではAR値の推計誤差としての標準偏差の算出式を紹介する．4.1, 4.2節でAR値の標準偏差，信頼区間の求め方を説明し，データ数と信頼区間との対応関係も解説する．また，4.3節では信頼区間を用いた検定方法を紹介する．これによって，複数のAR値を比較するときにそれが統計的に有意な差があるかを確認できる．
　4.4節ではAR値を用いた格付モデルの評価方法として提案された手法を紹介する．最後に4.5節では，CAP曲線あるいはROC曲線の一部の面積として定義され，医療分野で注目されている指標である局所AUCを紹介し，信用リスクモデル評価への応用を考察する．このようなAR値の応用を学ぶことによって，信用リスクモデル評価の分野におけるAR値の今後の利用方法を展望する．

4.1 AR値の推計誤差としての標準偏差

　第3章でみたように，AR値は信用リスクモデルから出力される信用スコアをもとに計算される．信用スコアはあるデータをもとに推計されたものであり，その信用スコアをもとに得られたAR値には誤差が含まれている．そこで，本節ではAR値の誤差としての標準偏差の算出方法を説明する．
　本節の最初にAR値の推計誤差としての標準偏差の推計式を導入する．また，次節では算出された標準偏差を用いてAR値の信頼区間を求める．

4.1.1 異なる標準偏差をもつ AR 値の比較

同一のデータを用いて複数のモデルを作成すると，モデルの数だけ AR 値が計算される．このとき，AR 値だけを比較していずれのモデルが良いモデルであるかを判断することは，統計学的には正しいとはいいがたい．それは，AR 値自身が統計量であり，その値に誤差を含んでいるからである．AR 値を用い，正確にモデルの評価を行うためには，AR 値のぶれを捉えて判断する必要がある．

AR 値を比較するだけでは，より正確な判断ができない例として，以下のような 2 つの例を考えてみる．

【例1】：あるデータを用いて，信用リスクモデル 1 と 2 を作成した．モデル 1 の AR 値は 0.750 で，その標準偏差は 0.05 だった．また，モデル 2 の AR 値は 0.800 で，その標準偏差は 0.02 であった．このとき，モデル 2 はモデル 1 よりも有意に優れたモデルであるといえるか？

【例2】：あるデータを用いて，信用リスクモデル 1 と 2 を作成した．モデル 1 の AR 値は 0.750 で，その標準偏差は 0.10 だった．また，モデル 2 の AR 値は 0.800 で，その標準偏差は 0.12 であった．このとき，モデル 2 はモデル 1 よりも有意に優れたモデルであるといえるか？

例 1，例 2 においては，モデル 1 とモデル 2 の AR 値はそれぞれ同じ値であり，異なっているのは，それぞれの AR 値の標準偏差である．得られた AR 値だけをもとに比較を行うと，いずれの例においてもモデル 2 の方がモデル 1 よりも（AR 値に関して）良いモデルであるという，同じ結論を導き出す．しかし，それぞれの標準偏差を含めて考えると，「モデル 2 の方がモデル 1 よりも良いモデルである」という結論は，例 2 よりも例 1 においてより鮮明である．例 1 においてはそれぞれのモデルにおける AR 値の標準偏差が小さく，得られた AR 値の信頼区間に重なりが小さいが，例 2 においては AR 値の標準偏差が大きく（そのため，信頼区間の重なりが大きく），統計学的にはその差は有意とはいえないからである．

4.1.2 AR 値の標準偏差の推定量

最初に，AUC の分散の推定量を以下に記す．ここで，AR 値の標準偏差でなく AUC の標準偏差の推定方法を説明する理由として，AUC は Mann-Whitney の U 統計量と一致し，この性質を用いた AUC の分散の推定量は，Engelmann and Rauhmeier(2006) によって示されていることがあげられる．また，AR 値よりも AUC の方が統計学では一般的な指標であり，多くの解説や実用例が存在

4.1 AR 値の推計誤差としての標準偏差

することも理由である.

各企業数はこれまでと同様に,デフォルト企業数が N_D,非デフォルト企業数が N_{ND} とすると,AUC の分散の推定量は,

$$\widehat{\mathrm{Var}}(\mathrm{AUC}) = \frac{1}{4(N_D-1)(N_{ND}-1)} \{ \hat{P}_{D \neq ND} \\ + (N_D-1) \cdot \hat{P}_{D,D,ND} + (N_{ND}-1) \hat{P}_{ND,ND,D} \\ -4(N_D+N_{ND}-1) \cdot (\mathrm{AUC}-0.5)^2 \} \qquad (4.1)$$

と書ける.

(4.1)式の $\{\cdot\}$ の中は,全部で 4 つの項によって計算される.第 1 項と第 4 項は計算が簡単だが,第 2 項と第 3 項の計算がこの式の解釈のポイントである.各項についての説明を以下に記す.なお,図 4.1 に計算方法をまとめた.

まず,第 1 項の $\hat{P}_{D \neq ND}$ はデフォルト企業と非デフォルト企業の信用スコアが異なる確率,すなわち,$\Pr(Z_D \neq Z_{ND})$ の推計値である.したがって,二項ロジットモデルのように信用スコアに連続量を仮定しているときには,2 つの企業の信用スコアが厳密に同スコアとなることはないためその推計値は 1 である[1].

また,第 4 項目の $4(N_D+N_{ND}-1) \cdot (\mathrm{AUC}-0.5)^2$ は,デフォルト企業数 N_D と非デフォルト企業数 N_{ND},および得られた AUC の値を代入することによって計算できる.

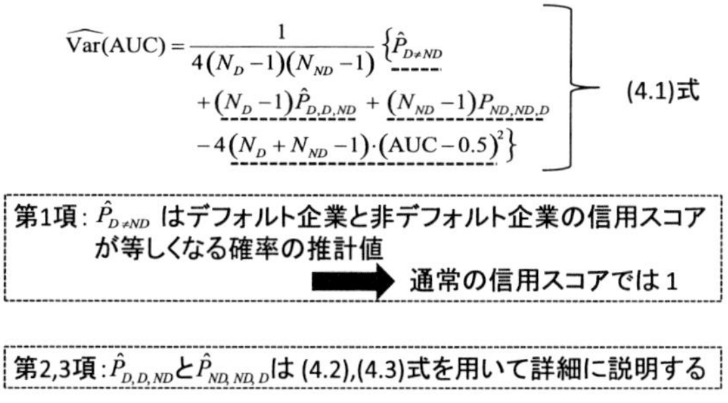

図 4.1 AUC の分散の推定量を計算する説明箇所

---

[1] ロジットモデル等の統計モデルを用いて信用スコア,あるいはデフォルト確率予測値を推計する際には,1 であると考えて問題ない.ただし,各格付ごとに同一の信用スコアの値や同一のデフォルト確率予測値を付与した際には,1 とはならないので,注意が必要である.

次に，(4.1)式の第2, 3項の $\hat{P}_{D,D,ND}$, $\hat{P}_{ND,ND,D}$ の説明を行う．これらはある確率の和として定義されており，それぞれ，以下の確率の推計値である．

$$P_{D,D,ND} = \Pr(Z_{D,1}, Z_{D,2} < Z_{ND}) - 2\Pr(Z_{D,1} < Z_{ND} < Z_{D,2})$$
$$+ \Pr(Z_{ND} < Z_{D,1}, Z_{D,2}) \quad (4.2)$$
$$P_{ND,ND,D} = \Pr(Z_{ND,1}, Z_{ND,2} < Z_D) - 2\Pr(Z_{ND,1} < Z_D < Z_{ND,2})$$
$$+ \Pr(Z_D < Z_{ND,1}, Z_{ND,2}) \quad (4.3)$$

ここで，$Z_{D,1}$, $Z_{D,2}$ はデフォルト企業群から無作為に2つ抽出した信用スコアであり，$Z_{ND,1}$, $Z_{ND,2}$ は非デフォルト企業群から無作為に2つ抽出した信用スコアである．

4.1.3 (4.2), (4.3)式の説明

(4.2)式と(4.3)式は，(4.1)式のAUCの標準偏差を計算するうえで最も理解が困難な式である．しかし，計算手順は多いが，それぞれの計算方法や考え方は決して難しいものではなく，単純に信用スコアの大小比較を行うだけである．ぜひ以下の説明をもとに理解していただきたい．

最初に，(4.2)式で定義された $P_{D,D,ND}$ の第1項の $\Pr(Z_{D,1}, Z_{D,2} < Z_{ND})$ について解説する．$\Pr(Z_{D,1}, Z_{D,2} < Z_{ND})$ という確率の意味は，無作為に抽出された2社のデフォルト企業の信用スコア（$Z_{D,1}$, $Z_{D,2}$）が，無作為に抽出された1社の非デフォルト企業の信用スコア（Z_{ND}）よりもともに小さくなる確率である[2]．

したがって，この確率の推計値を求めるには，手元にある信用スコアのデータを用いて，

① デフォルト企業群から2つ，非デフォルト企業群から1つの信用スコアを抽出し，1社vs. 2社で信用スコアの大小比較を行う操作を，
② すべての組合せで行い，不等号が成り立てば1，それ以外は0を足して，
③ 得られた値をすべての組合せの数で割ることによって得られる．

いま，デフォルト企業数を N_D，非デフォルト企業数を N_{ND} とすると，N_D 個から無作為に2つ抽出し，それを N_{ND} 個の信用スコアと大小を比較するため，すべての組合せの数は，${}_{N_D}C_2 \times N_{ND} = N_D(N_D-1)/2 \cdot N_{ND}$ 個の組合せが存在する（${}_{N_D}C_2$ は，N_D 個から2個取り出す組合せの数を表す記号）．これらの組合せすべての場合で不等号の成立する個数を求め，すべての組合せの数で割る．

---

[2] すなわち，$Z_{D,1} < Z_{ND}$ かつ $Z_{D,2} < Z_{ND}$ が成り立つ確率である．

4.1 AR 値の推計誤差としての標準偏差

$\Pr(Z_{D,1}, Z_{D,2} < Z_{ND})$ の推計値を求めるステップを以下にまとめる.

$\Pr(Z_{D,1}, Z_{D,2} < Z_{ND})$ は, 前述のとおり, デフォルト企業の信用スコアを無作為に 2 つ, 非デフォルト企業の信用スコアを 1 つ抽出し, 2 つのデフォルト企業の信用スコアがともに非デフォルト企業の信用スコアよりも大きい確率である. したがって, その確率の推計値を求めるには, 不等式を満たす個数をカウントし, その数をすべての組合せの数で割ると推計値が得られる. 具体的な計算のステップは, 以下のようになる.

Step1 表 3.2 にあるような, 信用スコアとデフォルト・非デフォルトの情報をもつデータを考える. データを用いて, デフォルト企業の信用スコアを 2 つ, 非デフォルト企業の信用スコアを 1 つ抽出する操作をすべてのデフォルト企業と・非デフォルト企業の組合せを考える.

Step2 2 つのデフォルト企業の信用スコアがともに非デフォルト企業の信用スコアよりも小さければ 1 をカウントし, そうでなければ 0 をカウントする. この操作をすべての組合せ ($_{N_D}C_2 \times N_{ND} = N_D(N_D-1)/2 \cdot N_{ND}$) において考え, 和をとる.

Step3 Step2 の計算によって得られた値を, すべての組合せの数である $_{N_D}C_2 \cdot N_{ND}$ で割る.

以上のステップをまとめたのが, 図 4.2 である. ヘビサイド関数の説明で用いた前章の図 3.16 とよく似たイメージ図であるが, 注意していただきたいのは,

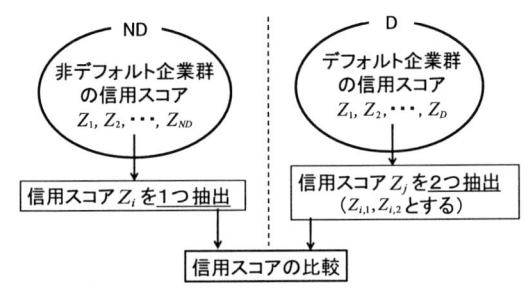

図 4.2 (4.2)式の第 1 項 の推計値の計算イメージ

デフォルト企業群からは2つ，非デフォルト企業群からは1つの信用スコアを取り出し，比較を行っている点である．

ここまで (4.2) 式の第1項である $\Pr(Z_{D,1}, Z_{D,2} < Z_{ND})$ の推計方法を述べてきたが，(4.2)式の他の項や (4.3)式の各項も同様の計算ステップによって計算できる．デフォルト・非デフォルト企業群のどちらの企業群から1社を，もう一方の企業群から2社を抽出して，それらの信用スコアの大小比較を行うことによって，(4.2)，(4.3)式における他の項も同様に計算できる．

以上のようにして，(4.1)～(4.3)式により AUC の分散の推定量の計算ができると，(3.5)式をもとに AR 値の分散の推定量を求めることができる．

(3.5)式より，
$$\mathrm{Var}(\mathrm{AR}) = \mathrm{Var}(2\mathrm{AUC} - 1)$$
$$= 4\mathrm{Var}(\mathrm{AUC})$$

となるので，AR 値の分散の推定量が得られる．具体的には，AR 値の標準偏差の推定量を $\hat{\sigma}_{AR}$ とすると，

$$\hat{\sigma}_{AR} = \sqrt{\widehat{\mathrm{Var}(\mathrm{AR})}} = \sqrt{4\widehat{\mathrm{Var}(\mathrm{AUC})}} = 2\sqrt{\widehat{\mathrm{Var}(\mathrm{AUC})}} \tag{4.4}$$

となる．

4.1.4　AR 値の分散推計値の例

表3.2にあるデータを使用して，AR 値の標準偏差 $\hat{\sigma}_{AR}$ の推計値を求める．表3.2のデータは，デフォルト企業数が3社，非デフォルト企業数は7社であることを確認してほしい．

$\hat{\sigma}_{AR}$ を得るためには(4.1)式の $\hat{P}_{D,D,ND}$ 等の推計値を求めなければならないので，まずそれらの統計量の定義式である (4.2)，(4.3)式で表される統計量の推計値を求める．

具体的な (4.2)式の計算方法

(4.2)式の推計値を得るために，まず，先に述べた手順を使って $\Pr(Z_{D,1}, Z_{D,2} < Z_{ND})$ の推計値を求める．

デフォルト企業から信用スコアを2つ，非デフォルト企業の信用スコアを1つ抽出し，大小比較を行い，デフォルト企業の2つの信用スコアがともに選ばれた非デフォルト企業の信用スコアよりも小さければ1をカウントする．

抽出の例として，表3.2のデータを用いて計算手順を示す．このデータでは，10社中でB社とC社，H社の3社がデフォルトしている．これから，まずデフォ

ルト企業群からB社とC社を選び，非デフォルト企業からG社を選ぶ．このとき，信用スコアは，B社：23.5，C社：40.5，G社：32.0となっているので，B社の信用スコアはG社の信用スコアよりも小さいが，C社はG社よりも大きいため，1をカウントしない．

次に非デフォルト企業からD社を選ぶとすると，D社の信用スコアは51.0で，これはデフォルト企業のB社，C社よりも大きいため，1をカウントする．

以下，抽出する2社のデフォルト企業と1つの非デフォルト企業をすべての組合せで同様の操作を繰り返すと，条件を満たす組合せは，16通りあることがわかる．以下の表4.1はデフォルト企業の信用スコア $Z_{D,1}$, $Z_{D,2}$ の組合せとそのときの条件を満たす非デフォルト企業数をまとめたものである．

このような条件を満たす場合の数を，すべての組合せである ${}_{N_D}C_2 \times N_{ND} = 3 \times 2/2 \times 7 = 21$ で割ればよいから，

$$\Pr(Z_{D,1}, Z_{D,2} < Z_{ND}) \text{ の推計値} = \frac{16}{21} \approx 0.762$$

という結果を得る．表4.1に結果を記す．

以上と同様の操作を行うことによって，(4.2)式の他の項の確率の推計値を計算すると，

$$\Pr(Z_{D,1} < Z_{ND} < Z_{D,2}) \text{ の推計値} = \frac{2}{21} \approx 0.0952$$

$$\Pr(Z_{ND} < Z_{D,1} < Z_{D,2}) \text{ の推計値} = \frac{1}{21} \approx 0.0476$$

という結果を得る．

表4.1 $Z_{D,1}$, $Z_{D,2}$ の組合せと不等式の条件を満たす非デフォルト企業数

デフォルト企業2社の抽出		非デフォルト企業1社の抽出	
$Z_{D,1}$	$Z_{D,2}$	$Z_{D,1} < Z_{ND}$ かつ $Z_{D,2} < Z_{ND}$ を満たす非デフォルト企業数	
B：23.5	C：40.5	6社	(A, J, F, E, I, D)
B：23.5	H：60.5	5社	(A, J, F, E, I)
C：40.5	H：60.5	5社	(A, J, F, E, I)
合計		16社	
$\Pr(Z_{D,1}, Z_{D,2} < Z_{ND})$		$16/21 = 0.762$	

以上の計算結果から，(4.2)式で定義された統計量 $P_{D,D,ND}$ の推計値を以下のように計算できる．

$$\hat{P}_{D,D,ND} = \hat{\Pr}(Z_{D,1}, Z_{D,2} < Z_{ND}) - 2\hat{\Pr}(Z_{D,1} < Z_{ND} < Z_{D,2})$$
$$+ \hat{\Pr}(Z_{ND} < Z_{D,1}, Z_{D,2}) = \frac{16}{21} - \frac{2}{21} \times 2 + \frac{1}{21} = \frac{13}{21} \approx 0.619$$

これによって，(4.2)式で定義した確率の推計値が得られた．

(4.3)式の計算

AR 値の標準偏差 $\hat{\sigma}_{AR}$ を計算するために，(4.3)式で定義された確率の推計値も必要となる．(4.3)式は(4.2)式と似た形をしており，(4.2)式を求めた計算方法においてデフォルト企業群と非デフォルト企業群を入れ替えた式である．

(4.3)式で定義された $P_{ND,ND,D}$ の推計値を求めるために，第1項である $\Pr(Z_{ND,1}, Z_{ND,2} < Z_D)$ の推計値を求める．これは先に求めた $\Pr(Z_{D,1}, Z_{D,2} < Z_{ND})$ の推計値のデフォルト企業と非デフォルト企業を入れ替えたもので，$\Pr(Z_{ND,1}, Z_{ND,2} < Z_D)$ は非デフォルト企業から2社，デフォルト企業から1社を無作為に抽出する．このとき，2つの非デフォルト企業の信用スコアがともに抽出されたデフォルト企業の信用スコアよりも小さくなる確率である．

この条件を満たす2社の非デフォルト企業と1社のデフォルト企業の組合せは，非デフォルト企業が G 社と D 社，デフォルト企業が B 社の組合せの1通り（G，D 社の組合せ分）だけである．この値を，すべての場合の数である，${}_{N_{ND}}C_2 \times N_D = N_{ND}(N_{ND}-1)/2 \cdot N_D = 7 \times 6/2 \times 3 = 63$ で割ることによって得られる．

$$\Pr(Z_{ND,1}, Z_{ND,2} < Z_D) \text{ の推計値} = \frac{1}{63} \approx 0.0159$$

以上と同様の操作を行うことによって，(4.3)式の他の項の確率の推計値を計算すると，

$$\Pr(Z_{ND,1} < Z_D < Z_{ND,2}) \text{ の推計値} = \frac{8}{63} \approx 0.127$$

$$\Pr(Z_D < Z_{ND,1}, Z_{ND,2}) \text{ の推計値} = \frac{46}{63} \approx 0.730$$

以上のこれらの計算結果から，(4.3)式で定義された統計量 $P_{ND,ND,D}$ の推計値を以下のように計算できる．

$$\hat{P}_{ND,ND,D} = \hat{\Pr}(Z_{ND,1}, Z_{ND,2} < Z_D) - 2\hat{\Pr}(Z_{ND,1} < Z_D < Z_{ND,2})$$

$$+ \hat{\Pr}(Z_D < Z_{ND,1}, Z_{ND,2}) = \frac{1}{63} - \frac{8}{63} \times 2 + \frac{46}{63} = \frac{31}{63} \approx 0.492$$

以上で,(4.4)式で定義された AR 値の標準偏差の推計値 $\hat{\sigma}_{AR}$ が計算できる.
まず,(4.1)式の AUC の分散の推計値を求める.

$$\mathrm{Var}(\mathrm{AUC}) = \frac{1}{4(3-1)(7-1)}\{1 + (3-1) \times 0.619 + (7-1) \times 0.492 - 4(3+7-1)$$
$$\times (0.857 - 0.5)^2\} = 0.0125$$

この結果から,AR 値の標準偏差を $\hat{\sigma}_{AR}$ は,

$$\hat{\sigma}_{AR} = \sqrt{\mathrm{Var}(\mathrm{AR})} = 2\sqrt{\mathrm{Var}(\mathrm{AUC})}$$
$$= 2 \times \sqrt{0.0125} = 0.224$$

という結果が得られる.

この結果から,たとえば AR 値が標準偏差 ($\hat{\sigma}_{AR}$) の分だけ推計誤差があるとすると,表 3.2 のデータの AR 値は 0.714 だから,

$$0.714 \pm \hat{\sigma}_{AR} = 0.714 \pm 0.224 = (0.490, 0.938)$$

となる.

表 3.2 のデータから得られた AR 値は 0.714 という値だったが,この値は,統計的な誤差を考慮するとおおよそ 0.490〜0.938 という値の範囲に含まれることがわかる.

＜AR 値の標準偏差の推計値について＞

AR 値が 0.714 であるのに対して,標準偏差の 0.224 は相対的に大きく AR 値の信頼区間は広い.これは,表 3.2 で使用したデータが非常にデータ数の少ないデータ(デフォルト企業が 3 社,非デフォルト企業が 7 社の計 10 社)であったために起こる現象であり,一般的な信用リスクデータでは信頼区間の範囲はもっと狭い.データ数と AR 値の標準偏差,あるいは信頼区間との関係については次節で詳細に述べる.

4.2 AR 値の信頼区間

前節で AR 値の標準偏差の推計方法を述べた.ここでは,得られた推計値を用いて AR 値の信頼区間を求める方法を説明する.

4.2.1　AR 値の信頼区間の推計方法

AR 値の信頼区間を推計する方法を以下に述べる．デフォルト企業数，非デフォルト企業数が非常に多いときに，AR 値は漸近的に正規分布に従うと仮定する（漸近正規性）．

$$\frac{AR - E(AR)}{\hat{\sigma}_{AR}} \xrightarrow{N_D, N_{ND} \to +\infty} N(0, 1)$$

ただし，$E(AR)$ は AR の期待値を表し，$N(0, 1)$ は平均 0，分散が 1 の標準正規分布である．このような正規性を仮定すると，信頼区間を求めることができる．

上記のような漸近正規性を仮定すると，データから得られた AR 値の（両側）$\alpha\%$ 信頼区間は以下のように求められる．

$$\left[AR - \hat{\sigma}_{AR} \Phi^{-1}\left(\frac{1+\alpha}{2}\right),\ AR + \hat{\sigma}_{AR} \Phi^{-1}\left(\frac{1+\alpha}{2}\right) \right] \tag{4.5}$$

ここで，Φ は標準正規分布の累積分布関数を表し，Φ^{-1} はその逆関数を表す．

(4.5)式は，得られた AR 値は $\alpha\%$ の確率で上記の信頼区間に入るということを意味するから，データの有する AR 値の期待値 $E(AR)$ が α の確率でその区間に含まれることと同値である．すなわち，

$$\Pr\left(AR - \hat{\sigma}_{AR} \Phi^{-1}\left(\frac{1+\alpha}{2}\right) \leq E(AR) \leq AR + \hat{\sigma}_{AR} \Phi^{-1}\left(\frac{1+\alpha}{2}\right) \right) = \alpha$$

となることと同値である．

4.2.2　表 3.2 のデータを用いた信頼区間の推計結果

ここでは，表 3.2 のデータを用いて，第 3 章に計算した AR 値の信頼区間を求める．これまでの計算結果から，AR 値は 0.714，その標準偏差 $\hat{\sigma}_{AR}$ は 0.224 であるから，AR 値の $\alpha\%$ 信頼区間は以下のように計算できる．

$$\left[AR - \hat{\sigma}_{AR} \Phi^{-1}\left(\frac{1+\alpha}{2}\right),\ AR + \hat{\sigma}_{AR} \Phi^{-1}\left(\frac{1+\alpha}{2}\right) \right]$$
$$= \left[0.714 - 0.224 \Phi^{-1}\left(\frac{1+\alpha}{2}\right),\ 0.714 + 0.224 \Phi^{-1}\left(\frac{1+\alpha}{2}\right) \right]$$

α の例として，信頼区間が（両側）95% 信頼区間を求めたいときには，$\alpha = 0.95$ を代入して，$\Phi^{-1}\left(\frac{1+0.95}{2}\right) \approx 1.96$ だから，

$$\left[0.714 - 0.224 \Phi^{-1}\left(\frac{1+0.95}{2}\right),\ 0.714 + 0.224 \Phi^{-1}\left(\frac{1+0.95}{2}\right) \right]$$

$$= [0.714 - 0.224 \times 1.96, 0.714 + 0.224 \times 1.96]$$
$$= [0.275, 1.153]$$

という信頼区間が計算できる．信頼区間の上側 95％ の値は 1.153 となり，AR 値のとりうる値である 1 を超えている．デフォルト企業数と非デフォルト企業数が十分に大きいときを仮定していたが，表 3.2 にあるデータは全データ数が 10 社と，十分にデータ数が少なく漸近正規性を仮定することが妥当でないため，上限値が 1 を超える結果となっている．データ数と信頼区間の関係について以下に詳細に述べる．

4.2.3　データ数と信頼区間の関係

データが十分に大きいときは AR 値に正規分布を仮定することによって信頼区間が計算された．ここでは AR 値に正規分布を仮定することの正当性を検討したい．

最初に，AR 値と正規分布の定義域の関係性であるが，AR 値は [−1, 1] の値をとり，正規分布は −∞ から +∞ までの値をとりうる．したがって，正規性の仮定は厳密にいえば間違いである．

一方で，先に述べたように AR 値の標準偏差はデータ数に強く依存し，データ数の増加とともに小さくなる．そこで，データ数が多いときには，正規分布を仮定したとしても得られる信頼区間は現実的な値であることがわかっている．

前述のとおり，表 3.2 のデータを用いた [0.275, 1.153] という信頼区間の上側 95％ 点は，現実的な値ではない．このように，データ数が少ないときには，正規性を仮定することによって，非現実的な信頼区間を推計してしまう．

そこで，どれくらいのデータ数があれば，正規性を仮定した信頼区間が妥当な結果となるかを考える．Engelmann *et al.* (2003) では AUC の信頼区間の検討を，データ数を変化させたときの「正規性を仮定した信頼区間」と「ブートストラップにより得られる信頼区間」の比較により行っている．ブートストラップ法の詳細は第 5 章を参考にされたい．デフォルト企業の数が非デフォルト企業よりも相対的に少ない状況を想定して，デフォルト企業数を変化させている．

表 4.2 に，結果を一部抜粋したものを記す．この結果は，825 件のデフォルト企業を含むおよそ 200000 社のデータをもとに AUC の値を求めている．使用したモデルはロジットモデルであり，11 個の説明変数をもとに作成した．

全データから分析用データとしてデフォルト企業と非デフォルト企業を合わせ

表 4.2 Engelmann *et al.* (2003) による正規性とブートストラップの信頼区間の比較結果

データ	$\widehat{AUC}$	$\hat{\sigma}_{AUC}$	95%（正規）	95%（ブートストラップ）	99%（正規）	99%（ブートストラップ）
全データ	0.840	0.006	[0.828, 0.853]	[0.829, 0.851]	[0.825, 0.856]	[0.826, 0.854]
デフォルト 50 社	0.777	0.037	[0.705, 0.849]	[0.703, 0.845]	[0.682, 0.871]	[0.677, 0.864]
デフォルト 20 社	0.801	0.050	[0.703, 0.898]	[0.695, 0.886]	[0.673, 0.928]	[0.658, 0.905]
デフォルト 10 社	0.855	0.063	[0.732, 0.978]	[0.722, 0.952]	[0.693, 1.000]	[0.672, 0.968]

注1　上の表の $\widehat{AUC}$ は分析用データの無作為抽出を 25000 回繰り返したときに得られる AUC の平均値．$\hat{\sigma}_{AUC}$ はその AUC の標準偏差．
注2　95%（・），99%（・）の数字は信頼区間の水準，（・）内は信頼区間を推計するために用いた手法（「正規」は，AUC の推計値に正規分布を仮定した推計方法）を示している．

て 500 社を抽出する際に，デフォルト企業数を 50 社，20 社，10 社と変化させてデータを作成している．たとえば，デフォルト企業数が 50 社のときは，非デフォルト企業を 450 社を無作為に抽出していることになる．このように分析用データを作成し，AUC に正規分布を仮定するには，どれほどのデフォルト企業数が含まれているときに妥当かを検証している．

分析用データの無作為抽出を 25000 回繰り返したときの結果を表 4.2 に記す．

この表から，全データ数におけるデフォルト企業数が少ないほど，得られる AUC が大きくなる．また，デフォルト企業数が少ないほど AUC の推計値の標準偏差は大きくなり，それに伴って得られる信頼区間も大きい．

次に，AUC の推計値に対する正規分布の仮定の妥当性について考察を行う．デフォルト企業数が 10 社しかないときには，99% の信頼区間の上限値が 1 を超えてしまっている．これは，先の表 3.2 のデータの信頼区間を計算したときにも言及したが，デフォルト企業数が少ない（10 社ほどしかない）ときには，AUC の推計値に正規分布を仮定することが妥当でないことを意味する．一方で，ブートストラップによって信頼区間を求めると，AUC の実現値は 1 よりも小さいので，実現値によって推計される信頼区間の上限値も 1 より小さい（実際には，99% の信頼区間の上限値は 0.968 になっている）．

また，デフォルト数が多くなるほどに，ブートストラップによる信頼区間との差が小さくなっていることも確認できる．これは，デフォルト企業数が多いほど，

AUCの値に正規性を仮定することが妥当であることを示している．この表では，デフォルト企業数が50社以上であれば，AUCの推計値に正規分布を仮定した下で得られる信頼区間は，ブートストラップによる信頼区間の良い近似であると結論づけている．

以上のように，どれほどの数のデフォルト企業数があればAUCの値に正規分布を仮定することが妥当かをみてきた．実際にAUC（AR値）の信頼区間を求めるときには，ある程度のデフォルト企業数が含まれているデータであれば，正規性を仮定した信頼区間を用いることは妥当であるが，デフォルト企業数が少ないときには，ブートストラップによる推計を行うべきである．

ブートストラップによってAUC（AR値）の信頼区間を求める方法は，データの復元（あるいは非復元）抽出を何万回と繰り返す必要があるため，データ数が多いときには非常に計算時間がかかる．しかし，正規分布を仮定した信頼区間よりも推計精度は高く，また漸近正規分布を仮定したときほどデータ数には大きく依存しないため，可能であるならば，データ数によらずブートストラップによる信頼区間推計を行った方がよい．

4.2.4　第2章で用いたデータのAR値の標準偏差と信頼区間の推計

第3章において，第2章で用いたデータのAR値の計算方法と結果を述べた．ここでは，本章におけるAR値の標準偏差$\hat{\sigma}_{AR}$と信頼区間の推計方法のまとめとして，第2章で用いたデータ（図2.7を参照のこと）を使用した結果を記す．ここでは，手順の確認を中心に解説を行う．

AR値の標準偏差の推計値$\hat{\sigma}_{AR}$を求めるための最初の計算ステップとして，(4.2)，(4.3)式の推計値を計算し，AUCの分散の推計値を求める．その後，AR値の標準偏差の推計$\hat{\sigma}_{AR}$を求める．

Step1　(4.2)式の第1項$\Pr(Z_{D,1}, Z_{D,2} < Z_{ND})$の推計値は，デフォルト企業から2つ，非デフォルト企業から1つの信用スコアを無作為に抽出して$Z_{D,1}, Z_{D,2} < Z_{ND}$が成り立つ確率の推計値である．これを求めるために，すべての組合せ${}_{N_D}C_2 \times N_{ND} = N_D(N_D-1)/2 \cdot N_{ND}$で信用スコアの大小比較を行う．

デフォルト企業から2社，非デフォルト企業から1社抽出して大小比較を行うのに際して，行と列にデフォルト企業の信用スコアを並べた行列を作成する（図4.3を参照）．

		A	B	C	D	E	F	G
	スコア	-2.890	0.165	-0.940	-1.840	0.108	0.748	0.661
a	-2.890	0						
b	0.165	11	0					
c	-0.940	11	11	0				
d	-1.840	13	11	11	0			
e	0.108	11	11	11	11	0		
f	0.748	11	11	11	11	11	0	
g	0.661	11	11	11	11	11	11	0
各列の和		68	55	44	33	22	11	0

合計 233　P1.1 0.853　$\Pr(Z_{D,1}, Z_{D,2} < Z_{ND})$

図 4.3 第 2 章のデータを用いた $\Pr(Z_{D,1}, Z_{D,2} < Z_{ND})$ の推計結果の例（(4.2)式の推計結果の一部）

　図 4.3 の行列は，A～G 列に 7 社のデフォルト企業の信用スコアを並べ，a～g 行にも同様のデフォルト企業の信用スコアを並べている．表 4.1 のデフォルト企業の信用スコアを 2 つ抽出する作業を，この行列の行と列の信用スコアを 2 つの交差した行列の要素と考える．

　各要素には不等式を満たすデフォルト企業と非デフォルト企業の組合せの数を書いている．この操作は，4.1.3 項の Step1 に相当する．すべての組合せの合計を求めると 233 という値となる．この値が $Z_{D,1}, Z_{D,2} < Z_{ND}$ を満たす信用スコアの組合せ数なので，$\Pr(Z_{D,1}, Z_{D,2} < Z_{ND})$ の推計値を得るためには，233 をすべての場合の数である ${}_{N_D}C_2 \times N_{ND} = N_D(N_D-1)/2 \cdot N_{ND} = 7 \times 6/2 \times 13 = 273$ で割る．その結果，0.853 という結果を得る．

Step2　Step1 を (4.2) 式の他の項の推計値に対して行う．デフォルト企業の信用スコアを 2 つ抽出し，非デフォルト企業の信用スコアを 1 つ抽出して大小比較を行う操作は Step1 とまったく同じであり，異なるのは不等号の向きだけである．

　結果として，$\Pr(Z_{D,1} < Z_{ND} < Z_{D,2})$ の推計値は 0.0366，$\Pr(Z_{ND} < Z_{D,1}, Z_{D,2})$ の推計値は 0.147 という結果が得られる．これらの値を用いて (4.2) 式から，$\hat{P}_{D,D,ND}$ の推計値は，$0.853 - 2 \times 0.0366 + 0.147 = 0.927$ となる．

Step3　(4.3) 式の推計値を求めるために，Step1 と Step2 と同様の操作をデフォルト企業と非デフォルト企業を入れ替えて行う．具体的には，非デフォルト企業を 2 社，デフォルト企業を 1 社抽出して大小比較を行い，(4.3) 式で定義された統計量の推計値を求める．結果として，(4.3) 式の

$\hat{P}_{ND,ND,D}$ は 0.597 となる.

Step4　以上から得られた値をもとに，(4.1)式の AUC の分散の推計値を求める.

$$\widehat{\mathrm{Var}}(\mathrm{AUC}) = \frac{1}{4(7-1)(13-1)}\{1+(7-1)\times 0.927+(13-1)\times 0.597 \\ -4(7+13-1)\times(0.890-0.5)^2\} \\ = 0.00752$$

よって，この結果と (4.4)式から，

$$\hat{\sigma}_{AR} = 2\sqrt{\widehat{\mathrm{Var}}(\mathrm{AUC})} \\ = 2\times 0.0867 = 0.173$$

という結果が得られる.

この値をもとに AR 値の信頼区間を求める. α% 信頼区間は (4.5)式から計算できて，たとえば，両側 90% の信頼区間（$\alpha=0.90$）を求めると，図 4.4(a) の結果を得る.

先に説明したように，やはりデータ数が 20 社と少ないことが理由で，信頼区間の上限が 1 を超えてしまっている.

このように，データ数が著しく少ないときには，ブートストラップ法を用いるべきである. ブートストラップ法を用いた結果を図 4.4(b) に記す.

ブートストラップ法は AR 値の実現値のみを信頼区間推定に用いるため，上限の値も 1 を超えない現実的なものとなっている.

以上をまとめると，データ数が多いときにはブートストラップ法は非常に計算時間がかかるため，AR 値に正規分布を仮定した信頼区間を推計するとよい．逆

AR値の推計誤差(正規分布を仮定)

AR値	分散	標準偏差	α	α%信頼区間	
			0.9	下限	上限
0.780	0.0300	0.173		0.4954	1.065

(a) 正規分布を仮定した結果

AR値の推計誤差(ブートストラップ)

AR値	分散	標準偏差	α	α%信頼区間	
			0.9	下限	上限
0.780	0.0230	0.152		0.52	1

(b) ブートストラップ法を用いた結果

図 4.4　第 2 章のデータを用いた AR 値の信頼区間の推計結果の例

に，データ数が少ないときには，AR値に正規分布を仮定することの弊害があり，現実的でない信頼区間を推計してしまうため，ブートストラップによる信頼区間の推計方法がよいと考えられる．

4.3 AR値を用いた検定方法

以上でAR値の信頼区間の計算方法を説明した．信頼区間が計算できると，AR値を用いた様々な検定を行うことができる．そこで，本節ではAR値の検定方法をいくつか紹介する．

4.3.1 AR値＝0の検定方法（難）

先に得られた信頼区間（図4.3を参照）は0を含まない信頼区間となっているが，実際にはAR値の信頼区間として0を含むことも考えられる．AR値が0ということは，モデルにデフォルト・非デフォルトの判別力がまったくないモデルであることを意味する．そこで，得られたAR値の信頼区間が0を含むかを確認することは，作成したモデルの判別力を判断するうえで大切な指標であり，それを検定する方法を以下に述べる．

作成したデフォルト確率推計モデルがまったく判別力を有していない（デフォルト・非デフォルトの信用スコアが同一の分布に従う）という帰無仮説の仮説検定を行う．

この帰無仮説の下では，信用スコアはデフォルト企業群，非デフォルト企業群は同一の分布であるため，(4.2)式あるいは(4.3)式の信用スコアの大小比較の確率は簡単に書けて，

$$\frac{\Pr(Z_D \neq Z_{ND})}{3} = \Pr(Z_{D,1}, Z_{D,2} < Z_{ND}) = \Pr(Z_{D,1} < Z_{ND} < Z_{D,2}) = \Pr(Z_{ND} < Z_{D,1}, Z_{D,2})$$

$$= \Pr(Z_{ND,1}, Z_{ND,2} < Z_D) = \Pr(Z_{ND,1} < Z_D < Z_{ND,2}) = \Pr(Z_D < Z_{ND,1}, Z_{ND,2})$$

となる．上のそれぞれ不等式の大小比較は，いずれの場合も同一の分布から3つのサンプルを抽出したときの大小比較を行うことであるから，その値はみな同じ値となる（3.3節で述べる格付モデルのAR値はその限りではない）．

この結果を(4.2)，(4.3)式に用いると，

$$\sigma_{AR}^2 = \frac{\Pr(Z_D \neq Z_{ND})(1 + N_D + N_{ND})}{3(N_D - 1)(N_{ND} - 1)} \qquad (4.6)$$

となる．この値を用いて，作成したモデルの判別力を検定するには，(4.6)式を用いた両側 $(1-\alpha)\%$ 検定統計量が計算できて，帰無仮説が成り立つ確率を示す p 値は，

$$\text{p 値} = 2 - 2\Phi\left(\frac{AR}{\hat{\sigma}_{AR}}\right)$$

となる（p 値については 5.2 節を参照）．

先に計算された AR 値と $\hat{\sigma}_{AR}$ の推計値の結果を用いると，AR 値は 0.714，$\hat{\sigma}_{AR}$ は 0.224 だから，p 値は 0.00144 となり，帰無仮説は有意水準 5% で棄却されるという結果を得る．

4.3.2 AUC（AR 値）の差の検定方法（難難）

4.2 節において，AR 値の標準偏差の推計値を求め，その値から信頼区間を推計した．複数のモデルがあるときに，これらの AR 値およびその信頼区間を求め，信頼区間に重なりがないかを確認する方法は，AR 値を用いたモデルの評価方法の 1 つの手段である．しかし，同一のデータから得られた AR 値には共分散が存在するため，信頼区間の比較だけでは不十分な議論である．

そこで，信頼区間の重なりを確認する方法とは別に，複数の AR 値が得られたときに，検定によってその差が有意であるかどうかを確認する方法がある．本項では，Delong and Clarke(1988) によって提案された，複数の AUC の差が有意なものであるかを検定する方法を述べる．

Delong and Clarke(1988) で提案された Mann-Whitney 統計量の共分散の推定量を記してあるが，同様の推定量を Engelmann and Rauhmeier(2006) では AUC の文脈で考え，共分散の推定量 $\widehat{\text{Cov}}(\text{AUC}_1, \text{AUC}_2)$ として以下のように記されている．

$$\widehat{\text{Cov}}(\text{AUC}_1, \text{AUC}_2) = \frac{1}{4(N_D-1)(N_{ND}-1)} \times \{\hat{P}^{1,2}_{D,D,ND,ND} + (N_D-1)\hat{P}^{1,2}_{D,D,ND}$$
$$+ (N_{ND}-1)\hat{P}^{1,2}_{ND,ND,D} - 4(N_D+N_{ND}-1)(\text{AUC}_1-0.5)(\text{AUC}_2-0.5)\}$$

ここで，上式の $\hat{P}^{1,2}_{D,D,ND,ND}$, $\hat{P}^{1,2}_{D,D,ND}$, $\hat{P}^{1,2}_{ND,ND,D}$ は以下の確率の推定量である．

$$P^{1,2}_{D,D,ND,ND} = \Pr(Z^1_D > Z^1_{ND}, Z^2_D > Z^2_{ND}) + \Pr(Z^1_D < Z^1_{ND}, Z^2_D < Z^2_{ND})$$
$$- \Pr(Z^1_D > Z^1_{ND}, Z^2_D < Z^2_{ND}) - \Pr(Z^1_D < Z^1_{ND}, Z^2_D > Z^2_{ND})$$

$$P^{1,2}_{D,D,ND} = \Pr(Z^1_{D,1} > Z^1_{ND}, Z^2_{D,2} > Z^2_{ND}) + \Pr(Z^1_{D,1} < Z^1_{ND}, Z^2_{D,2} < Z^2_{ND})$$
$$- \Pr(Z^1_{D,1} > Z^1_{ND}, Z^2_{D,2} < Z^2_{ND}) - \Pr(Z^1_{D,1} < Z^1_{ND}, Z^2_{D,2} > Z^2_{ND})$$

$$P^{1,2}_{ND,ND,D} = \Pr(Z^1_D > Z^1_{ND,1}, Z^2_D > Z^2_{ND,2}) + \Pr(Z^1_D < Z^1_{ND,1}, Z^2_D < Z^2_{ND,2})$$
$$- \Pr(Z^1_D > Z^1_{ND,1}, Z^2_D < Z^2_{ND,2}) - \Pr(Z^1_D < Z^1_{ND,1}, Z^2_D > Z^2_{ND,2})$$

ここで，$Z^i_D, Z^i_{D,1}, Z^i_{D,2}$ はモデル i の信用スコアデータ[3]から，無作為にデフォルト企業の信用スコアを抽出したものであり，$Z^i_{ND}, Z^i_{ND,1}, Z^i_{ND,2}$ は非デフォルト企業に対して同様の操作を行った信用スコアの値である．

以上のようにして求まる AUC の共分散の推定量を使って，AUC 間に統計的に有意な差があるかを検定する検定統計量を以下のように求められる．

$$\chi^2 = \frac{(AUC_1 - AUC_2)^2}{\widehat{Var}(AUC_1) + \widehat{Var}(AUC_2) - 2\widehat{Cov}(AUC_1, AUC_2)}$$

この統計量は，漸近的に自由度 1 のカイ 2 乗分布に従うことが示されている．この性質を利用して，2 つの AUC 間に統計的に有意な差があるか検定できる．

以上で述べた説明は AUC に関するものであるが，AUC を用いて検定した結果と AR 値を用いて検定した結果は同一のものとなる．すなわち，AUC を用いた検定で帰無仮説が棄却されるときには，AR 値を用いた検定でも同様に棄却される．

4.4 AR 値を用いた格付モデルの評価方法

3.4 節で AR 値を用いた格付の評価方法を紹介した．その際に用いた評価軸は，信用スコアの低い格付に，正しくデフォルト企業が多く存在しているかを評価するものであった．この評価方法は，実際には「デフォルト確率が高い企業に正しく低格付が付与されているか」を評価している．

この方法は，ロジットモデルのような推計デフォルト率を推計し，それらのデータを閾値で区切って格付を付与する格付モデルに対しては有効である．しかし，順序ロジットモデルのような「格付を当てる」モデルの評価指標としては適切ではない．そこで，本節では順序ロジットモデルのような「格付を当てる」モデル評価指標のひとつとして AR 値を用いた指標を提案する（図 4.5 右の評価方法）．

「格付を当てる」モデル評価の単純な指標として，的中率や誤判別率を用いる方法がある．例として，格付が 3 つあり，各格付のデータ数が 100 個ずつである

---

[3] たとえば，2 つのデフォルト確率推計モデルがあったときには，$i=1,2$ であり，どちらのモデルの出力した信用スコアから抽出するかを意味する．

4.4 AR 値を用いた格付モデルの評価方法

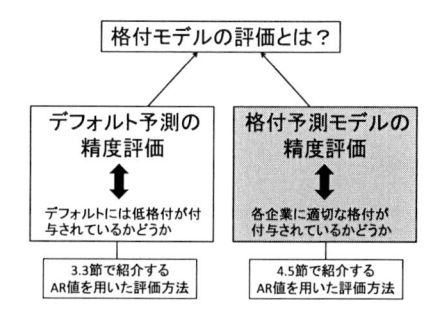

図 4.5 格付モデルの評価は何を評価しているのか

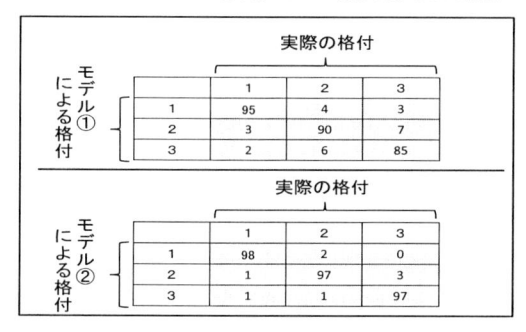

図 4.6 格付モデルによる格付付与と実際の格付

ような格付データに対して，順序ロジットモデルをモデル①とモデル②を作成して格付を付与した結果，図4.6の結果を得たとする．

この結果から，的中率を用いてモデル①とモデル②の評価を行う．まず，モデル①の格付1における的中率は95%，格付2で90%，格付3で85%となっている．一方で，モデル②の的中率はそれぞれ，格付1で98%，格付2で97%，格付3で97%となっているため，モデル②はモデル①よりも適切に格付を付与できていると評価する．

しかし，このように的中率でモデル評価を行うと，付与された各格付の妥当性は評価できるものの，そのモデル全体がどれほど適切に格付を付与できているかの評価ができない．格付を1区分誤判別するときと2区分以上誤判別するときの評価方法が非常に重要であるが，的中率と誤判別率を用いたモデル評価ではこの点が解決できない．そこで，その解決方法のひとつとして，三浦・山下・江口(2010)は，3.3節で述べたAUCを順序ロジットモデルなどの格付予測モデルに応用し

た評価指標を提案している.具体的には,格付を(ランク数−1)の2群判別とみなしてAUCを求め,Rating AUC(以下,RAUC)という評価指標を定義している.

たとえば,格付が5ランクあるときには,{1}と{2,3,4,5},{1,2}と{3,4,5},{1,2,3}と{4,5},{1,2,3,4}と{5}という4(=5−1)個の2群判別と考える.それぞれの判別に対する4つのAUCを求め,それらの平均値をRAUCとする.

具体的なRAUCの定義は,各格付の2群判別におけるAUCの平均を計算する式で定義されている.格付が1, 2, …, K の K 個の区分があるとき,RAUCは,

$$\mathrm{RAUC} = \frac{1}{K-1} \sum_{k=1}^{K-1} \mathrm{AUC}_k$$

となる.ここで,AUC_k は,格付 k 以下の企業をデフォルト,$k+1$ 以上の格付を非デフォルト企業とみなす2群判別におけるAUCの値である.以下に,RAUCの一例を示す.

図4.7は,格付のノッチ数が5つあるときのRAUCの一例である.これらは,左上から{1}と{2,3,4,5},{1,2}と{3,4,5},{1,2,3}と{4,5},{1,2,3,4}と{5}の4つの2群判別を考え,それぞれのROC曲線,および,その下側面積のAUCの値が書かれている.たとえば,左上の図は{1}と{2,3,4,5}の判別を行ったときのROC曲線で,AUCは0.881である.左上から時計回りに対応したROC曲線とAUCの図となっている.

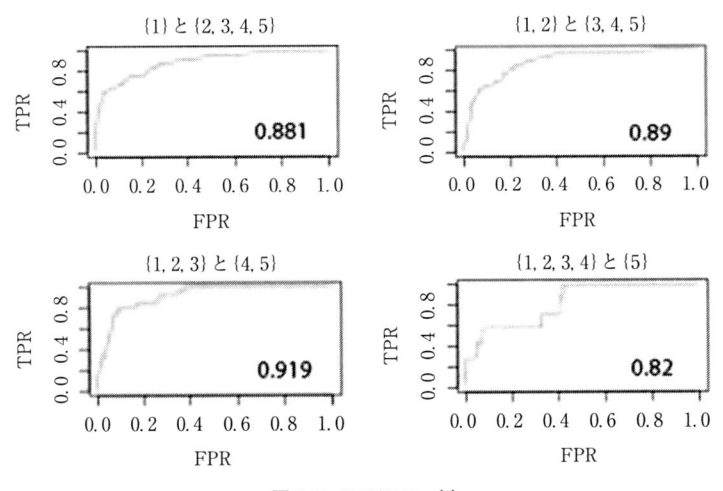

図 4.7 RAUCの一例

4.4 AR値を用いた格付モデルの評価方法

RAUCはこれらの値の平均をとったものであるから，RAUC = 0.878 となる．

$$\text{RAUC} = \frac{1}{5-1}(0.881 + 0.890 + 0.919 + 0.820) = 0.878$$

この値はAR値やAUCと同様にこの値だけでなんらかの判断を行うのではなく，他のモデルよって計算されたRAUCと比較し，より値が大きい方が良いモデルであると判断する際に使用する指標である．

RAUCの特徴として，2ノッチ以上誤判別を起こした際のRAUCの減少が，1区分誤判別を起こした場合よりも大きくなっていることがあげられる．たとえば，格付が5区分あるときに，本来ならば格付1のデータを格付3であると誤判別したときのRAUCの減少を考える．このとき，{1}と{2, 3, 4, 5}の2群判別のAUCにおいて誤判別が発生することになり，さらに{1, 2}と{3, 4, 5}の2群判別のAUCにおいても誤判別が起こっている．このように，2区分以上誤判別を起こしたときには，誤判別を起こした区分の回数分だけ2群判別におけるAUCの減少となる．

以上で説明したRAUCは，各格付を2群ごとの判別の繰り返しとみなして，それぞれの判別におけるAUCを平均することによって定義されていた．すべてのAUCに対して等しい重み（$1/(K-1)$）であり，どの格付における判別の重要性も等しく評価してRAUCという指標を定義している．

しかし，実際の格付判別においては，ある格付間の判別が他の判別よりも重要であることが多い．たとえば，ある企業の格付が投資適格（BBB–以上）か投資不適格（BB+以下）かを判別する重要性は，ある企業の格付がAA+かAAであるかを判別する重要性よりも高いと考えられる．そこで，このような格付の判別の重要性を加味した評価指標として，weighted RAUC（wRUAC）を提案している．

wRAUCは各格付の判別におけるAUCの重みを調整することができる指標として，以下のように定義されている．

$$w\text{RAUC} = \sum_{k=1}^{k} w_k \text{AUC}_k$$

ここで，AUC_k はRAUCの定義式と同様に格付 k 以下の企業をデフォルト，$k+1$ 以上の格付を非デフォルト企業とみなす2群判別におけるAUCの値である．また，重み w_k は，

$$\sum_{k=1}^{k} w_k = 1 \quad \text{かつ} \quad 0 \leq w_k \leq 1 \ (k = 1, 2, \cdots, K)$$

を満たす各 AUC_k の重みである.RAUC と wRAUC の定義式を見比べると,モデルの評価者にとって重要な判別における AUC を重く評価するような指標として,wRAUC が応用できる.

また,wRAUC の特徴として,以下の点があげられる.

① 各重み w_j を等しく(各 $j(=1, 2, \cdots, K-1)$ に対して,$w_j = 1/(K-1)$)とすることにより,RAUC と同様の評価関数となる.

② ある j においてのみ $w_j = 1$ の値をもち,$i \neq j$ において $w_i = 0 (i = 1, 2, \cdots, j-1, j+1, \cdots, K-1)$ とすることによって,格付 $j+1$ 以上と j 以下の2群判別の通常の AUC が得られる(通常の二項ロジットモデルに対する AUC).

③ ある j において w_j を $1/(K-1)$ よりも大きくとることにより,$j+1$ 以上と j 以下との判別に重きをおいたパラメータ推計が可能である[4].これは,実際の格付においては投資適格と投資不適格を,銀行の内部格付モデルにおいては要注意と要管理を判別する際の判別が重要であることをパラメータの推計に反映できることを意味する.

以上でみた RAUC, wRAUC は AUC を用いた評価指標だが,AR 値を用いても $K-1$ 個の判別とみなすことによって同様の評価指標を用いることができる.

4.5 ROC 曲線の一部の下側面積を用いる局所 AUC(難)

ここまで,ROC 曲線の下側面積として定義された AUC についての説明を行ってきた.ここでは,ROC 曲線の下側面積全体を考慮するのでなく,ROC 曲線の一部の下側面積のみを計算する指標として,Partial AUC(以下,局所 AUC)という指標を説明する.

AUC は ROC 曲線の下側面積全体を求めることによって,作成したモデル全体の評価を行う指標である.モデル全体の評価とは,信用スコアの順位性とすべてのデフォルト・非デフォルト企業の関係を評価することを意味する.しかし,モデルの評価方法の別の動機として,ある一部の企業のデフォルト・非デフォル

---

[4] AR 値,AUC を用いたパラメータ推計は,第8章を参照のこと.

ト企業の関係に興味があることが想定される．たとえば，デフォルト確率推計や格付付与における2つの誤判別を考えると，非デフォルト企業に対して低い信用スコアを与える（偽陰性）誤判別，デフォルト企業に対して高い信用スコアを付与してしまう（偽陽性）誤判別があり，いずれかを，より小さくしたい状況が存在する．なお，偽陰性や偽陽性については，3.9節，特に表3.9を参照のこと．

図4.8は2つのROC曲線（モデル①とモデル②）を記している．このとき，横軸の偽陽性率(FPR)が0〜0.1のときの真陽性率(TPR)はモデル②の方が高い．これは，それぞれのモデルの信用スコアにおいて，信用スコアの低い非デフォルト企業下位10%を抽出する閾値を考えたときに，モデル②のデフォルトの的中率がモデル①のそれよりも高いことを意味する．したがって，信用スコアの低い企業群におけるデフォルトの的中率が重要な場合には，モデル①よりもモデル②の方が良いモデルであると判断する．

一方で，横軸の偽陽性率（FPR）が0.9〜1の範囲においては，モデル①がモデル②よりも真陽性率（TPR）が高い．これは，信用スコアの高い非デフォルト企業上位10%を抽出する閾値を考えたときに，モデル①のデフォルトの的中率がモデル②のそれよりも高いことを意味する．したがって，信用スコアの高い企業群におけるデフォルトの的中率が非常に重要な場合には，モデル②よりもモデル①の方が良いモデルであると判断する．これは，格付付与の際に，本来ならばデフォルトである企業を非デフォルトであると判別してしまう誤判別率を小さくしたいときに重要な視点である．

ちなみに，第3.9節でみたように，信用スコアと閾値の大小関係から計算され

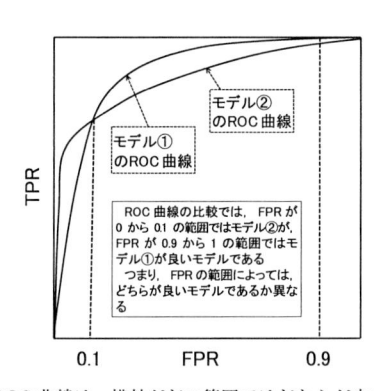

図4.8 2つのROC曲線は，横軸がどの範囲ではどちらが良いモデルであるか

るのが FPR, TPR であった．閾値を固定することによって，FPR, TPR の値を求めることができた．そこで，FPR, TPR をある範囲だけに注目する代わりに，閾値をある範囲に固定したときの的中率を重要視する際の指標が局所 AUC である．

局所 AUC は，ROC 曲線の面積の一部として定義される．以下に，評価したい区間を $c=C_1$ と $c=C_2$ としたときの局所 AUC(C_1, C_2) の定義式を以下に記す．ただし，$C_1 < C_2$ とする．

$$\text{局所 AUC}(C_1, C_2) = \int_{c=C_1}^{c=C_2} \text{TPR}(c)\, d\text{FPR}(c)$$

このように局所 AUC(C_1, C_2) を定義したときのイメージを図 4.9 に示す．

定義式ではより一般に C_1, C_2 を用いたが，実際に局所 AUC を使用するときには，$C_1 = -\infty$ あるいは $C_2 = +\infty$ として用いることが多い．先の図 4.8 で用いた例として，FPR が 0〜0.1 とした場合を考えた．FPR(c) = TPR(c) = 0 となるのは $C_1 = -\infty$ のときが対応する．一方，このときの C_2 は FPR$(c) = 0.1$ を満たす閾値 c の値である．

また，図 4.7 で，FPR が 0.9〜1 の状況も考えた．FPR(c) = TPR(c) = 1 となるのは，$C_2 = +\infty$ のときが対応する．一方，このときの C_1 は FPR$(c) = 0.9$ を満たす閾値 c の値である．

局所 AUC を用いたモデル評価として，デフォルト確率モデルの評価を考える．デフォルトを陽性（positive）とすると，デフォルト確率予測モデルを作成するときに，偽陽性（FP）偽陰性（FN）の2つの誤判別率がある．

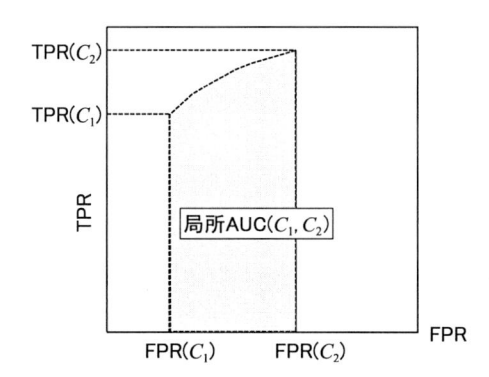

図 4.9 ROC 曲線の一部の下側面積として定義される局所 AUC

この2つの誤判別のどちらを小さくしたいかという判断は，作成したモデルの利用方法によって異なる．たとえば，融資判断を行う際にモデルを用いるときの誤判別の損失は，以下のようになる．

① 偽陽性

事後的にみると非デフォルト企業を，融資判断の時点でデフォルトと予測し，融資を行わなかった機会損失

② 偽陰性

事後的にみるとデフォルト企業を，融資判断の時点で非デフォルトと予測し，デフォルト後に回収できない損失

上の①，②のどちらが損失が大きいかは，一概には決められないが，一般的には，デフォルト企業を非デフォルトであると判別する（FN）損失は，非デフォルト企業をデフォルトであると判別する（FP）損失よりも大きい．つまり，デフォルト企業に高い信用スコアを付与することは，非デフォルト企業に低い信用スコアを付与するよりも避けたい．

このときには，ある閾値よりも信用スコアが高い企業のデフォルト率が低いモデルが良いモデルであると判断する．これは，信用スコアがある閾値以上の企業の中での偽陰性率（FNR）をより小さくしたいということだから，閾値 c がある値（C_1 とする）よりも大きい範囲での ROC 曲線の下側面積（局所 $AUC(C_1)$）が大きければよい（図 4.10 参照）．

よって，このように局所 $AUC(C_1)$ を大きくするモデルとしては，図 4.8 ではモデル①の方が良いモデルであると判断できる．

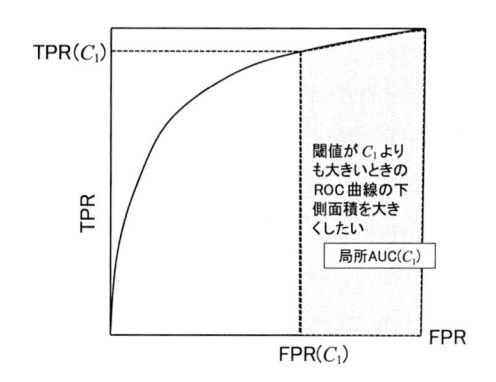

図 4.10 どの部分の局所 AUC を大きくしたいかはモデル評価者によって異なる

本章では4.1〜4.3節にかけて，AR値の含む誤差として標準偏差の推計方法を解説した．また，得られた標準偏差の推計値を用いたAR値の信頼区間の推計方法を述べた．これによって，複数のAR値が存在するときに，単純にAR値を比較するのではなく，どういった観点から比較を行うべきであるかを概観した．また，複数のAR値があるときの差が有意なものであるかを検定する方法を示した．

また，4.4節ではAR値の応用として格付モデルの評価指標としてAR値を用いる指標（RAUC）を提案した．3.3節で述べたAR値を用いた格付モデルの評価方法は，格付とデフォルトとの関係を評価しているものであったが，RAUCは順序ロジットモデルのような格付モデルを評価できるという点で有用である．最後に4.5節ではROC曲線の下側面積の一部を求めることによって局所AUCを定義した．局所AUCは信用スコアの一部の範囲に興味があるときに実用的な指標である．医療分野ではすでに多くの研究がなされており，今後信用リスクの分野でも応用が進むものと考えている．

次章ではAR値以外の信用リスクモデルの評価指標を説明する．それぞれどういった特徴を有する指標であるかに着目しながら読み進んでほしい．

5 AR 値以外の信用リスクモデル評価指標

　第 3 章および第 4 章において，AR 値の成り立ちおよび利用方法，短所長所について解説した．現在，AR 値はモデル評価指標の代表的な存在となっているが，AR 値のもつ特徴——順位性だけに注目した適合度の指標——のため，それだけではモデル評価を正確に行うことができない．第 2 章で信用リスクモデルが多くのバリエーションをもつことを解説したが，AR 値による評価だけでは，多くのモデル候補の中から合理的に最適なモデルを選択することは困難であり，他のモデル評価指標との組合せが必要である．

　本章の役割は，AR 値以外のモデル評価指標を網羅的に紹介することにある．それらの指標にはデフォルト水準の予測の適合性を評価するものや，説明変数ごとに有効かどうかを評価するものもある．

　5.1 節で本章の総論を述べた後，それぞれの指標ごとに目的と成り立ちを解説し，それを信用リスクモデルの評価に適用する方法を説明する．そして指標のもつ長所と短所について触れ，利用に際しての注意すべき点を明らかにする．また，過去の利用例がある場合はそれを紹介し，さらに例題を用いて評価指標を実感する．

5.1　モデル評価指標のバリエーション

　前章で紹介した AR 値はモデル評価指標の代表的な存在であるが，AR 値のもつ特徴ゆえにそれだけではモデル評価を正確に行うことができない．たとえば，AR 値はモデル全体の評価指標であり，説明変数ごとの評価ができないため，ロジットモデルに組み入れた変数の取捨選択には不適当である．また，信用スコアの順位性にのみ着目した指標であるため，デフォルト率の水準の一致性については不問である．そのため，バックテストによるデフォルト率の水準が推計デフォルト率の平均水準から大きく乖離したとしても，AR 値はモデルに対して良い評

図5.1 信用リスクモデルの評価指標

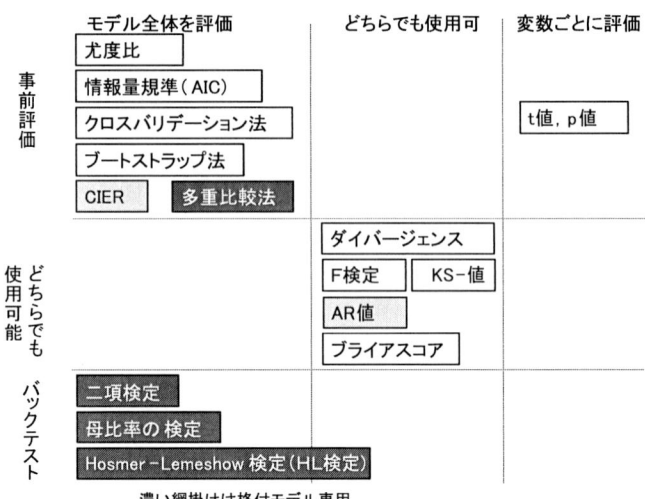

濃い網掛けは格付モデル専用，
薄い網掛けは，デフォルト確率モデル，格付モデルどちらでも使用可能

価を与えることもある．このことは，多くの企業に貸付を行っている与信ポートフォリオのリスク評価において，重大な欠点となる．

第2章で信用リスクモデルが多くのバリエーションをもつことを解説したが，AR 値のみを用いてバリエーションの中から唯一のモデルを選択することは危険である．そこで，本章は，AR 値以外のモデル評価指標を紹介し，その特徴を理解することによって適切なモデル選択を可能とすることを目的とする．取り上げる評価指標を図5.1に示した．

この図では，3つの測面によって指標を分類している．①評価指標には，デフォルト率推計モデルを評価する指標と，格付推計モデルを評価する指標があり，いくつかの評価指標は両方に利用することができる．また，②モデル全体を評価する方法と，変数ごとに評価する方法がある．さらに，③事前評価に適した指標とバックテストに適した指標がある．

次節以降でそれぞれの指標を詳しく解説するが，簡単に全体を紹介する．

t 値は統計学における最も基本的なモデル評価指標である．特徴は AR 値のようにモデル全体を評価するのではなく，変数ごとの有効性を評価する指標である．t 値はモデルのパラメータと同じ数だけ存在する．たとえばロジットモデルで財務変数が m 個ある場合，定数項を含め $m+1$ 個の t 値が算出される．変数ごと

に評価を行うため，どの財務変数が有効であるかを個別に評価することができ，変数を取捨選択するのに有力な指標となる．

　尤度比はAR値と同様にモデル全体を評価する指標である．尤度はデフォルトに対してどの程度の確率で当てることができたかを問うため，AR値と違ってデフォルト確率の水準に対する予測精度を評価することができる．また，第2章で解説したように通常ロジットモデルは最尤法を用いてパラメータ推計するが，尤度はその計算過程ですでに算出されており，評価の際に改めて計算する必要がない．

　尤度比の性質としては，説明変数が多ければ多いほど有利な指標であり，第1章で解説した安定性の問題を無視している．その結果，尤度比による評価では，インサンプルデータに対する説明力は良いが，バックテストで評価すれば悪いモデルを選択する傾向にある．その欠点を克服したものが情報量規準である．情報量規準の代表であるAICは説明変数の数が評価のペナルティになっており，説明変数の増加によるオーバーフィッティングを防ぐことが可能な評価指標である．

　KS値とダイバージェンスは，ともにモデルがデフォルトを正確に判定できているかを分布をもとに知る基準である．モデルから算出される信用スコアの分布は，デフォルト企業の分布と非デフォルト企業の分布の重なりが少ないほど，良好な判別であるといえる．このような発想により，デフォルト企業の分布と非デフォルト企業の分布の距離を数値化したものである．KS値は2つの分布の分布関数に注目し，分布関数の距離が最大になる点を評価している．一方，ダイバージェンスは確率密度関数に注目し，2つの分布の平均値の距離が，それぞれの分布の標準偏差に比較してどの程度大きいかを評価したものである．

　F検定はダイバージェンスの概念を検定に拡張したものであり，モデルが算出する信用スコアによるデフォルト判別が有意であるかどうかを検定する．一般的にはモデルから算出される信用スコアを評価対象に，信用リスクモデルの判別力を検定する．モデル全体の精度評価ではなく，t値のようにモデルに使われている特定の財務指標がデフォルト判定に対して有効であるかどうかを検定することも可能である．

　クロスバリデーションは第2章で簡単に紹介した．事前分析においてアウトサンプルによる評価を行いたい場合に便利な方法である．情報量規準とは大きく異

なる方法であるが，オーバーフィッティングを防ぐ方法として有力である．クロスバリデーションがパラメータ推計用データと評価用データに分割して新たなデータベースを作成するのに対し，ブートストラップ法は既存のデータベースからデータをランダムに採取することによって新たなデータベースを作成する．計算時間が大きくなる欠点があるが，様々な推計値の分布を知ることができる．分布の形状が許容範囲なものであるかによってモデルの評価とする．

二項検定，母比率の検定，Hosmer-Lemeshow 検定については，格付モデル専用のモデル評価方法なので次章において解説する．

これらの指標はそれぞれ長所短所があるため，性質を認識したうえで複数の指標を組み合わせて総合的に判断する必要がある．そのため，指標単独の性質を理解するのではなく，指標間の関係についての理解も重要である．以下の節ではこれらの評価指標や評価方法について，その意味，理論的な成り立ち，適用方法，長所短所について紹介する．

5.2 t 値 と p 値

t 値は回帰分析など一般的な統計モデルにおいて，推計されたパラメータの有効性を示す統計量である．推計されたパラメータ値とゼロとの距離を評価し，ゼロに近いほどその説明変数は必要がないと主張する．具体的には，推計パラメータをパラメータの推計誤差で割ることにより，ゼロとの距離を標準化し，パラメータがゼロであるという仮説がどの程度確からしいかを評価し，検定を行う．この仮説検定のための統計量は t 分布とよばれる確率分布に従うことがわかっているため，その統計量を t 値とよぶ．

また，t 値があればパラメータがゼロという仮説が成り立つ可能性を確率的に評価できる．そのときの確率を p 値という．t 値と p 値は評価軸のメジャーが違うだけで本質的には同じことを表している．そのため，2 つの値のうちどちらか一方で評価すれば十分である．

二項ロジットモデルは，過去の財務データから特定の財務指標を選び出し，それらを用いてデフォルト確率を求める．そのとき精度の高いモデルを作成するためには変数選択を慎重に行わなければならないが，t 値および p 値は指標選択のための重要な評価基準となる．

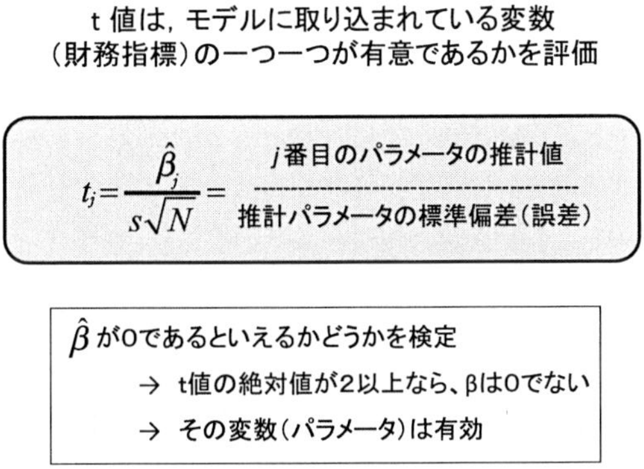

5.2 t値とp値

t値は，モデルに取り込まれている変数
（財務指標）の一つ一つが有意であるかを評価

$$t_j = \frac{\hat{\beta}_j}{s\sqrt{N}} = \frac{j\text{番目のパラメータの推計値}}{\text{推計パラメータの標準偏差（誤差）}}$$

$\hat{\beta}$ が0であるといえるかどうかを検定
→ t値の絶対値が2以上なら，βは0でない
→ その変数（パラメータ）は有効

図5.2 t値の概念

ロジットモデルのスコア Z は，財務データ $(x_1, x_2, \cdots, x_m)$ の線形結合によって与えられる式，

$$Z = \alpha + \beta_1 x_1 + \beta_2 x_2 + \cdots + \beta_m x_m \tag{5.1}$$

により求められる．モデルは，過去データから予測が的中するようにパラメータベクトル $(\beta_1, \beta_2, \cdots, \beta_m)$ を最尤法により推定することで作成される．このとき，推定の結果のパラメータベクトル $(\hat{\beta}_1, \hat{\beta}_2, \cdots, \hat{\beta}_m)$ の変数一つ一つが必要であるかを調べる．変数がスコアに対して無効であることは，(5.1)式において $\beta = 0$ であることと同値であるため，評価すべき命題は，

$$\beta_j = 0 \quad (1 \leq j \leq m) \tag{5.2}$$

である（j は変数の番号）．このときに適用する評価指標がt値である（図5.2）．

【成り立ち】

t値は母集団の分布が正規分布に従っている場合の，母平均を検定する統計量として用いられる指標である．平均が μ_j，分散が σ_j^2 の正規分布 $N(\mu_j, \sigma_j^2)$ に従う N 個のデータを $(X_{1j}, \cdots, X_{Nj})$ とする．標本平均 $\bar{X}$ と標本分散 s^2 を

$$\bar{X}_j = \frac{1}{N} \sum_{i=1}^{N} X_{ij}$$

$$s_j^2 = \frac{1}{N-1} \sum_{i=1}^{N} (X_{ij} - \bar{X}_j)^2 \tag{5.3}$$

で与える．サンプル数 (N) が十分大きい場合，t統計量

$$t_j = \frac{\bar{X} - \mu_j}{s_j / \sqrt{N}} \tag{5.4}$$

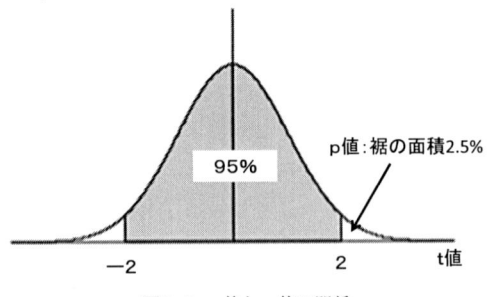

図5.3 t値とp値の関係

は，自由度 ($N-1$) の t 分布に従う．

同様に，$\hat{\beta}_j$ の推定に用いたデータ数を N とし，$\hat{\beta}_j$ は，平均が 0，分散が σ_j^2 の正規分布 $N(0, \sigma_j^2)$ に従っていると仮定する．また，$\hat{\beta}_j$ の標本分散を s_j^2 とする．

ここで，以下の帰無仮説 H_0 と対立仮説 H_1 を立てる．

$$H_0 : \beta_j = 0, \quad H_1 : \beta_j \neq 0 \tag{5.5}$$

仮定から，t 統計量，

$$t_j = \frac{\hat{\beta}_j}{s_j / \sqrt{N}} \tag{5.6}$$

は自由度 $N-1$ の t 分布に従うので，有意水準を α として仮説検定を行うことができる．たとえば，$N=50$，有意水準 $=95\%$ としよう．95% 両側検定では，

$$|t_j| > 2.01 \tag{5.7}$$

であれば，帰無仮説が棄却される．つまり，t 値の絶対値が 2 より大きい場合，$\hat{\beta}_j$ は 0 と有意に差があると判断でき，推定された $\hat{\beta}_j$ を信用スコアに採用することで，モデルの説明力が高まると判断できる（図5.3）．

p 値は t 値を求めるのと同様の仮定の下で，帰無仮説 $H_0 : \beta_j = 0$ が成立する確率を示している．t 値が与えられれば t 分布の累積分布関数（複雑な式なので割愛する．t 分布の累積分布関数については統計学の一般的な教科書を参照されたい）で変換するか，t 分布表を引くことにより得ることができる．t 値が大きいほど $\beta = 0$ が「尤もらしい」となるため，変数が有効であるためには p 値が小さいことが必要である．t 値の絶対値が 2 に相当する p 値はおおよそ 0.025 であり，変数が有意であるかどうかの基準とされ，変数をモデルに取り入れるためには，これよりも小さいことが求められる．ちなみに p 値は確率なので，t 値と違い，つねに正の値である．

【長所・短所】

　t値やp値は，モデルに取り込まれている変数（財務指標）の一つ一つが有意であるかを評価できるが，モデル全体の評価はできない．たとえば，あるパラメータが有意でないと判断されても，モデルにそのパラメータを取り込むことでモデル全体の説明力が高くなり，t値以外のモデル評価指標が改善することもある．そのため，パラメータのt値やp値が有意でないという理由でそのパラメータをモデルから外すことは，モデルの説明力を悪化させる要因になる可能性があるので注意が必要である．

　t値やp値はモデルのバランスを整える指標として用いることをすすめる．たとえば，パラメータをたくさん取り入れて，モデルが不安定になるのを避けるために，財務指標を減らすことがすでに決まっている場合に，どの指標を外すかを判断するときに適用することが考えられる．

【フラグ変数のt値】

　第2章で紹介したロジットモデルのバリエーションで，業種をセグメントで扱うかフラグで扱うかという問題を取り上げた．業種セグメントを用いてデータを分割する場合は，それぞれのセグメントにおけるモデル評価を行い，変数の有効性をt値によりチェックする．それに対して業種フラグを用いてモデルを構築した場合，業種フラグが有効であるかどうかをt値で評価することが行われるが，その場合は以下の注意が必要である．

　業種フラグδは企業が該当業種に属する場合は1，属さない場合は0の変数であり，以下のようにモデルに組み込まれる．業種jに属する企業iの信用スコアをZ_{ij}とする．

$$Z_{ij} = \alpha + \sum_{k=1}^{q} \beta_k X_{ki} + \sum_{j=1}^{m-1} \gamma_j \delta_{ij} \tag{5.8}$$

このとき業種数をmとすると，δは$m-1$個存在する．残りの1業種は「すべてのδが0」で表現されることになる．このとき$m-1$個のγに対して通常の方法でt値を計算することが可能である．求められるt値は$\gamma_j = 0$の帰無仮説を検定している．つまり検定対象は，j番目の業種の分類が有効であるということではなく，「すべてゼロとした業種」と「j番目の業種」に有意な差があるかどうかを評価していることになる．そのため，フラグのt値はどの業種を「すべてゼロとした業種」にするかによって値が異なる．どの業種をゼロとするかは分析者の

恣意に任されるため,t値も恣意に依存しており,t値を利用した検証には問題があるとされる.

基本的に業種フラグの有効性は業種ごとに評価するのではなく,すべての業種のフラグの「組合せとして適切」かどうかを判定すべきものである.そのため,t値によるフラグの有効性の検証ではなく,異なる業種分類をした場合のモデルと比較するべきである.そのとき使用する評価指標は,AR値やAICなどモデル全体を評価する指標を用いる.

ただし,特定のフラグの有効性のみをt値によって評価したいというニーズには以下のような簡便な手法がとられることがある.

まず,γの平均値を計算する.ただし,すべてのフラグがゼロの業種については$\gamma=0$とみなす.

$$\bar{\gamma} = \frac{1}{m}\sum_{j=1}^{m-1}\hat{\gamma}_j \qquad (5.9)$$

そのとき推計されるパラメータを$\hat{\gamma}_j$とすると,以下の数値をt値とみなしパラメータの有効性を検討することができる.

$$t = \frac{\hat{\gamma} - \bar{\gamma}}{s/\sqrt{N}} \qquad (5.10)$$

得られる値は一般的なt値と同様であり,おおよそ絶対値が2よりも大きければそのフラグは有効であると判断される.

5.3 尤　度　比

統計モデルでは,パラメータの推定結果が良いほど,モデルの説明力が高まる.「推定結果が良い」と判断するひとつの方法は,作成したモデルを用いて推定に使用したデータに対して予測値を求め,予測値とデータがどれだけ適合しているかを調べることである.つまり,推定に用いたデータとの当てはまり具合(フィッティング)の計測である.

回帰分析の場合はパラメータを最小2乗法で推定し,データのフィッティングを決定係数を用いて計測する.しかし,二項ロジットモデルや順序ロジットモデルのパラメータ推定では最尤推定法が用いられており,決定係数の概念はない.その代わり最尤推定法では,尤度比(likelihood ratio)を用いて,データのフィッ

ティングを計測する．

推定に用いるデータの企業数を N とする．i 番目の企業のデフォルト率は p_i で与えられているとする．企業のデフォルトは互いに独立して発生すると仮定した場合，尤度関数は第 2 章で紹介したように，

$$L = \prod_{i=1}^{N} p_i^{\delta_i}(1-p_i)^{(1-\delta_i)} \tag{5.11}$$

となる．ここで，δ_i は，

$$\delta_i = \begin{cases} 1, & i \text{ 番目の企業がデフォルトしているとき} \\ 0, & i \text{ 番目の企業がデフォルトしていないとき} \end{cases} \tag{5.12}$$

なる関数である．

第 2 章で解説したとおり，二項ロジットモデルでは，推計デフォルト率を信用スコアによって与えるときに，デフォルトした場合は 1 に，デフォルトしなかった場合は 0 に近づくようにパラメータ（係数ベクトル）$\beta_1, \cdots, \beta_m$ を最尤推定法により推計する．パラメータは，対数尤度関数，

$$LL = \log L = \log \sum_{i=1}^{N} \{\delta_i \log p_i + (1-\delta_i) \log (1-p_i)\} \tag{5.13}$$

を最大化することによって計算する．すべてのパラメータが 0 で企業に同じ推計デフォルト率を与えている場合の対数尤度を LL_{init}，財務指標を用いて作成したモデルの対数尤度を LL_{opt} とする．このときモデルのフィッティングを表す尤度比 LR は，

$$\text{LR}_{(1)} = \frac{LL_{\text{opt}}}{LL_{\text{init}}} \tag{5.14}$$

で定義される．ただし，出典によっては尤度比を，

$$\text{LR}_{(2)} = 1 - \frac{LL_{\text{opt}}}{LL_{\text{init}}} \tag{5.15}$$

と定義していることもあり，金融分野ではこちらの方が多い．

なおロジットモデルを適用した場合，LL_{init} の計算方法には 2 通りある．1 つは，ロジットモデルのスコア式

$$Z = \alpha + \beta_1 x_1 + \cdots + \beta_m x_m \tag{5.16}$$

において $\alpha = 0, \beta = 0$ と仮定した場合であり，このときの対数尤度を LL_{init} とする．このとき企業のデフォルト確率はすべて 50% となる．

もう一方は，$\beta = 0$ と仮定するが α については最尤推定法によって求める方法

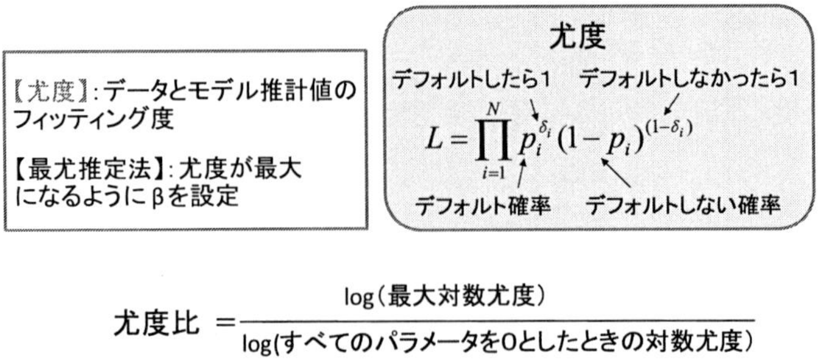

> 【尤度】:データとモデル推計値の
> フィッティング度
>
> 【最尤推定法】:尤度が最大
> になるようにβを設定

尤度

デフォルトしたら1　デフォルトしなかったら1

$$L = \prod_{i=1}^{N} p_i^{\delta_i}(1-p_i)^{(1-\delta_i)}$$

デフォルト確率　　デフォルトしない確率

$$\text{尤度比} = \frac{\log(\text{最大対数尤度})}{\log(\text{すべてのパラメータを0としたときの対数尤度})}$$

図 5.4　尤度比の概念

である.一般にはこちらの方法で定義された尤度比が用いられており,この場合はすべての企業が平均的なデフォルト率をもつことになる[1].この尤度比は発案者の名前をとってマックファーデンの尤度比とよぶことがある(図5.4).

【適用方法】

尤度比は,その成り立ちから,モデルのパラメータを最尤推定法により推計した場合にのみ適用できる評価指標である.もし,すべての変数が説明力のない変数であるならば,最大尤度は LL_{init} のままとなり,尤度比 $LR_{(2)}$ は0となる.また,財務データを用いたデフォルト確率推定モデルの説明力が高ければ,デフォルト企業および非デフォルト企業の推計デフォルト率は,それぞれ1および0に近づく.対数尤度は(5.13)式で定義されているため,推定に用いたデータの当てはまりが良いと対数尤度 L_{opt} は0に近づく.したがって,尤度比がとりうる値の範囲は,

$$0 \leq LR_{(2)} \leq 1 \tag{5.17}$$

であり,1に近いほどデータとよくフィットしていると判断できる.

【長所・短所】

尤度比は,モデル推定で用いる対数尤度関数の値をそのまま使うので,推定後,すぐに計測することができる.ただし,あくまでも推定に用いたデータとのフィッティングが良いことを意味するのであって,モデルの予測の的中率の良さを示してはいないことに注意する.また,尤度比 $LR_{(2)}$ が1に近い場合は,オーバーフィッティングが起きている可能性が高い.オーバーフィッティングとは,デフォルト

---

[1] パラメータ α が調整されることにより,全企業の推計デフォルト率は推計に用いたデータのデフォルト率に一致した値となる.

と非デフォルトを完全説明する状態のことをいうが，オーバーフィッティングは推定に用いたデータに対して完全説明する代わりに，他のデータを加えて推定すると結果が大きく異なり，モデルの安定性が低い．またバックテストの結果も良くないことが一般的である．そのため，尤度比の利用にあたってはオーバーフィッティングに注意しなければならない．具体的には，後述のクロスバリデーションやブートストラップ法もしくは AIC による評価を採用することによりオーバーフィッティングの問題を回避する．

尤度比の利用例としては，森平・隅田(2001) がある．この研究では日本格付情報センター(R&I)による 1998 年 9 月〜1999 年 9 月にわたる 1 年間の格付けデータに基づき，順序プロビットモデルを用いた格付け推移確率の推定を行い，モデルの有意性を尤度比を用いて検定した．また，同社の 1998 年 5 月〜2000 年 7 月までの製造業の債券格付けデータを用いてコックス比例ハザードモデルによる格付の取得確率の推定を行い，同様の検定を行った．その結果，両推定結果ともモデルが有意であったとの結果を得ている．

5.4 情報量規準（AIC）

財務指標を用いて信用スコアを作成する場合，どの財務指標の組合せがより説明力の高いモデルになるかを判断することが重要となる．実際，多くの財務指標を用いることで，見かけの説明力が高いモデルを作成できるが，多くの財務指標を用いてモデルを作成することはオーバーフィッティングの可能性を高めるため，モデルの安定性を減少させる．つまり，適当な数で構成される財務指標データベースの中から，最も説明力が高くなる指標の組合せを選ぶことが必要となる．そのような場合の選択基準として情報量規準を適用する．

【成り立ち】

情報量規準には様々な種類がある．一般に用いられるのは AIC（赤池情報量規準：Akaike's information criterion）である．ここでは，まず，AIC について説明する．AIC は，

$$\mathrm{AIC} = -2 \cdot LL_{\mathrm{opt}} + 2 \cdot m \qquad (5.18)$$

で与えられる（図 5.5）．ここで，LL_{opt} は最大対数尤度，m はモデルに取り込まれているパラメータの数である．AIC はカルバック-ライブラー情報量規準

データへのフィットとモデルの安定性を同時に考慮

モデルのフィットの評価　　モデルの安定性を評価

AIC ＝ －2×最大対数尤度 ＋2×パラメータ数

パラメータ数は(変数数+2)

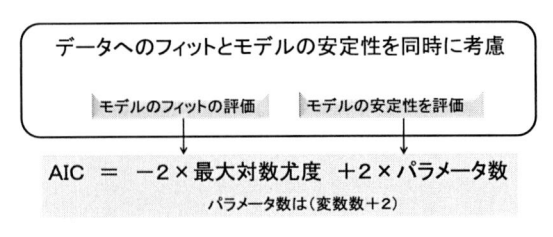

図 5.5　AIC の概念

(Kullback-Leibler information criterion) とよばれる統計量から導出される．導出の詳細については Akaike(1973) および坂本・石黒・北川(1983) を参照とする．ここで重要なのは，カルバック-ライブラー情報量がエントロピーの性質をもつことである．エントロピーとは簡単にいえば，モデルがもつ「不確かさの量」である．AIC では「不確かさの量」を，(5.18)式の第 1 項である「最大対数尤度」によって表している．(5.18)式の第 2 項はパラメータを使用したことに対するペナルティ項である．あるパラメータをモデルに取り込んでも，対数尤度があまり増加しなかった場合には，そのパラメータは「モデルを改善するよりも不安定にさせる」として，パラメータのむやみな増加をおさえることができる．

情報量規準のほとんどは，以上で述べたように，エントロピーとパラメータ数を調節して与えられる．もうひとつ代表的な情報量規準として，BIC (Bayesian information criterion) がある．BIC は，

$$\text{BIC} = -2 \cdot LL_{\text{opt}} + m \cdot \log N \tag{5.19}$$

で与えられる．ここで，N はパラメータ推定に用いたデータ数である．右辺第 1 項は，AIC と変わらないが，第 2 項が $\log N$ 倍されている分，パラメータの増加に対するペナルティが強いと解釈できる．そのため AIC でモデル選択を行う場合に比較して説明変数の数は少なくなり，より頑健で安全性の高いモデルが選ばれる．ちなみに，式の意味を考えればわかることであるが，AIC，BIC とも小さければ小さいほど良いモデルであるといえる．

【適用方法】

　AIC は，モデル選択規準として適用する．代表的な使用例は，財務指標の組合せを考える変数選択の場合である．

【長所・短所】

　尤度比でも述べたように，AIC も対数尤度とパラメータ数が求まれば，すぐ

5.4 情報量規準（AIC）

にモデル全体の説明力を計測することができる．また，AICを用いるならば，モデルの予測誤差も計測することができる．

ただし，AICには，数値そのものに意味がなく「このくらいの数値であれば，良いモデルである」という数値規準はない．同一のデータに対して複数のモデルに対してAICを計算し，その数値の大小を比較することで，どちらのモデルが良いか判断する「モデル比較」に有用である．

また，AICはパラメータの増加に対するペナルティが考えられているだけで，尤度比と同じくオーバーフィッティングに関しては完全には考慮されていない．特にデフォルト件数が過少の場合には注意が必要である．したがって，オーバーフィッティングが発生している場合，AICだけでなくブートストラップ法と併用することにより慎重な判断を行う必要がある．

【利用例】

図5.6に二項ロジットモデルに対するAICとt値の計算例を示した．用いたデータは第2章で紹介した全20社，デフォルト企業7社のものである．説明変数の候補は，自己資本比率，営業利益率，経常利益率であり，このうち営業利益率と経常利益率は多重共線性をもっている．上段の結果をみると3変数モデルではいずれのt値も悪く，またAICも相対的に悪い（値が大きい）．そのため最も有効

3変数モデル AIC:25.03　AR値:0.824

	パラメータβ	t値	p値
切片	4.09	1.86	0.062
自己資本比率	-0.03	-1.21	0.223
営業利益率	0.79	-1.04	0.294
経常利益率	0.36	0.50	0.612

2変数モデル AIC:23.31　AR値:0.780

	パラメータβ	t値	p値
切片	4.16	1.90	0.057
自己資本比率	-0.04	-1.26	0.205
営業利益率	-0.43	-1.83	0.066

1変数モデル AIC:23.13　AR値:0.648

	パラメータβ	t値	p値
切片	2.93	1.75	0.079
営業利益率	-0.47	-2.16	0.030

図5.6 AIC，t値によるモデル選択例

でないと判断できる．変数のうち t 値，p 値が最も悪かった経常利益率を削除して 2 変数モデルを作成し，モデルの再評価を行っている．この結果，AIC は向上したものの，依然 t 値の値は十分な水準とはいえない．そこでさらに自己資本比率を削除して 1 変数モデルを作成した．この結果，営業利益率の t 値の絶対値は 2 を超え，p 値も 0.05 を下回り，変数は有効であるという結果を得た．AIC も 2 変数モデルに比較して向上している．この結果，このデータを AIC によってモデル選択を行う場合では，営業利益率の 1 変数モデルが最も優れていると判断される．なお，定数項の t 値が有意な水準に達していないが，定数項は特定の変数の有効性を調べたものではなく，t 値が悪くとも削除しないことが一般的である．定数項の必要性は t 値，p 値のような統計量によるのではなく，定数項が必要な問題設定かどうかによって判断する方がよい．二項ロジットモデルにおいては定数項はデフォルト確率の調整項の役割をもっているため，つねに必要と考えるべきである．なお，参考としてそれぞれのモデルの AR 値を図に記載している．これをみると AIC や t 値の判断と違って最も良いモデルは 3 変数モデルである．AR 値は説明変数が多いほど高くなるという性質を反映した結果であり，AR 値が変数の取捨選択に用いにくいということを表している．

　AIC の信用リスク計量化モデルへの利用例としては，山下・川口(2003) は CRD 協会によって作成された企業財務データ 948,754 件，財務諸表項目数 93 項目との大規模中小企業信用データベースを用いた二項ロジットモデルに対して，AIC が良好となるような変数を選択して作成した．さらに，全件データと業種や規模といったセグメントによって分類したデータでの推定精度を AIC を用いて比較した．その結果，セグメント分けした場合の方が推定精度がより良好な結果を得ることができたと報告している．また，AIC を基準として最適なデータ量とセグメント数の関係について，データ数，それに含まれるデフォルト数，および変数選択候補数に関して，セグメントに分けるかどうかについて一定の基準を示した．このように AIC は変数選択やセグメントの決定に対して有力な評価指標である．

5.5　KS 値

　KS 値 (Kolmogorov-Smirnov value) は，モデル全体のパフォーマンスの評

5.5 KS値

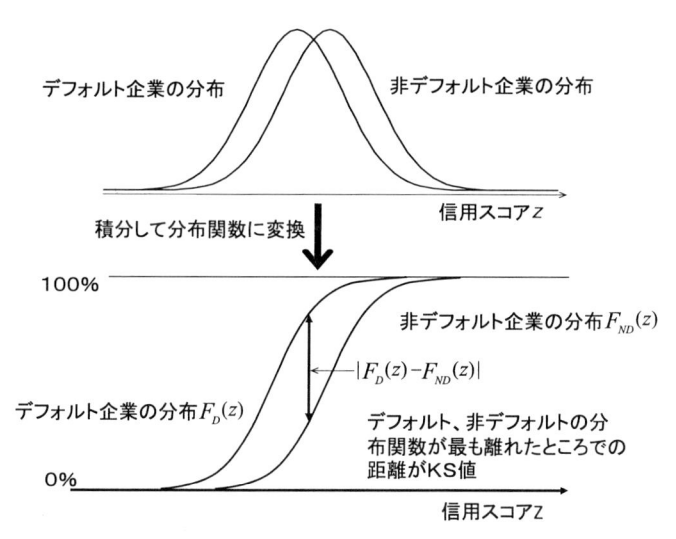

図 5.7 KS値の概念

価に用いるノンパラメトリックな統計量であり，信用リスク計量化の分野では，デフォルト企業と非デフォルト企業の信用スコアの分布が，どの程度異なっているかを知りたいときに用いる．精度の高い信用リスクモデルから算出される信用スコアは，デフォルト企業の集合では低く，非デフォルト企業の集合では高くなっているはず，という点が基礎概念である．この考え方に基づいた場合デフォルト企業のスコアのヒストグラムと，非デフォルト企業のスコアのヒストグラムを並べて書くと，両者に大きな距離があるはずである．この距離が大きければ大きいほどモデルの判別力があったと解釈する．具体的には，デフォルトと非デフォルトの2つの群のヒストグラムの累積値のグラフを書き，その距離の最大値をモデルの評価指標とする．この点については図5.7をみる方が理解しやすいかもしれない．

【成り立ち】

KS値はデフォルト企業と非デフォルト企業の信用スコアの分布の距離を計測する．信用スコアに正規分布など特定の分布を仮定しない点が特徴である．

デフォルト企業（D），非デフォルト企業（ND）をそれぞれ N_D, N_{ND} 個ずつ含む標本に対して計算された企業の信用スコアを Z_{Di} ($i=1, \cdots, N_D$), Z_{ND_j} ($j=1, \cdots, N_{ND}$) とおき，横軸に z ($-\infty < z < \infty$) をとってデフォルト企業の累積分布関数と非デフォルト企業の累積分布関数を描く（図5.7の下図）．累積分布関数

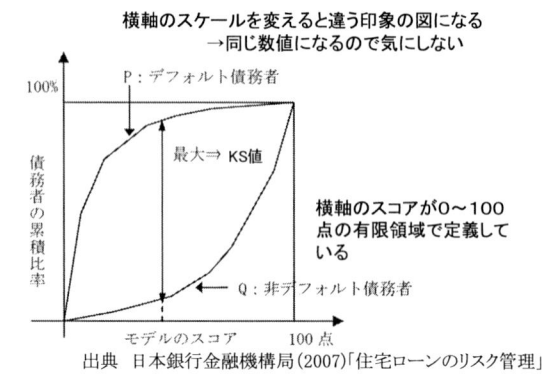

図中:
横軸のスケールを変えると違う印象の図になる
→同じ数値になるので気にしない
P：デフォルト債務者
100%
債務者の累積比率
最大⇒KS値
横軸のスコアが0〜100点の有限領域で定義している
Q：非デフォルト債務者
モデルのスコア 100点

出典 日本銀行金融機構局(2007)「住宅ローンのリスク管理」

図5.8 KS値の違う表現図

とは，あるzを固定したとき，各標本の中でz以下となる観測値の個数$L(z)$の，全体の標本数Nに対する割合である．したがってデフォルト企業グループの累積分布関数を$F_D(z)$としたとき，

$$F_D(z) = \frac{L_D(z)}{N_D} \tag{5.20}$$

となる．これはデータ数N_Dが少ないときは階段状のグラフであるが，十分に多いときは図5.7の下図のような滑らかなグラフとなる．非デフォルト企業の累積分布関数も同様にして求まり，これを$F_{ND}(z)$とする．

ここで$|F_D(z) - F_{ND}(z)|$について考える．この関数はzを変化させると値が変化する．zが$-\infty$のときは$F_D(z)$も$F_{ND}(z)$もゼロなので，この関数もゼロである．$+\infty$のときは$F_D(z)$も$F_{ND}(z)$も1であるので，この関数値はやはり0となる．それ以外zでは様々な値をもつが，その最大値をKSとおく．すなわち，

$$\mathrm{KS} = \sup_{-\infty < z < \infty} |F_D(z) - F_{ND}(z)| \tag{5.21}$$

と表されKS値はこのKSによって定義される．

ちなみに，横軸をzではなく基準化されたスコア，もしくは信用スコアの順位を用いて描くこともある．たとえばスコアが0〜100点の間で定義されていて，おおよそすべての点数に均等に企業が存在している場合，図5.7で描いた累積分布関数は図5.8のようなレンズ型の曲線に変わる．もちろんこの操作を行ったとしてもKSの値は変化しない．

【適用例】

KS値は(5.21)式を用いてZ_Dの分布とZ_{ND}の分布がどの程度異なっているか

5.5 KS値

スコア順に並べる → デフォルト、非デフォルト別に累積件数を数える → 割合の差の最大値

KS値　0.85

	A	B	C	D		E	F		G	H		I	J		K
	与えられたデータ					並べ替えたデータ			デフォルトの分布			非デフォルトの分布			H−J
No	自己資本	営業利益	デフォルトフラグ	Zスコア		No.	Zスコア	デフォルトフラグ		デフォルト累積数	デフォルト数で割る		非デフォルト累積数	非デフォルト数で割る		割合の差
1	10	2	1	−2.89		1	−2.89	1		1	0.14		0	0.00		0.14
2	10	9	1	0.17		7	−1.84	1		2	0.29		0	0.00		0.29
3	15	6	1	−0.94		9	−1.20	0		2	0.29		1	0.08		0.21
4	15	12	0	1.68		5	−1.17	0		2	0.29		2	0.15		0.13
5	20	5	0	−1.17		3	−0.94	1		3	0.43		2	0.15		0.27
6	25	11	0	1.65		8	0.11	1		4	0.57		2	0.15		0.42
7	25	3	1	−1.84		2	0.17	1		5	0.71		2	0.15		0.56
8	30	7	1	0.11		17	0.66	0		6	0.86		2	0.15		0.70
9	30	4	0	−1.20		10	0.75	1		7	1.00		2	0.15		0.85
10	35	8	1	0.75		11	1.18	0		7	1.00		3	0.23		0.77
11	35	9	0	1.18		19	1.30	0		7	1.00		4	0.31		0.69
12	40	9	0	1.39		12	1.39	0		7	1.00		5	0.38		0.62
13	45	9	0	1.59		13	1.59	0		7	1.00		6	0.46		0.54
14	50	10	0	2.23		6	1.65	0		7	1.00		7	0.54		0.46
15	60	13	0	3.95		4	1.68	0		7	1.00		8	0.62		0.38
16	65	11	0	3.28		14	2.23	0		7	1.00		9	0.69		0.31
17	65	5	1	0.66		20	3.25	0		7	1.00		10	0.77		0.23
18	70	12	0	3.92		16	3.28	0		7	1.00		11	0.85		0.15
19	70	6	0	1.30		18	3.92	0		7	1.00		12	0.92		0.08
20	75	10	0	3.25		15	3.95	0		7	1.00		13	1.00		0.00

デフォルト企業の分布数　　非デフォルト企業の分布数

図 5.9　KS値の計算例

を数値的に評価し，デフォルト判別が有効に行われているかの判断に用いる．図 5.9 は第 2 章で紹介した 20 社のデータをもとに KS 値を計算したものである．A から D 列は KS 値の算出のために与えられたデータである．モデルの説明変数が自己資本（A 列）と営業利益率（B 列）であり，被説明変数がデフォルトフラグ（C 列）であり，モデルから算出される値が次の列のスコア（D 列）である．

KS 値を計算するにあたっては，まずデータをスコア順に並べ替える（E 列，F 列）．次にデフォルト企業の分布を求める．このワークシートではスコア順に累積のデフォルト企業数を数え，デフォルト企業は 7 社なので 1 社について 0.14（＝1/7）が与えられる（H 列）．同様の作業を非デフォルト企業群に対しても行う（J 列）．この作業で求められた H 列，J 列が，各分布の累積分布関数に相当する．最後に両者の差を求める（K 列）．この列の最大値が KS 値である．

【長所・短所】

信用リスクモデルの評価を行ううえでは KS 値は累積分布関数を描くことで直

感的な把握が容易となる．しかし KS 値が大きくなったとしても，それがデフォルト企業と非デフォルト企業のスコアの平均の違いによるものか，分散か，中央値の違いか，密度関数が違うのかなど，原因については何もいっていない点に注意が必要である．

統計学的には，KS 値は特定の分布に依存しない長所がある．一方，分布の中心付近の差異にのみ注目することになるため，他の部分で差異がなくとも大きい値となる傾向がある．信用リスクの VaR を検討するときなどのように，分布の裾が重要になる局面では，指標として適切さを欠くことになる．

また，KS 値は標本の数が少ないときには有効に機能しない．特にデフォルト企業数は非デフォルト企業数よりも過少であることが多く，KS 値の信頼性はデフォルト企業のデータ数に依存している．

KS 値は次節で説明するダイバージェンスと同様に，デフォルト企業のスコア分布と非デフォルト企業のスコア分布が近ければ小さくなり，分布が大きく異なれば大きな値となる．そのため，AR 値，ダイバージェンス，KS 値はおおよそ同じ結論を導く傾向にある．どれも「デフォルト企業のスコア分布」と「非デフォルト企業のスコア分布」の違いに注目した指標だからである．どの指標がより優れているということはない．

5.6 ダイバージェンス

デフォルト判別において，デフォルト企業のスコア分布と非デフォルト企業のスコア分布とがどれだけ離れているか，すなわち，それぞれの分布の乖離度を計測したい場合にはダイバージェンスを適用する．

ダイバージェンスという言葉は様々な意味で，多方面で使用されていることに注意したい．特に近年では機械学習による判別分析で多用され，判別力を示す重要な指標となっている．もともとは「分布の乖離度合いを示す指標」を意味するが，正確な定義は分野によって違うことに留意が必要である．たとえば KL ダイバージェンス（カルバック-ライブラー情報量）は

「離散確率変数の確率分布 P と Q について，P から Q の KL ダイバージェンス」を

$$D_{KL}(P|Q) = \sum P \log \frac{P}{Q} \tag{5.22}$$

によって定義している．この式は，ある一定の仮定の下で本節のダイバージェンスと一致するが，数学的には異なる定義であると考えた方がよい．

一方，信用リスクモデルの判別力の指標としては以前から提案されているが，あまり普及していないし，使用者によって定義も若干の相違がある．

ちなみに，市場リスクの計量化においては投資家の予想の散らばり度をダイバージェンスとよぶ人がいるが，これはまったく違う指標であると考えられる (Garfinkel, 2009)．

【成り立ち】

各企業に信用スコアが与えられていると仮定する．デフォルトした企業の信用スコア Z の分布の平均を μ_D，分散を V_D とする．同様に，デフォルトしなかった企業のスコア分布の平均を μ_{ND}，分散を V_{ND} とする．このとき，ダイバージェンスは

$$Div = \frac{(\mu_D - \mu_{ND})^2}{V_D + V_{ND}} \tag{5.23}$$

で定義される（図 5.10 参照）．

【適用方法】

判別分析や，各企業に信用スコアが与えられるモデルに対して適用できる．インサンプルデータでもアウトサンプルデータでも，デフォルト・非デフォルトの

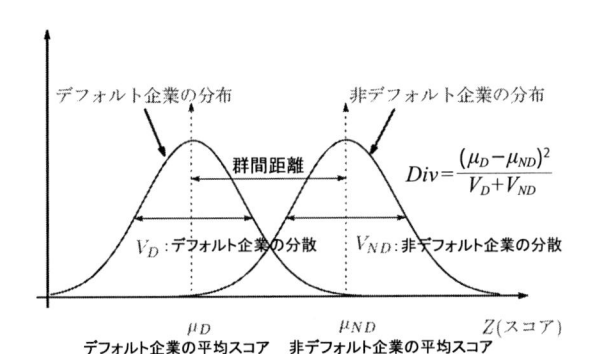

- ダイバージェンスは，分布の乖離度合いを表す指標
- 直感的なデフォルトと非デフォルトの判別精度を評価できる

図 5.10 ダイバージェンスの概念

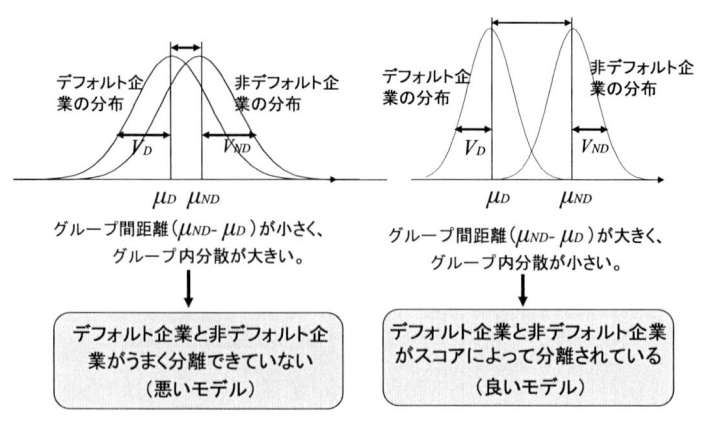

図5.11 ダイバージェンスによる良いモデルと悪いモデル

情報を用いて分布を作成すれば，ダイバージェンスは適用可能である．

それぞれの分布が乖離している場合，平均の差は大きく，分散が小さくなる．したがって，(5.23)式からダイバージェンスは値が大きいほど，それぞれの分布が乖離していると判断できる（図5.11を参照）．また，デフォルト判定力がまったくなく両者の分布が重なっていて $\mu_D = \mu_{ND}$ となるとき，ダイバージェンスは最小値0をとる．したがって，ダイバージェンスのとりうる値の範囲は，

$$0 \leq Div < \infty \tag{5.24}$$

となり，値が大きいほど分布が乖離していて，デフォルト判別が良好になると判断できる．

図5.12にダイバージェンスの計算例を示した．与えられたデータは第2章およびKS値と同様に20社の2変数財務データとデフォルトフラグである（A～C列）．D列は二項ロジットモデルなどの信用リスクモデルによってスコア Z が計算されている．

ダイバージェンスでは，デフォルト企業と非デフォルト企業にデータを分割する．このケースでは非デフォルトが13社，デフォルトが7社である．それぞれのデータに対して平均と分散を求める（F列）．このようにして得られた平均と分散をダイバージェンスの定義式に代入すればよい．

【長所・短所】

ダイバージェンスは，分布の乖離度合いを表す指標なので，直感的なデフォルトと非デフォルトの判別精度を評価できる．しかし，実際に判別点を決定した場

5.7 F 検 定

	A	B	C	D
	\multicolumn{4}{c}{与えられたデータ}	
No.	自己資本	営業利益	デフォルトフラグ	Zスコア
1	10	2	1	-2.89
2	10	9	1	0.17
3	15	6	1	-0.94
4	15	12	0	1.68
5	20	5	0	-1.17
6	25	11	0	1.65
7	25	3	1	-1.84
8	30	7	1	0.11
9	30	4	0	-1.20
10	35	8	1	0.75
11	35	9	0	1.18
12	40	9	0	1.39
13	45	9	0	1.59
14	50	10	0	2.23
15	60	13	0	3.95
16	65	11	0	3.28
17	65	5	1	0.66
18	70	12	0	3.92
19	70	6	0	1.30
20	75	10	0	3.25

デフォルトと非デフォルトに分割

ND	デフォルトフラグ	Zスコア
4	0	1.68
5	0	-1.17
6	0	1.65
9	0	-1.20
11	0	1.18
12	0	1.39
13	0	1.59
14	0	2.23
15	0	3.95
16	0	3.28
18	0	3.92
19	0	1.30
20	0	3.25
μ_{ND} 平均		1.77
V_{ND} 分散		2.69

D	デフォルトフラグ	Zスコア
1	1	-2.89
2	1	0.17
3	1	-0.94
7	1	-1.84
8	1	0.11
10	1	0.75
17	1	0.66
μ_D 平均		-0.57
V_D 分散		1.90

$$Div = \frac{(\mu_D - \mu_{ND})^2}{V_D + V_{ND}}$$

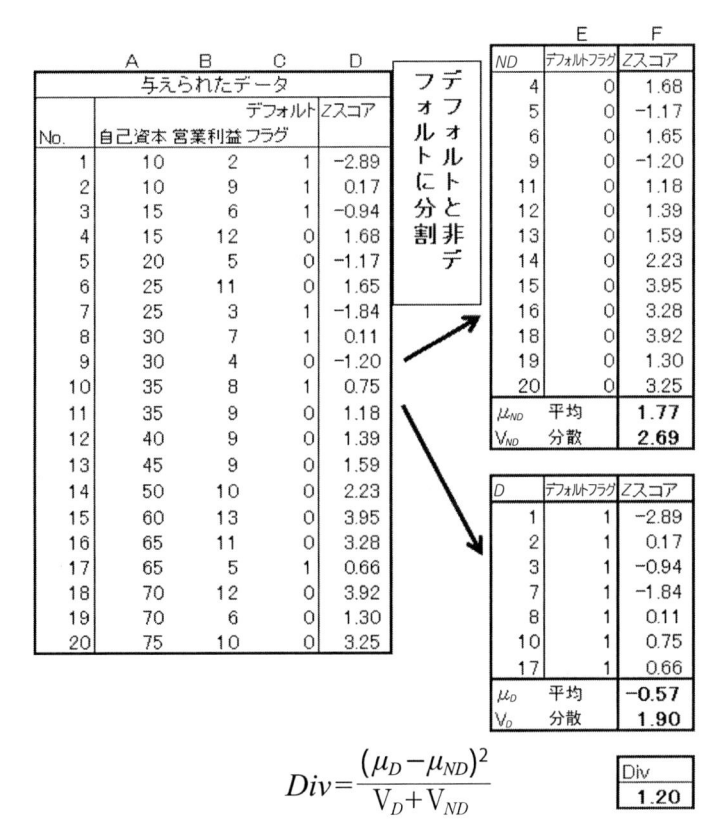

Div
1.20

図 5.12　ダイバージェンスの計算例

合に，どれくらい誤判別するか，その割合に関しては情報が得られない．また，格付の場合はデフォルト確率が各ランクに与えられ，離散値をとるため精度が悪くなる．

5.7 F 検 定

F検定はダイバージェンスと同様に，グループ内の分散とグループ間の距離の比に注目して作成された指標であり，基本となる概念はデータの分散の分解である．ただしここでいう分散とは，統計学で定義されている分散にデータ数を掛けたものであり，一般的な定義とは異なる点に注意していただきたい．この量は「変

動」とよばれることもあるが，変動という言葉がもつ一般的なイメージにも合わないため，本節に限り少々不正確な表現ではあるが「分散」という用語を使う．

デフォルト-非デフォルトの両グループを合わせた企業データについて，スコアの全平均まわりの総分散（分散とデータ数の積）は，グループ間分散（グループ内平均の全平均まわりでの分散）と各グループ内分散（グループ内平均まわりでの分散）の和によって表される．

$$\text{総分散} = \text{グループ間分散} + \text{グループ内分散}$$

このとき，グループ間分散がグループ内分散よりも十分に大きい場合はモデルの判別力が高いとし，逆にグループ間分散がグループ内分散よりも十分に小さい場合はモデルの判別力がないとする．考え方はダイバージェンスに近い．デフォルトグループの分布と非デフォルトグループの分布が重なっていればモデルは悪く，離れていれば良い評価となる．

次の2つの用途に用いられる．1つは個々の説明変数が説明力を有するかどうかの判定，もう1つはモデル全体の説明力の有無の判定である．

(1) 個々の説明変数を評価する場合

特定の説明変数がどの程度の説明力を有するかを評価したい場合に用いられる．デフォルトに対して有効な指標であれば，この説明変数のグループ間分散はグループ内分散に比較して大きい．そこで，後者に対する前者の比率をとって，この比率の分母分子がそれぞれ自由度1，自由度（標本に含まれる全企業数 -2）のカイ二乗分布に従うことを利用して，F分布に従う統計量をつくり，F検定を行う．

(2) モデル全体を評価する場合

モデル全体の説明力がどの程度であるかを評価したい場合にも用いられる．デフォルト・非デフォルトを正確に判別するうえでは，信用スコア Z のグループ内分散に対してグループ間分散を大きくするようにグループ分けすることが求められる．そこで，後者に対する前者の比率をとって，スコア関数の説明力を測る指標が定義される．また，スコア関数の説明力の有無を判断する際には，この比率の分母分子がそれぞれ自由度 (1)，と自由度（標本に含まれる全企業数 -2）のカイ二乗分布に従うことを利用して，F検定を行う．この場合のF検定量はダイバージェンスと同様の基準となっている．

【成り立ち】

(1) 個々の説明変数を評価する場合

いま，デフォルトグループに含まれる企業数を N_D，非デフォルトグループに含まれる企業数を N_{ND} とし，企業番号をそれぞれ i, j とする．

$$(i = 1, 2, \cdots, N_D), \quad (j = 1, 2, \cdots, N_{ND}) \tag{5.25}$$

ここで，X の平均値を $\bar{X}$ とし，デフォルト企業グループの X の平均値を $\bar{X}_D$，非デフォルト企業グループの平均値を $\bar{X}_{ND}$ とすれば，特定の財務変数 X の総分散は，次のように分解される．

$$\sum_{i=1}^{N_D+N_{ND}} (X_i - \bar{X})^2 = \sum_{i=1}^{N_D} (X_{Di} - \bar{X})^2 + \sum_{j=1}^{N_{ND}} (X_{NDj} - \bar{X})^2$$

$$= \{N_D(\bar{X}_D - \bar{X})^2 + N_{ND}(\bar{X}_{ND} - \bar{X})^2\} + \left\{\sum_{i=1}^{N_D} (X_{Di} - \bar{X}_D)^2 + \sum_{j=1}^{N_{ND}} (X_{NDj} - \bar{X}_{ND})^2\right\} \tag{5.26}$$

説明変数の判別力は，第1項（グループ間分散）が第2項（グループ内分散）に対して大きいほど高まる．そこで，グループ間分散を分子にグループ内分散を分母にし，

$$f = \frac{N_D(\bar{X}_D - \bar{X})^2 + N_{ND}(\bar{X}_{ND} - \bar{X})^2}{\left(\sum_{i=1}^{N_D}(X_{Di}-\bar{X})^2 + \sum_{j=1}^{N_{ND}}(X_{NDj}-\bar{X})^2\right)/(N_D+N_{ND}-2)} \tag{5.27}$$

を定義する．分母の $N_D + N_{ND} - 2$ がグループ内分散の自由度である．分子の自由度は（グループ数 -1）で，2グループのみを考える場合は1である．この f は自由度 $(1, N_D + N_{ND} - 2)$ の F 分布に従うため，F 値とよばれる．

(2) モデル全体の説明力を評価する場合

モデル全体の説明力を評価するときは，(5.26)式の説明変数の代わりに信用スコアを用いて分析する．信用スコアの総分散は同様に次のように分解される．なお，$\bar{Z}, \bar{Z}_D, \bar{Z}_{ND}$ はそれぞれの平均値である．

$$\sum_{i=1}^{N_D} (Z_{Di} - \bar{Z})^2 + \sum_{j=1}^{N_{ND}} (Z_{NDi} - \bar{Z})^2$$

$$= \{N_D(\bar{Z}_D - \bar{Z})^2 + N_{ND}(\bar{Z}_{ND} - \bar{Z})^2\} + \left\{\sum_{i=1}^{N_D}(Z_{Di} - \bar{Z}_D)^2 + \sum_{j=1}^{N_{ND}}(Z_{NDj} - \bar{Z}_{ND})^2\right\} \tag{5.28}$$

信用リスクモデルの判別力は，右辺第1項（グループ間分散）が右辺第2項（グループ内分散）に対して大きいほど高まる．そこでモデルによって推定された信用スコアの判別力を測る指標として λ を定義する．

$$\lambda = \frac{N_D(\bar{Z}_D - \bar{Z})^2 + N_{ND}(\bar{Z}_{ND} - \bar{Z})^2}{\sum_{i=1}^{N_D}(Z_{Di} - \bar{Z})^2 + \sum_{j=1}^{N_{ND}}(Z_{NDj} - \bar{Z})^2} \tag{5.29}$$

このλを大きくするモデルが判別に優れている.ただし$N_D = N_{ND}$つまりデフォルト数と非デフォルト数が同じであるとき,

$$\lambda = \frac{\frac{1}{2}(\bar{Z}_D - \bar{Z}_{ND})^2}{V_D + V_{ND}} = \frac{1}{2} Div \qquad (5.30)$$

となり,λによる評価はダイバージェンスによる評価と同じになる.

また,信用リスクモデルによって推定された信用スコアが,デフォルトグループと非デフォルトグループで有意に異なるかどうかを知る際のF値は次のように計算される.λの分母分子はそれぞれχ^2分布に従うから,自由度を考慮して第1項と第2項の比率を,

$$f = \frac{N_D(\bar{Z}_D - \bar{Z})^2 + N_{ND}(\bar{Z}_{ND} - \bar{Z})^2}{(\sum_{i=1}^{N_D}(Z_{Di} - \bar{Z})^2 + \sum_{j=1}^{N_{ND}}(Z_{NDj} - \bar{Z})^2)/(N_D + N_{ND} - 2)} \qquad (5.31)$$

と定義し,これをF値とよぶ.このfは自由度$(1, N_D + N_{ND} - 2)$のF分布に従う.

【適用方法】

(1) 説明変数を評価する場合

ある説明変数の説明力の有無を検定するために(5.27)式によるF値を用いる.F値は大きければ大きいほど説明変数の判別力が優れている.そのためこの数値を評価指標として変数の評価を行えばよい.ただし,F値を用いて変数選択する場合は基準が必要である.

一般的なF検定においてはF値が1であるという帰無仮説の下に検定を行う.これはt値が,パラメータがゼロであるという帰無仮説の下に,仮説検定を行っていることと同様の手続きである.ちなみにF値が1より小さい値をとるとき説明力がないと判断されるため,F値が1より大であるかの片側検定である.有意水準αの下でのF分布の値をF_αとおくと,(5.27)式のfを用いて

$$F_\alpha \leq f \qquad (5.32)$$

のとき帰無仮説を棄却する.帰無仮説が棄却されれば,F値は1より大と判断され当該変数は説明力があると判断され,説明変数の候補として適切であるとみなされる.

(2) モデル全体を評価する場合

推定された信用リスクモデルが,どの程度の説明力をもっているかを評価したい場合には,λやF値を用いて,その数値が大きいほどそのスコア関数が優れていると判断する.また,説明力の有無を検定したい場合にはF値を用いる.前

述と同様に F 値が 1 より小さい値のとき説明力はないと判断できるため，F 値が 1 より大であるか検定する．有意水準 α の下での F 分布の値を F_α とし，(5.31) 式の f を用いて

$$F_\alpha \leq f \tag{5.33}$$

のとき，帰無仮説を棄却することができる．説明変数の有意性の評価と同様に帰無仮説が棄却されれば，モデルは説明力があるといえる．

【長所・短所】

個別の説明変数の選択に用いる場合，個別変数のデフォルト確率に対する説明力の判定基準として F 検定を選択することは有効である．一方，ダイバージェンスと同様に，モデル全体の説明力の大小・有無を評価する場合，安定性については考慮されていない点に注意を要する．通常，モデルに含める説明変数を追加することでモデル全体の F 値は増大するが安定性は損なわれる．

一般的に F 値は，グループ数が 2 つ以上に増加した場合も対応することができる．しかしグループ間の順序性や，複数あるグループの中の特定のペアに関してなんら情報は得られないため，格付モデルの評価には適応することができない．格付にはグループ間の順序性が明確に存在するからである．

なお，F 値を用いる際には対象データの各グループ内での同一分布・正規性を要求する点に注意が必要であり，F 検定を行う準備としてグループ内の正規検定を行うことが理想である．

【利用例】

Altman(1968) は倒産・非倒産を判別する判別分析において，個別変数の説明力をテストするために F 検定を行い，有意水準 1% で有意でないとされた変数に関しては説明変数として採用しなかった．また，モデル全体の判別力をテストするためにスコア関数に対しても F 検定を行い，その結果モデルが有意であると結論づけた．

Deakin(1972) も同様の判別分析を行い，モデル全体の判別力をテストして倒産 1 年前から 5 年前までの判別スコア関数について，有意水準 1% 以上で有意であるとの結論を得た．

5.8 ブライアスコア

　推計デフォルト率が，実際の結果（デフォルトしたか，しなかったかの2値）をどれだけ当てているか，つまり予測と結果の合致性について評価したい場合，ブライアスコアを適用する．基本的な考え方は，デフォルトを1，非デフォルトを0と定義してデフォルト情報を数値化し，これと推計デフォルト率との距離を評価する．距離は短ければ短いほど良いとする．つまりデフォルト率を低く推計し，結果的にデフォルトしていれば距離が長く，デフォルトしていなければ距離が短くなる．

　正確にはブライアスコアでは距離は2乗されて，予測と実際の乖離と定義される．図5.13に概念図を示した．横軸はモデルから得られた企業 i の推計デフォルト率 $\hat{p}_i$ であり，縦軸は実績のデフォルトを表し，デフォルトしていれば1，していなければ0の値となる．予測と実績のデータから企業が上辺と下辺にプロットされ，この点と45度線の距離の2乗和がモデルの精度を表しており，小さいほどモデル評価が高くなる．このとき距離は確率で定義されていることに注意が必要で，データの平均デフォルト率が低い場合には高評価を与える傾向にある．

【成り立ち】

　企業数が N 件，それぞれの企業に対してデフォルト率は $\hat{p}_i$ で与えられている

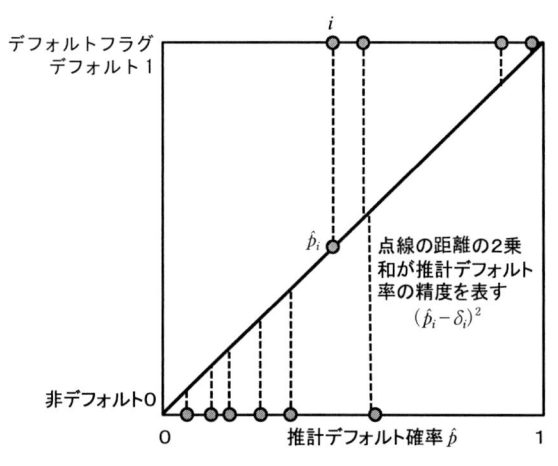

図 5.13　ブライアスコアのモデル精度の定義

とする．このとき，ブライアスコア BS は，

$$BS = \frac{1}{N}\sum_{i=1}^{N}(\hat{p}_i - \delta_i)^2, \quad i = 1, \cdots, N \tag{5.34}$$

で表される．ここで δ_i は，

$$\delta_i = \begin{cases} 1, & i \text{ 番目の企業がデフォルトしているとき} \\ 0, & i \text{ 番目の企業がデフォルトしていないとき} \end{cases} \tag{5.35}$$

なる関数である．

次に，格付（K ランクに分けられているとする）の場合を考える．各ランクに与えられたデフォルト率を $\hat{P}_1, \cdots, \hat{P}_K$ とする．同様にして，ブライアスコアは (5.34) 式で与えられるが，各 $\hat{p}_i$ は $\hat{P}_1, \cdots, \hat{P}_K$ のいずれかの値をとる．この場合，ブライアスコアは次のように分解できる．

$$\begin{aligned}BS &= \frac{1}{N}\sum_{i=1}^{N}(\hat{p}_i - \delta_i)^2 \\ &= \frac{1}{N}\sum_{k=1}^{K}n_k(\hat{P}_k - \overline{\delta_k})^2 - \frac{1}{N}\sum_{k=1}^{K}n_k(\overline{\delta_k} - \overline{\delta})^2 + \overline{\delta}(1 - \overline{\delta})\end{aligned} \tag{5.36}$$

ここで，n_k は格付 k の企業数を，$\overline{\delta_k}$ は各付 k の実績デフォルト率を，$\overline{\delta}$ は全体の実績デフォルト率を表す．

格付の場合の直感的な解釈を説明する．右辺第 1 項は，格付のランク内で予測した推計デフォルト率と実績デフォルト率の適合度，第 2 項は格付がランクをうまく分割しているか，それを評価する指標であり，第 3 項は全体の適合度を表している．したがって，ブライアスコアは以上で説明した 3 因子を足し合わせて評価する指標とみなせる．結果的には，分散を評価している指標であるから，ブライアスコアが小さい方が良いモデルであると判断する点は，デフォルト率推計モデルと同じである．

【適用方法】

推計デフォルト率が各企業に与えられている場合は，推計デフォルト率の誤差を 2 乗平均しているので，直感的には非説明変数が 0-1 の回帰分析における誤差分散を評価していると考えればよい．したがって，ばらつきが小さい，つまり，ブライアスコアが小さい方が良いと判断できる．

図 5.14 にブライアスコアの計算例を示した．A〜E 列がブライアスコアによって評価対象となるデータである．企業数は 20 社，財務変数は 2 つでデフォルト

	ブライアスコア	
	距離2乗の平均	0.15

	A	B	C	D	E	F	G
	与えられたデータ					フラグとデフォルト確率の距離	距離の2乗
No.	自己資本	営業利益	デフォルトフラグ	Zスコア	デフォルト確率		
1	10	2	1	-2.89	0.95	0.05	0.00
2	10	9	1	0.17	0.46	0.54	0.29
3	15	6	1	-0.94	0.72	0.28	0.08
4	15	12	0	1.68	0.16	0.16	0.02
5	20	5	0	-1.17	0.76	0.76	0.58
6	25	11	0	1.65	0.16	0.16	0.03
7	25	3	1	-1.84	0.86	0.14	0.02
8	30	7	1	0.11	0.47	0.53	0.28
9	30	4	0	-1.20	0.77	0.77	0.59
10	35	8	1	0.75	0.32	0.68	0.46
11	35	9	0	1.18	0.23	0.23	0.05
12	40	9	0	1.39	0.20	0.20	0.04
13	45	9	0	1.59	0.17	0.17	0.03
14	50	10	0	2.23	0.10	0.10	0.01
15	60	13	0	3.95	0.02	0.02	0.00
16	65	11	0	3.28	0.04	0.04	0.00
17	65	5	1	0.66	0.34	0.66	0.43
18	70	12	0	3.92	0.02	0.02	0.00
19	70	6	0	1.30	0.21	0.21	0.05
20	75	10	0	3.25	0.04	0.04	0.00

図 5.14 ブライアスコアの計算例

フラグを用いて二項ロジットモデルにより信用スコアおよびデフォルト確率を推計している(D列, E列). F列では推計デフォルト率とデフォルトフラグの距離 ($\hat{p}_i - \delta_i$) を計算し, G列はそれを 2 乗したものである. ブライアスコアは G 列の平均値となり, この例では 0.15 である.

【長所・短所】

ブライアスコアでは, 推計デフォルト率が小さいほどスコアの値が小さくなる. たとえば, 簡単のためすべての企業に対して同一の推計デフォルト率が与えられた場合を想定する. そこで企業数が 100 社のとき, 次の 2 通りの予測を考える.

(1) 推計デフォルト率が 0.2, 実際のデフォルトが 20 社であった.

(2) 推計デフォルト率が 0.1, 実際のデフォルトが 10 社であった.

このとき, それぞれのブライアスコアを計算すると, (1) では 0.0758, (2) では 0.0597 となる. この 2 つの予測と結果はどちらも, 予測したとおりのデフォルト件数が観測されたため, モデル精度に優劣はないように思える. しかしブラ

イアスコアを計算するとデフォルト確率の低い(2)のケースが良好な結果を得る．つまり，ブライアスコアは，予測デフォルト確率が0に近い値であればあるほど，評価が甘くなる傾向にある．そのためデフォルト率にばらつきがあるモデル間の評価に対しては評価指標としての価値が低下する．

5.9 CIER

二項ロジットモデルのように企業財務データを用いた信用リスクモデルでは，企業の財務データが違うとモデルから算出される各企業の推計デフォルト率は違うものになる．もし，モデルの推計値が企業間で差異がなければ，モデルを構築した意味がない．どの企業に対しても同じ推計デフォルト率を与え，平均デフォルト率が予測値として付与しているだけである．これではモデルの存在価値はゼロである．逆にいえば，企業の推計デフォルト率が平均値から乖離しているほど，モデルは存在価値を有する．そのような概念をもとに考案された評価指標がCIER (conditional information entropy ratio) であり，モデルの存在価値を企業ごとの推計デフォルト率をもとに指標化したものである．

【成り立ち】

CIERは情報理論においてエントロピーとよばれる概念に基づく指標である．信用リスクモデルによって企業iのデフォルト確率が$\hat{p}_i$で与えられている場合，企業iのエントロピーは，

$$H(\hat{p}) = -\left(\hat{p}\log\hat{p} + (1-\hat{p})\log(1-\hat{p})\right)$$

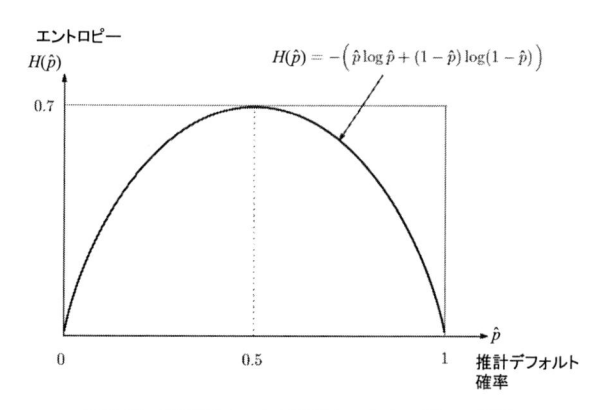

図5.15 予測デフォルト確率とエントロピーの関係

$$H(\hat{p}_i) = -(\hat{p}_i \log \hat{p}_i + (1-\hat{p}_i) \log(1-\hat{p}_i)) \tag{5.37}$$

で表される（図 5.15 参照）.

エントロピー H_1 はこれを平均したものであり，各企業の推計デフォルト率が $\hat{p}_1, \cdots, \hat{p}_N$ で表されているとすると，

$$H_1 = \sum_{i=1}^{N} \frac{H(\hat{p}_i)}{N} \tag{5.38}$$

となり，これをモデルのエントロピーとする.

エントロピー H_1 は各企業に個別に算出しそれを合計して求めるが，格付があるモデルの場合は各格付のデフォルト率に対しても適用し，エントロピーを計算することができる. そのとき K ランクの格付があり，各格付のデフォルト率が $\hat{p}_1, \cdots, \hat{p}_K$ で表されると，格付 k のエントロピー $H(R_k)$ は，

$$H(R_k) = -(\hat{p}_k \log \hat{p}_k + (1-\hat{p}_k) \log(1-\hat{p}_k)) \tag{5.39}$$

で与えられる. 格付 k に属する企業数を N_k とするとき，$H(R_k)$ をデータ数で加重平均することにより全体のエントロピー H_1 を求めると，

$$H_1 = \sum_{k=1}^{K} \frac{N_k}{N} H(R_k) \tag{5.40}$$

となる.

一方，モデルがなく平均的な推計デフォルト率 $\bar{p}$ のみがわかっている場合は，どの企業のエントロピーも $-(\bar{p} \log \bar{p} + (1-\bar{p}) \log(1-\bar{p}))$ で与えられる. したがって，加重平均 H_0 は，

$$\begin{aligned} H_0 &= \sum_{i=1}^{N} \frac{1}{N}(-(\bar{p} \log \bar{p} + (1-\bar{p}) \log(1-\bar{p}))) \\ &= -(\bar{p} \log \bar{p} + (1-\bar{p}) \log(1-\bar{p})) \end{aligned} \tag{5.41}$$

となる.

以上のようにして得られた H_0, H_1 を用いて，CIER は

$$\mathrm{CIER} = \frac{H_0 - H_1}{H_0} \tag{5.42}$$

と定義される.

【適用方法】

エントロピーの意味を考えよう. デフォルトに関して完全な予測ができるモデルであれば，推計デフォルト率はデフォルトする企業に 1，デフォルトしない企業に 0 をそれぞれ与える. そのときモデルのエントロピー H_1 は (5.38) 式から 0

となる.

また,すべての企業のデフォルト確率を0.5で与える場合が,最も情報価値のないモデルとなり,エントロピーは約0.7となる.

CIERの定義である(5.42)式では,データの平均デフォルト率をすべての企業に与えた場合に比べ,用いたモデルがどれくらいデフォルト確率を0または1に近づけているか,H_0とH_1の比を用いて評価している.言い換えれば,推計デフォルト率が平均デフォルト率から離れていればCIERは改善される.CIERは0〜1の範囲をとり大きければ大きいほどよい.

このとき,デフォルト予測が当たっているかいないかに関係なく,各企業の個別の推計デフォルト率を平均推計デフォルト率から遠ざけるモデルであれば,CIERは改善することに注意する.これは,個別のデフォルト率は平均デフォルト率の両側に存在していることと,図5.16のようにエントロピーがつねに上に凸の形状をもっているからである.

【長所・短所】

CIERは,デフォルトしたか,しなかったかに関係なく,モデルがデフォルト確率を平均デフォルト率からどれだけ遠ざけたかを評価している.

たとえば企業が2つ(A, B)ある場合を考える.モデル①が企業Aに対してデフォルト率1%,企業Bに対してデフォルト率9%と予測したとする.平均は5%である.同じ平均をもつモデル②は企業Aに対して3%,企業Bに対して7%を予測したとする.このときCIERを計算してみると,

モデル①　企業Aのエントロピー　　0.056

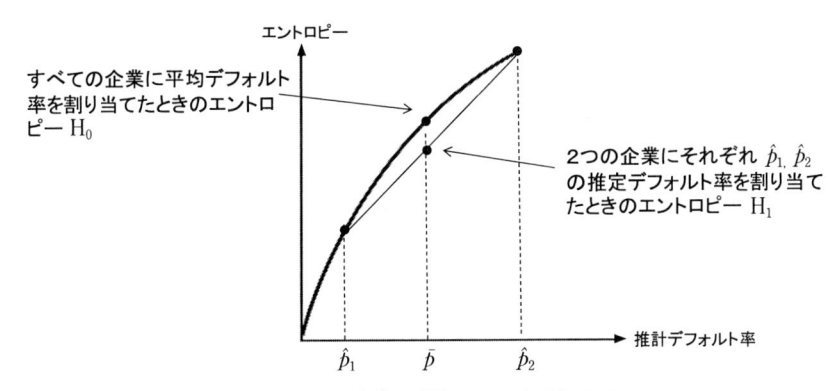

図5.16　2つの企業の予測デフォルト率とCIER

	企業 B のエントロピー	0.306
	H_1	0.179
	H_0	0.198
	CIER	0.097
モデル②	企業 A のエントロピー	0.135
	企業 B のエントロピー	0.254
	H_1	0.194
	H_0	0.198
	CIER	0.021

となりモデル①の方が良いモデルであると判断される．これはモデル①がモデル②に比較して，平均値から乖離したデフォルト確率を推計しているからである．注意したい点は企業 A，B についてデフォルトしているかどうかは問題にしていない点である．たとえば，企業 A がデフォルト企業であるとすれば，デフォルト確率を1%と推計したモデル①よりも3%と推計したモデル②の方が高く評価されるべきであるのに，CIER はそのようには判断しない．また推計デフォルト率だけが入力データなので，そのデフォルト確率がどの企業に割り当てられたかは問わない．企業 A と企業 B の推計デフォルト率が入れ替わっても CIER は同じ値となる．このように CIER は一般的に考えられている「モデルの評価」とは大きく基礎概念が異なるということに注意が必要である．

【利用例】

Moody's(2001) は同社が保有する 1988～1999 年までの 1502 件のデフォルトを含む計 30000 社の民間企業によるデータベースをもとに提供している信用リスクモデルを CIER を用いて評価した．その結果，Altman *et al.*(1977) などのモデルを同じデータベースを用いて推定したものより同社のモデルの方が高い CIER を示したと報告している．

5.10 クロスバリデーション法

【目的】

尤度比や情報量規準は，推定に用いたデータに対する当てはまりの良さを比較して，モデルを評価する方法であった．しかし，推定に用いたデータ（＝インサ

ンプルデータ）に対して良いモデルであると判断できても，バックテストにおいて運用結果のデータに対するデフォルト予測が当たっていなければ，良いモデルであると判断できない．したがって，推定に用いたデータに対する当てはまりの良さだけでは正確な評価は不可能である．一般的にはこの問題を解消するためにバックテストを行うが，バックテストは一定の期間が経過しなければ検証することができない．そこでモデル構築時点でバックテストと同じように，アウトサンプルデータを用いたモデル評価をするための手法が必要とされる．このときに有用な方法がクロスバリデーションである．

具体的にはモデル作成時に入手しているデータを推定用と検証用に分割し，検証用データを擬似的な運用結果のデータとみなして，モデルの予測精度を比較する評価方法である．クロスバリデーションはバックテストではないが，検証用データはパラメータ推計に使われていないため，アウトサンプルによる検証である点が特徴である．

【適用方法】

クロスバリデーションを実際に行う場合，データを k 個に分割する方法がとられる（k フォールドクロスバリデーション）．図 5.17 には 3 分割の例を示した．3 分割されたデータのうち 2 つを推定用データとし，残りを検証用データとする．

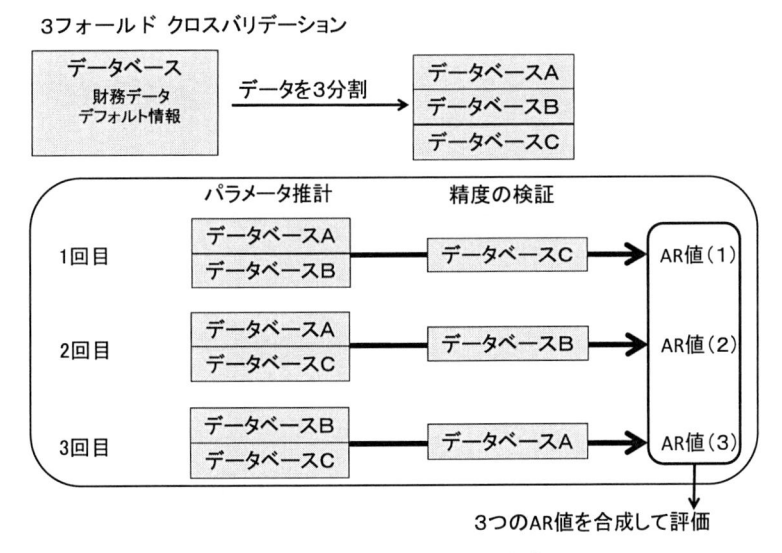

図 5.17　クロスバリデーションの概念図

推定用データによりモデルを作成し，そのモデルを用いて検証用データの企業のデフォルト確率を推計する．検証用データの結果（デフォルト，非デフォルトの2値データ）を用いて，計測されたデフォルト確率とその結果が合致しているか，AR値やAUCなどの評価指標を用いてモデルを評価する．

3フォールドクロスバリデーションでは，推計用データと検証用データを入れ替えることにより，同様のモデル評価が3回行われる．この結果を合成することにより最終的なモデルの評価とする．合成の方法は様々であるが，単純に平均をとることが多い．

【長所・短所】

クロスバリデーション法を適用するには，推定用データと検証用データに分割しても，推定用データには必要なデータ数が確保されなければならない．また，データの分割方法により結果がかなり異なることもある．また，バックテストの代用としてクロスバリデーションを行うが，一定期間が経過した後に得られるバックテストのデータと，クロスバリデーションの検証用データが同質であるという保証はない．そのため，クロスバリデーションの検証結果が良くても将来のモデル精度に対する保証にはならない．このように，クロスバリデーションによる評価には限界がある．

ちなみに，クロスバリデーションで合成された評価指標（たとえばAR値の平均値）を最適化するように，モデルのパラメータを推計することがある．このような推計方法はデータ分割をしないパラメータ推計に比較して，推計結果が安定的であるといわれている．このようなアウトサンプルを積極的に取り入れて安定的なパラメータを推計する手法は，今後金融リスク計量化に応用される可能性がある．特に異常値が多く存在する信用リスクモデルにとって有望な手法である．なお，統計学ではこのパラメータの再推計までの手続きを総称して，クロスバリデーションとよぶことが一般的である．

5.11 ブートストラップ法

クロスバリデーション法では，モデル構築時に与えられたデータベースから，パラメータ推計用データベースと検証用データベースをつくり出すことで，バックテストを擬似的に行うことができた．ここで紹介するブートストラップ法はク

5.11 ブートストラップ法

ロスバリデーションと同様にデータベースを操作する手続きであるが，擬似的なバックテストを目的とした方法ではない．ブートストラップ法は，推計用データベースを大量に擬似的作成することで，モデル検証者が評価したいパラメータや統計量の分布を推定し，そこからモデルを評価する方法である．これを，統計的リサンプリング法とよぶこともあり，ブートストラップ法（bootstrap method）だけでなくジャックナイフ法（jackknife method）も代表的なリサンプリング法であると紹介されることがある．ただし，ジャックナイフ法は近年になって金融分野で使用例が乏しいためここでは割愛する．なお，クロスバリデーション法と違い，用いるデータは必ずしもモデル作成時のデータでなくともよく，バックテストのデータを用いることもある．その場合はバックテストの検証結果の分布を知ることができる．

【成り立ち】

ブートストラップ法は，もとのデータベースから復元抽出（リサンプリング）を行い，評価したいパラメータの推計値や統計量の分布を推定するために必要なデータベースを作成し，推計した分布を用いてモデルの予測精度や安定性を検証する方法である．ブートストラップ法の一般的な手法は，以下の手順によって行われる．

(1) もとのデータベースから，復元抽出（同じデータを複数回抽出すること

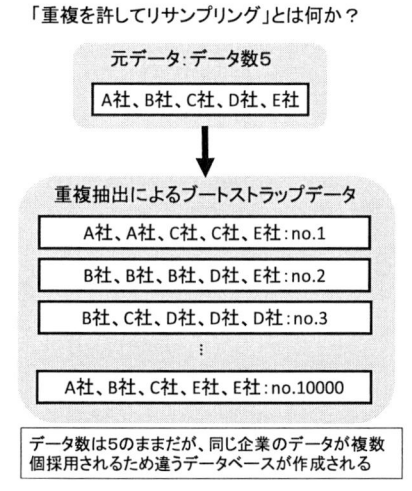

図 5.18　ブートストラップにおけるリサンプリング

　　　　を許す）を行い，データベースを作成する．
(2) 作成した検証用データベースを用いて，評価したいパラメータや統計量を推計する．
(3) この作業を繰り返し，必要としている統計量の分布を推定する．

以上のようにして，評価したいパラメータや統計量のサンプルが K 個得られたとする．得られた K 個のサンプルを用いて分布を推定する．

　この中で重要な概念は，復元抽出である．図 5.18 に重複を許したリサンプリングを示した．この例では元データは 5 つの企業データであり，この中に財務データとデフォルトデータが含まれている．この元データを用いてリサンプリングを行い，新たなデータベースを複数つくる作業を行う（この例では 10000 個）．作成されたデータをブートストラップデータとよぶ．

【適用方法】

　図 5.19 に二項ロジットモデルを前提にブートストラップ法の流れを示した．もともと企業数が N のデータベースがあったとする．この中には企業の財務データだけでなくデフォルトデータも含まれており，このデータだけで二項ロジットモデルの推計が可能であるとしている．通常のモデル作成では，このデータでパラメータ推計を行うことによって各企業の推計デフォルト率を算出し，事前評価として AR 値や t 値などのモデル評価指標を計算する．

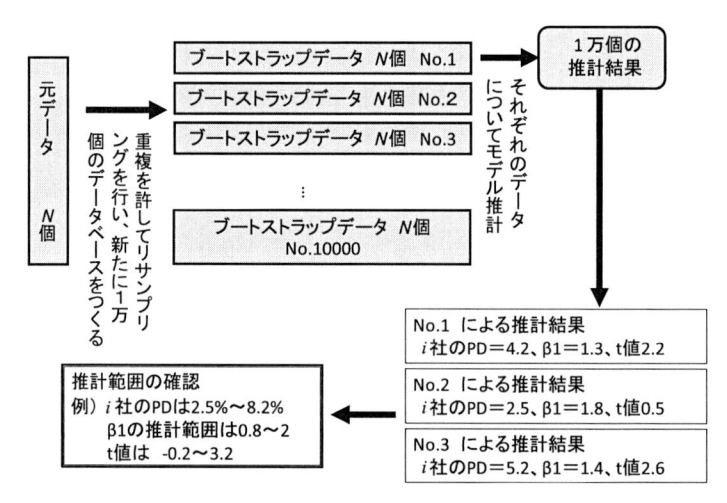

図 5.19 ブートストラップ法の概念

5.11 ブートストラップ法

　ブートストラップ法では，まず重複を許したリサンプリングを行うことによって，企業数 N のデータベースを大量に作成する．この例では1万個のデータベースを作成している．そして，それぞれのデータベースに対して二項ロジットモデルのパラメータ推計を行い，企業のデフォルト率とモデルの評価指標を算出する．図では No.1～3 までの計算結果を示しているが，実際は1万個の推計結果が得られることになる．データベースが異なるため1万個の推計結果は各々異なる．企業 i の推計デフォルト率も1万個の推計結果があり，その結果を集計することによってデフォルト率の分布を得ることができる．同様に，推計パラメータや t 値についても分布を得ることができる．第4章で AR 値の誤差の範囲をブートストラップによって計算した例を紹介したが，AR 値に限らずほぼすべてのモデル評価指標はブートストラップ法によりその誤差の範囲を算出することができる．

　また，ブートストラップ法の利用目的として重要なのは安定性の評価である．モデルのパラメータや推計デフォルト率の誤差の範囲が広ければ，それはモデルが不安定であることを意味している．モデルの不安定さはこれまでに解説した様々な要因によって発生するが，ブートストラップ法による不安定性のチェックは以下の要因について確認していることになる．

① データが過少なために起こる不安定性
② パラメータが多すぎることによって起こる不安定性
③ 多重共線性によって起こる不安定性
④ 異常値を含むことによって起こる不安定性
⑤ パラメータ推計の方法に起因する不安定性

なお，ブートストラップはバックテストのように時間的な隔たりがあるデータを用いて行っていないため，

⑥ 構造変化によって引き起こされる不安定性

については評価していない．時間変化の影響については長期間のデータを採取して評価する必要がある．

【長所・短所】

　ブートストラップ法などの統計的リサンプリング法は，母集団の分布を仮定しないノンパラメトリックな方法であり，多くの問題に対して高い適用性をもつ．また，推定された分布を用いて，評価したいパラメータや統計量の平均値や，それらの値のぶれ（分散）を推計するので，モデルの安定性を精緻に評価できる．

ブートストラップ法は以上のような長所をもつので，推奨する評価方法のひとつとなる．しかし，統計的リサンプリング法を適用する場合，膨大な計算時間を必要とする．先ほどの例ではブートストラップデータは1万個存在するため，モデルのパラメータ推計を1万回しなければならない．説明変数が多い場合やデータ数が多い場合などは，計算時間が非現実的なほど膨大になることがある．したがってブートストラップ法を実用する場合は，計算処理速度の高いコンピュータを用いる必要がある．

 本章ではAR値以外の信用リスクモデル評価に用いられる指標を個々に解説した．これらの指標は主にデフォルト確率を算出する二項ロジットモデルを念頭に用いられているが，本文中に説明したように一部の指標は格付モデルの評価にも用いることができる．次章では格付モデルに利用することを前提とした信用リスクモデル評価方法を紹介する．

6 格付モデルの評価指標

本章は前章と同様,信用リスクモデルの評価指標と手法を網羅的に解説する.第5章と異なる点は,前章が主にデフォルト確率推計モデルのための評価指標であるのに対して,本章では信用格付推計モデル(以下格付モデル)に対する評価指標を紹介する.格付モデルによる信用リスク計量化は,企業に格付を付与する段階と,格付にデフォルト確率を付与する段階の2つがあり,それぞれに異なった評価方法が存在する.また,前章で紹介した評価指標のいくつかは格付モデルにも適用可能であるが,本章で紹介する方法は基本的には二項ロジットモデルのような企業ごとにデフォルト確率を与えるモデルに対して利用することは難しい.

本章では,まず格付モデルに対する評価の特徴を解説し,デフォルト確率を直接推計するモデルの評価とどのような差異があるかを説明し,そののち具体的な評価方法を示す.6.2 節の二項検定は格付モデルによって付与されたデフォルト確率が正確であったかどうかについてバックテストを行う最も基本的な手法である.6.3 節の HL 検定は二項検定をすべての格付に拡張したことが特徴であり,モデル全体の評価を行うことができる.6.4 節は格付間の実績デフォルト率に有意な差異があったかどうかを検定する方法である.良い格付に属する企業のデフォルト率は低く,悪い格付に属する企業のデフォルト率は高いことが期待されるが,実績デフォルト率がそのとおりになっているかを評価する.6.5 節の多重比較法は各格付に属する企業の推計デフォルト率に差異があったかどうかを検定する方法であり,仮説の設定方法やパラメトリックかノンパラメトリックという設定についてオプションがあるためいくつかのバリエーションが存在する.

6.1 各企業に格付を付与するモデルの評価

これまでに説明してきた信用リスクモデルの評価指標は,デフォルト確率を推計するモデルに対する評価を前提としていた.一方,最近では企業の信用リスク

を評価するときに，直接企業個別のデフォルト確率を推計するのではなく，企業をいくつかの格付に分類したうえで，格付に対してデフォルト確率を付与する方法がとられることが多くなった．バーゼルII（新BIS規制）の内部格付手法はその典型的なものである．

図6.1に示すように，格付を用いるモデルの特徴は，2つの段階を経ることによりデフォルト確率が計算されることにある．1段階目は企業に対して格付を付与する段階であり，2段階目は各格付に対してデフォルト確率を付与する段階である．

1段階目の方法は，一般的には企業の財務変数を用いて，第2章で紹介した順序ロジットモデルを用いることにより企業の格付を決定する．ただし，順序ロジットモデルを使わずに二項ロジットモデルを用いても可能であり，実際そのような方法を採用していることも多い．具体的には二項ロジットモデルで算出される各企業の信用スコア Z をもとに，一定の範囲にある企業を同等の信用力とみなしてクラス分けし，それを格付とする方法である．

第2段階は各格付に対してデフォルト確率を付与する段階である．低格付には高いデフォルト確率が，高格付には低いデフォルト確率が与えられ，基本的に同じ格付の企業に対しては同じデフォルト確率が付与されている．このときの計算手順については標準的な方法はない．バーゼルIIでは，格付ごとの過去のデフォルト実績データをもとに計算することになっており，内部格付手法とよばれている．図6.2はバーゼルIIにおける内部格付手法の作業フローの一例を示してい

格付による信用リスク計量化

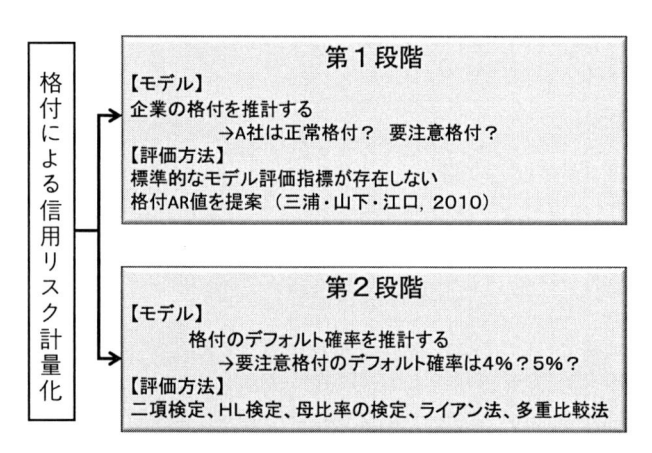

第1段階
【モデル】
企業の格付を推計する
→A社は正常格付？ 要注意格付？
【評価方法】
標準的なモデル評価指標が存在しない
格付AR値を提案（三浦・山下・江口，2010）

第2段階
【モデル】
格付のデフォルト確率を推計する
→要注意格付のデフォルト確率は4％？5％？
【評価方法】
二項検定、HL検定、母比率の検定、ライアン法、多重比較法

図6.1 格付モデル評価の2つの段階

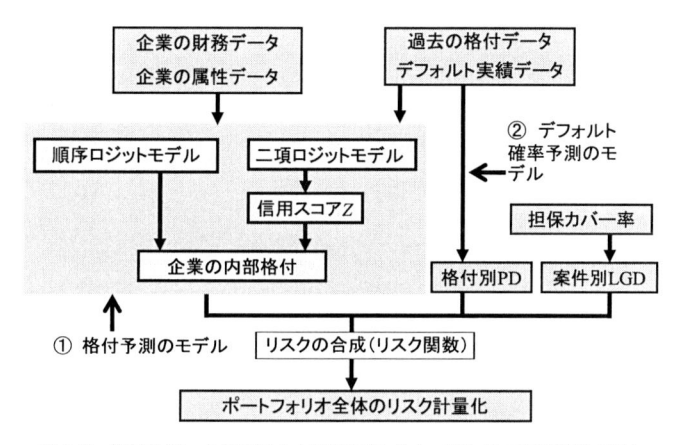

図6.2 格付を用いた信用リスク計測の例（バーゼルIIの内部格付手法）

る．図の①のフローは，企業に格付を付与する作業である．企業の財務データと過去の実績データや格付データをもとに順序ロジットもしくは二項ロジットモデルを作成する．二項ロジットモデルの場合は信用スコアを格付に変換するステップが必要であり，順序ロジットモデルはこのステップを自動的に行う．一方，図の②は各格付にデフォルト確率を付与するフローであり，過去のデフォルト実績データを集計することによって計算される．なお，バーゼルIIでは回収率（LGD）は自行でモデル化しないことが多いが，この図では回収率のフローも加えている．もちろん，図の①が前述の第1段階，②が第2段階に相当する．

さて，格付を用いた信用リスクモデルの評価を行う際，第1段階目のモデルの評価なのか第2段階目のモデル評価なのか，明確に区別する必要がある．それぞれモデルの目的が違うため，適用される評価指標も大きく異なる．

企業に格付を付与する第1段階目のモデルには，前述のとおり二項もしくは順序ロジットモデルが用いられている（図6.3）．このうち二項ロジットモデルについてはデフォルトを被説明変数とするモデルであり，数学的には格付とは直接関係がないため，これまで説明してきたAR値やKS値などの評価指標をそのまま取り入れることができる．それに対して順序ロジットモデルは推計すべき被説明変数が格付であるため，二項ロジットモデルで用いられる評価指標をそのまま用いることができない．

現在，順序ロジットモデルのような格付付与のモデルに対する評価指標は開発途上であり，確固たる方法は存在していない．これまでに説明した指標の中では，

```
モデルによる格付付与
財務データ ⟶ モデル ⟶ 格付
```

① 二項ロジットモデルのスコアを用いて格付を付与
　例）　スコア80点以上は正常格付
　　　　スコア60〜80点は要注意格付
　　　　スコア40〜60点は要管理格付

② 順序ロジットモデルを用いて直接格付を付与

図 6.3　企業の格付を付与するモデル

第4章で紹介したRAUCや，第5章の尤度比，AICは格付モデル全体の評価指標として使用可能である．しかし，前章で解説したように，尤度比は安定性の概念が含まれておらず説明変数を過剰に増やす傾向にあり，またAICは水準に意味がないため値だけではそのモデルの精度を判断することが困難である．それに対してRAUCは，二項ロジットモデルのAR値に対応するものであり，AR値との比較を行うことも可能であるため有力な指標である．また，特定の格付間の差を重要視した w RAUCは，デフォルトの要管理先基準（要管理先格付以下をデフォルトとみなす判断基準）や投資不適格格付などの実務的な判断に合致する方法であるため，実用性が高い指標である．

なお，RAUC，AIC，尤度比がモデル全体を評価する方法であるのに対して，変数ごとの有効性の検証については順序ロジットモデルにおいても，二項ロジットモデルと同様にパラメータの有効性を表すt値およびp値を使うことができる．

以下の節で取り上げるのは，上述の第2段階の格付ごとにデフォルト率を付与する段階のモデル評価である．モデルから推計されたデフォルト率が，実際に起こったデフォルトをどの程度予測できていたかを評価している．インサンプルデータでも利用可能であるが，基本的にバックテストにおける評価と考えていただきたい．

6.2　二 項 検 定

ある格付におけるデフォルト確率が $\hat{p}$ と推定され，実際にデフォルトした企業数が k 件であったと仮定する．このとき，推定されたデフォルト確率 $\hat{p}$ が，実際にデフォルトした企業数 k を予測できたといえるかどうか，つまり実績値が予測

誤差の範囲内であるかを評価したい場合に二項検定を適用する．

【成り立ち】

ある格付に属する企業数を n とする．いま，この格付のデフォルト確率を $\hat{p}$ と推定し，実際にデフォルトした企業数は k 件であったとする．デフォルト企業数の期待値は $k = n\hat{p}$ であるため，k が $n\hat{p}$ から大きく乖離している場合はモデルは信用できない．しかし，モデルには誤差があるため，ある程度は実績値が期待値から乖離していても許容すべきである．では，どの程度離れていたときにモデルを却下するか，その基準を統計的検定を用いて判定することを考える．ここでは統計的検定の基本的な方法である二項検定を，デフォルト率推計の検証に利用する方法を解説する．

統計的検定は帰無仮説と対立仮説を設定することから作業が始まる．デフォルト率の推計の検定においては，帰無仮説 H_0 と対立仮説 H_1 を，

$$H_0 : p = \hat{p} \qquad H_1 : p \neq \hat{p} \qquad (6.1)$$

とおく．帰無仮説 H_0 はモデルの推計デフォルト率が正しいとした仮定であり，対立仮説 H_1 はモデルが正しくないとした仮定である．一般的な検定では，帰無仮説が却下され対立仮説が成立することを期待している場合が多いが，この検定では帰無仮説 H_0 が棄却されないこと，すなわちモデルが正しいことを期待している．

有意水準を α とするとき，以下の条件を満たす最大の a および最小の b を求める．

$$P(k \leq a) \leq \frac{\alpha}{2}, \qquad P(k \geq b) \leq \frac{\alpha}{2} \qquad (6.2)$$

この式は，統計的検定における有意水準の定義であり，例えば 95% 有意水準の検定では両側で 5%，片側で 2.5% を基準に仮説を却下するか採択するかを検討することを示している．

ここで，デフォルトするかしないかは二項分布に従うため，企業数が n のときデフォルト企業数が i 社である確率は，

$$_nC_i \hat{p}^i (1-\hat{p})^{n-i} \qquad (6.3)$$

で表される．C は組合せの数を示す．

そのため (6.2)式のデフォルト数の上限と下限は，

$$P(k \leq a) = \sum_{i=0}^{a} {}_nC_i \hat{p}^i (1-\hat{p})^{n-i}$$

$$P(k \geq b) = \sum_{i=b}^{n} {}_nC_i \hat{p}^i (1-\hat{p})^{n-i} \tag{6.4}$$

である．計算の結果，$k \leq a$ または $k \geq b$ ならば H_0 を棄却し，$a < k < b$ ならば H_0 を採択する．つまりモデルが推計したデフォルト確率が想定された誤差の範囲にあったと判断する．

データ数が多い場合は，標準正規分布による検定を用いることも可能である．標準正規分布による検定では，ランク内のデータ数が多く，かつデフォルト数も十分あることが必要である．この条件を満たすとき，統計量 B は

$$B = \frac{k - n\hat{p}}{\sqrt{n\hat{p}(1-\hat{p})}} \tag{6.5}$$

であり，これを用いて有意水準 α で標準正規分布による検定を行い，実際のデフォルト企業数 k が予測誤差の範囲内であるか判定できる．有意水準を 95% とするならば，正規分布では B が $-2 \sim +2$ の間にあれば予測が正しかったと判断する（図 6.4）．

【適用例】

格付のあるランクに属する企業数 n が 100 のとき，ある信用リスクモデルが $\hat{p} = 0.05$ と推計し，実際にデフォルトした企業数 k は 8 件であった場合を考える．

このとき，有意水準 $\alpha = 0.05$（片側 0.025）として計算をすると，

$$P(i \leq 0) = P(i = 0) = 0.006 \leq 0.025$$
$$P(i \leq 1) = P(i = 0) + P(i = 1) = 0.037 \geq 0.025$$

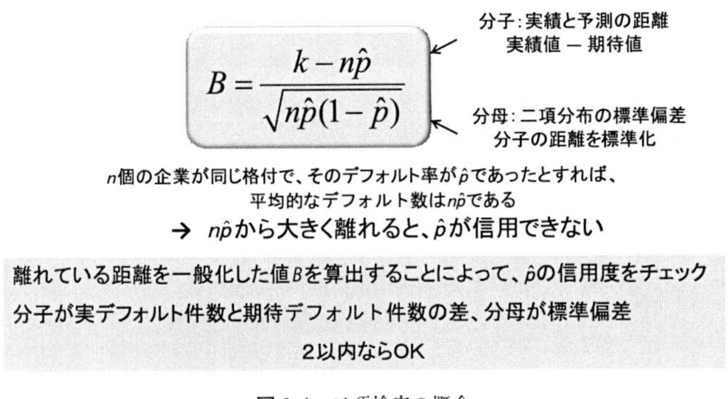

$$B = \frac{k - n\hat{p}}{\sqrt{n\hat{p}(1-\hat{p})}}$$

分子：実績と予測の距離
実績値 − 期待値

分母：二項分布の標準偏差
分子の距離を標準化

n 個の企業が同じ格付で，そのデフォルト率が $\hat{p}$ であったとすれば，平均的なデフォルト数は $n\hat{p}$ である
→ $n\hat{p}$ から大きく離れると，$\hat{p}$ が信用できない

離れている距離を一般化した値 B を算出することによって，$\hat{p}$ の信用度をチェック
分子が実デフォルト件数と期待デフォルト件数の差，分母が標準偏差
2 以内なら OK

図 6.4　二項検定の概念

6.2 二項検定

	格付				
	正常先A	正常先B	要注意先A	要注意先B	要管理先
企業数(n)	1000	2000	3000	2000	1000
推計デフォルト確率(P)	0.01	0.02	0.04	0.06	0.12
期待デフォルト数(nP)	10	40	120	120	120
実績デフォルト数(Z)	16	30	90	150	115
期待と実績の差(分子:$Z-np$)	6	-10	-30	30	-5
期待の標準偏差(分母)	3.1	6.3	10.7	10.6	10.3
二項検定量	1.9	-1.6	-2.8	2.8	-0.5

絶対値が2以上の検定量なのでモデルを却下する必要がある。

図 6.5　二項検定の計算例

$$P(i \geq 10) = \sum_{j=10}^{100} P(i=j) = 0.028 \geq 0.025$$

$$P(i \geq 11) = \sum_{j=11}^{100} P(i=j) = 0.012 \leq 0.025 \tag{6.6}$$

となり，$1 < k < 11$ ならば H_0 を採択でき，モデルが算出した $\hat{p}=0.05$ はおおよそ正しいと評価する．ここではデフォルトした企業数 k は 8 なので，有意水準 95% では有意に起こりうると判断できる．

一方，データ数が多く正規分布を用いることができる場合の例を図 6.5 に示した．企業数，推計デフォルト確率，期待デフォルト件数の 3 行が予測時点で得られるデータであり，それに対して次行の実績デフォルト数が誤差の範囲にあったかどうかを検定している．(6.5)式に従って検定量を計算したところ，各付によっては検定量の絶対値が 2 を超えていることがわかった．そのため，モデルの推計デフォルト率は必ずしも正しくはないと判断される．

【長所・短所】

格付のランク内のデータ数が少数である場合，検定ができなくなるという短所があるが，各ランクにおける推計デフォルト確率が妥当であるか評価する場合，二項検定は有力な評価方法である．

また，二項検定は企業間に相関がないことが前提であるが，企業には資本関係，取引関係，業種などのデフォルト相関が発生する要因が存在していることが一般的である．デフォルトに相関がある場合の二項検定については，「資産の相関係数から，デフォルトの相関係数を導き，その値に基づいて二項検定を行う」という方法が考えられる．結果は，二項検定と同様に，予測誤差の範囲が求まり，相

関を考えない場合と比較して，誤差の範囲が大きくなる．しかし，この計算結果の値は，企業の資産変動の相関が観測されると仮定し，デフォルトの相関係数と一致するとした場合であることに注意しなければならない．評価の順序としては，(1) デフォルトの相関係数の評価，(2) 誤差範囲の評価，となる．上述の方法は，(2) の問題解決のための方法であり，(1) の問題については，現在のところ考えられていない．したがって，デフォルトに相関がある場合，二項検定は有効でないと考えるべきである．

6.3 Hosmer-Lemeshow 検定

Hosmer-Lemeshow 検定(HL 検定)は，ある事象(信用リスクモデルではデフォルト)の発生確率を推計するモデルの適合度を検定するための手法である．検定の目的は，二項検定と同じくモデルから推計された格付ごとのデフォルト確率と，実績デフォルト率を比較して，実績値が期待値の誤差の範囲内にあるかを調べることにある．二項検定との違いは，二項検定が格付ごとに一度の検定を行うのに対して，HL 検定ではすべての格付に対して一度の検定を行い，モデル全体の評価を行うことである．

具体的な作業手順を解説する．まず，推計されたデフォルト率を昇順に並べ替え，K 個のランクに分割する．この分割の際，ランクごとの個数がほぼ同数になるように分割する方法と，同じデフォルト確率の標本を同じランクに分割する方法がある[1]．モデルから推計されるランクごとの期待デフォルト件数と実際の観測度数の差の有意さを評価し，すべてのランクに対して平均することでモデル全体の評価とする．

基本概念は前述の二項検定の検定量 (6.4)式を，複数の格付クラスに対して同時に適用するものである．二項検定の場合，デフォルト確率が一意に定められて，実績デフォルト率との乖離が評価されていた．HL 検定では，格付ごとにデフォルト確率が定められた場合に拡張している．検定量は以下の式で与えられるが，算術和の要素は各クラスにおける二項検定量 (6.5)式の B の 2 乗となっている

---

[1] 後者の分割方法を採用した場合，同一格付の企業に対しては同一のデフォルト率を適用したモデルと概念が同じであるため，信用リスクモデル評価では格付付与の正確さの評価指標として用いられている．

6.3 Hosmer-Lemeshow 検定

ことに注意されたい.

$$\chi^2 = \sum_{j=1}^{K} \frac{(k_j - E_j)^2}{N_j \hat{p}_j (1-\hat{p}_j)} = \sum_{j=1}^{K} \frac{(k_j - N_j \hat{p}_j)^2}{N_j \hat{p}_j (1-\hat{p}_j)} \tag{6.7}$$

N_j = 第 j クラス（格付）に含まれる全企業数
k_j = 第 j クラスに含まれるデフォルト件数
E_j = 第 j クラスに含まれる期待デフォルト件数
$\hat{p}_j$ = モデルにより計算される第 j クラスのデフォルト確率

この検定は当然ながら二項検定と同じ性質をもつ．分子がモデルから算出される期待デフォルト企業数と実際のデフォルト数の差，分母がその標準偏差であり，分子分母を2乗している．つまり，期待値と実績値の差が標準偏差の何倍であるかを評価している．この χ^2 が大きければ大きいほどモデルの精度は低く，小さければモデル精度は高い．ゼロならば完全モデルである．

この検定量 χ^2 はカイ二乗分布に従うことがわかっている．そのため，有意水準を設定することにより二項検定と同様に，推計デフォルト率と実績デフォルト率の差異の有効性を検定し，モデルが適切であるかを評価することができる．このとき用いるカイ二乗分布は「格付の数」−2 の自由度をもつ．

表 6.1 に HL 検定の例を示した．この例では格付は5クラス存在する．各格付 j において，信用リスクモデルがデフォルト確率 $\hat{p}_j$ もしくは期待デフォルト件数 E_j を与え，それに対して実績デフォルト件数 k_j が観測された状況を想定している．HL検定量は上記の(6.7)式で与えられるが参考のために二項検定量も記載した．(6.7)式の χ^2 の値は22.2となり，この値は信頼水準 0.0045 にあたる．この結果は通常の有意水準を5%や1%に想定した場合,

表 6.1 Hosmer-Lemeshow 検定の計算例

格付	1	2	3	4	5
企業数 N_j	1000	2000	3000	2000	1000
推計デフォルト率 $\hat{P}_j$	0.01	0.02	0.04	0.06	0.12
期待デフォルト件数 E_j	10	40	120	120	120
実績デフォルト件数 k_j	16	30	90	150	115
格付の分散（(6.7) 式の分母）	9.9	39.2	115.2	112.8	105.6
二項検定量	1.9	−1.6	−2.8	2.8	−0.5
二項検定量の2乗	3.6	2.6	7.8	8.0	0.2
HL 検定量	22.2	←二項検定量の2乗の和			
有意確率	0.0045				

$$H_0: 推計デフォルト確率 = 実績デフォルト確率$$

という帰無仮説を却下する水準である．そのため，格付ごとのデフォルト確率を与えた信用リスクモデルの有効性は示すことができなかったことになる．

注意しなければならない点も二項検定と同じである．二項検定で問題になったのは，デフォルト事象が独立であると仮定した点である．前述のとおり，マクロ要因の変化や金融機関の融資判断など，デフォルト事象が独立であるとは限らないため，HL 検定はモデルが算出した期待値と実現値に対して「有意な差がある」という結論を出す傾向が高い．そのため，一般に説明力が高いと思われているモデルであっても，HL 検定の結果，モデルは有効でない．

6.4　母比率検定とライアンの方法

2つの格付間の実績デフォルト率の差異に対する検定

　HL 検定は，モデルから算出された格付ごとの推計デフォルト率と実績デフォルト率に，差異があるかどうかを全格付に対して検定する方法であった．それに対してここで取り上げる検定は，実績データにおいて格付間の実績デフォルト率の差異を検討することが目的である．当然，格付が良いほどデフォルト率が低いことが期待されているが，実績値がそうなっているかを仮説検定する．

　一般に格付のクラスは3つ以上あり，それぞれの格付に対して実績デフォルト率が観測されたとする．格付の良し悪しとデフォルト率が全体として整合的であることが望まれるが，ここではまず特定の2つの格付の組合せについて，実績デフォルト率の有意性を検定する方法を解説する．たとえば上から3番目の格付のデフォルト率が 3%，4番目の格付のデフォルト率が 5% であった場合，有意に差があるかどうかの検定を行う．

　この問題に対しては，「母比率の検定」として一般的な統計学の教科書で取り上げられている．いま，格付1の実績デフォルト率を p_1，格付2の実績デフォルト率を p_2 とし，それぞれの格付に属する企業数を n_1, n_2 としたとき，実績デフォルト率に差異があったかどうかを調べるとする．このとき

$$Z_0 = \frac{|p_1 - p_2|}{\sqrt{\bar{p}(1-\bar{p})(1/n_1 + 1/n_2)}} \tag{6.8}$$

が検定量である．なお，$\bar{p}$ は2つの格付の平均デフォルト率であり，以下の式で

与えられる.

$$\bar{p} = \frac{p_1 m_1 + p_2 n_2}{m_1 + n_2} \tag{6.9}$$

この検定量 Z_0 はデータ数がある程度の規模であれば正規分布に従うことがわかっている.

そこで,

帰無仮説 H_0:「デフォルト率に差はない」
対立仮説 H_1:「デフォルト率に差がある」 (6.10)

と仮説を立て，Z_0 を有意水準 α によって両側検定を行う．たとえば有意水準95%であるならば，Z_0 が $[-1.96, +1.96]$ の範囲にあれば帰無仮説は却下されないため，2つの格付間のデフォルト率に有意な差がみられなかった，という結論になる.

すべての格付間の実績デフォルト率の差異に関する検定（ライアンの方法）

格付が K 個あった場合，上記のような2つの格付に対する母比率検定を，格付全体に対して行うならば，${}_K C_2$ 回の検定を行わなければならない．このとき，検定結果全体としての有意水準を α とするためには，個々の検定において有意水準を調整する必要がある．たとえば，もし比率の最高格付と最低格付のデフォルト率に有意な差が認められたとき，その他の格付のペアのデフォルト率の差を検定する場合は，有意水準を少し大きくすることによって調整が行われる.

ライアンの方法とよばれる検定法では，個々の検定に使用する有意水準として，以下の式で表される調整方法が用いられる．この α' は名義的有意水準とよばれている.

$$\alpha' = \frac{2a}{K(m-1)} \tag{6.11}$$

m は比較している格付の距離であり，隣接した格付においては2，間に1つ格付がある場合は3，最高と最低の格付の組合せにおいては K となる.

手順は以下のとおりである.

Step1　実績デフォルト率が最大である格付と最小である格付について (6.8) 式による検定を行う．このとき，有意水準は (6.11) 式で与えられ，$m = K$ である．もし有意差がないなら検定を終了する．結論は「個々のデフォルト率の対に差はない」とする．有意差があるなら Step2 に進む．

Step2　$m = K-1$ となるような2個のデフォルト率の比較を行う．このようなデフォルト率の組合せは2通りある．「最大のデフォルト率と2番目に小さいデフォルト率」，「2番目に大きいデフォルト率と最小のデフォルト率」の検定を行う．名義的有意水準 α' は，Step1 よりも大きくなる．

Step3　採択される2つの格付の組合せの距離を縮める．具体的には，$m = K-2$ となるような検定を行い，以下同じように $m = K-3, K-4, \cdots, 2$ となるような格付のデフォルト率のペアの比較を行う．ただし，2個の格付のデフォルト率が，それまでの検定過程で有意な差がないとされたデフォルト率に挟まれている場合には，検定を実施せずに有意な差がないと結論づける．たとえば，$p_a \geq p_b \geq p_c \geq p_d$（$a = b$ または $c = d$ の場合を含む）で，a 格付と d 格付のデフォルト率に有意差がないという検定結果が得られれば，その中間にある組合せである a と b，a と c，b と c，b と d，c と d の格付のペアは，検定を行わずにデフォルト率に有意な差がないと判断する．

Step4　このようにして多くの組合せについて検定を行えば，どの格付間に有意な差異があったかを知ることができる．また，Step3 によりいくつかの検定のペアについては省略しても判断はかわらない．

　格付モデルが実績デフォルト率に対して有効であったという結論を得るためには，この検定においてすべての格付間のペアで対立仮説が採択されなければならない．そうでなければ有意でない格付が存在することになる．ただし，格付の設定段階において，細分化された格付が必要である理由がある場合，いくつかの格付間で有意なデフォルト確率の差がなくとも，必ずしも問題があるとはいえない．特に銀行においては，審査やリスク管理のために，有効な差異がないときでも，ある一定数の格付を必要とすることがある．経営戦略的な判断により細分化された格付においては，隣接する格付に有意な差異がないのはむしろ当然である．そのため，格付の細かさとこの検定との関係については大変微妙な問題である．

6.5　多重比較法

　モデルから推計されたデフォルト率や信用スコアについて，格付間に有意な差があるかを事前テストで評価したい場合，多重比較法を適用する．HL 検定が推計デフォルト率と実績デフォルト率の差異に注目していたのに対して，多重比較

6.5 多重比較法

法では「格付間の差異」を対象としている点が異なる.また,ライアンの方法がデフォルトの実績データを対象にしていたのに対して,多重比較法ではモデルから得られる推計デフォルト率の値を対象に検定した方法であることが相違点である.発想は第5章の CIER に近い.

格付間の推計デフォルト率や信用スコアに差がなく,すべての格付に対して平均デフォルト率が推計値として与えているのであれば,その格付モデルは存在価値がないといえよう.モデルを作成した以上,格付間になんらかの差異が必要なのは当然である.またデフォルト確率や信用スコアは,格付の定義に従い,悪い格付ではデフォルト率が高く(信用スコアが低く),良い格付ではデフォルト率が低く(信用スコアが高く)なっていなければ,モデルの信頼性がない.格付間の差異は実績デフォルト率のバックテストによって比較するライアン法が第一義的であるが,事前テストとして多重比較法で棄却されるようなモデルであれば,実績デフォルト率における有用性も期待できないはず,という思考がベースにある.

【成り立ち】

一般に,2群間における母平均の差の検定では t 検定を用いる.3群以上であっても,2標本 t 検定を繰り返すことが考えられるが,検定を多数回繰り返すと有意水準の設定に問題が生じる.たとえば,有意水準95%の検定について,20回検定を重ねたときに一度だけ有意水準を超えたとする.このとき帰無仮説を却下するかどうかは慎重な対応が必要で,たとえ帰無仮説が成り立っていたとしても,20回に1回程度は違う検定結果がたまたま導かれることがありうることを考えなければならない.つまり,検定が多数あれば,個々の検定では設定している有意水準を満たしていても,全体としての有意水準が大きく異なると考える必要がある.

多重比較法は,このように帰無仮説が複数の命題によって構成されている場合,全体として必要とする有意水準を適切なものにするために,それぞれ個別の帰無仮説に対する有意水準を調節して検定する方法である.

具体的な方法を解説する.格付は K 個にランク分けされているとする.一般に,3格付以上の平均値を比較する場合,分散分析を用いて帰無仮説 H_0 および対立仮説 H_1 を

$$H_0 : \mu_1 = \mu_2 = \cdots = \mu_K$$

$$\mathrm{H}_1 : \mu_1, \mu_2, \cdots, \mu_K \text{ のうち少なくとも1つが異なる} \tag{6.12}$$

としF統計量を用いて検定をする．なお，格付に関する分析では母平均に格付の推計デフォルト率の平均を μ に対応させる．この検定においては，帰無仮説が棄却された場合に，どの格付間に有意差があるかはわからない．それを知るためには，すべての格付間で検定を繰り返せばいいのだが，前述のように各格付の検定に対して設定している有意水準を満たしていても，全体としての有意水準を満たしているかはわからないという問題が発生する．それぞれの検定が何勝何敗であれば (6.12) の帰無仮説を却下すべきか，簡単にはわからない．このような問題点を解決するためには，個別の検定における有意水準と複数の検定を組み合わせたときの有意水準を区別し，調整する．多重比較法はこのような問題に対して，「全体として必要とする有意水準をコントロールするために，それぞれの検定における帰無仮説の有意水準を調節し，有意差があるランクを見つけ出す方法」である．

多重比較法は多くのバリエーションがあり，目的によって採用される手法が異なる．詳細については永田・吉田(1997)を参照とする．ここでは，信用リスク評価，特に格付ごとの推計デフォルト率に有意な差異があるかどうかを評価できる方法について，2つの視点から説明する．1つは2つの格付のペアを抽出して差異を検定し，それをすべてのペアで行う方法である．もう1つは，格付には順位性があることを前提に，順位性がないという対立仮説を検定する方法である．

【2つのランク間の有意差検定】

格付 j のランクを R_j と表し，R_j の平均的な推計デフォルト率が $\hat{p}_j$ であったとする．このとき，任意の2組の格付のペア (R_j, R_k) に対して，平均的なデフォルト率に有意差があるか，帰無仮説 H_0，対立仮説 H_1 を

$$\mathrm{H}_0 : \hat{p}_j = \hat{p}_k, \qquad \mathrm{H}_1 : \hat{p}_j \neq \hat{p}_k \tag{6.13}$$

として検定する．比較するペアが1つだけであればこの問題は単純な母比率検定であるが，格付が3クラス以上あったとすれば，比較するペアは格付クラス数の組合せの数だけ存在することになり，多くの検定を繰り返すことになる．そのとき前述のとおり有意水準の調整が必要となる．

K 個の格付クラスがある場合，ペアの数だけ検定をするため検定回数は $_K C_2$ 回となる．たとえば，20段階にランク分けされていたならば，$_{20}C_2 = 190$ 回検定を繰り返す．基本的に多重比較法の概念は，$_K C_2$ 回検定を繰り返すことで，全体に

おいて必要とする有意水準を確保しながら，具体的に有意差のある格付のペアを見つけ出す検定である．ペアに対して検定を繰り返す方法は，前述のライアンの方法と同じであるが，多重比較法においては検定される企業データが，推計デフォルト率や信用スコアなどの連続量であるのが前提である．

具体的な方法は，パラメトリック法であるテューキー（Tukey）の方法，またはノンパラメトリック法であるスティール-デュワス（Steel-Dwass）の方法のいずれかを適用する．パラメトリックというのは，変数の分布型を仮定できる場合であり，ここでは検定の対象となる変量が正規分布を仮定できるときのことである．推計デフォルト率が正規分布に従うと仮定することはやや無理があるため，ノンパラメトリックなスティール-デュワス法を採用する方がよい．

【順序性を想定した，対比較の有意差検定】

こごで説明する検定は着目している格付と，着目している格付より高格付（または低格付）における，推計デフォルト率の平均値に対して，どの格付から有意差があるかを知る方法である．注目している格付を第1群，他の格付を第2群から第K群とし，それぞれの平均デフォルト率を$\hat{p}_1, \hat{p}_2, \cdots, \hat{p}_K$とする．ここで，これらのデフォルト率に対して，

$$\hat{p}_1 < \hat{p}_2 < \cdots < \hat{p}_K \tag{6.14}$$

の関係が成り立っていると仮定する．

検定の進め方は，まず，帰無仮説

$$H_{\{1, 2, \cdots, K-1, K\}} : \hat{p}_1 = \hat{p}_2 = \cdots = \hat{p}_{K-1} = \hat{p}_K \tag{6.15}$$

を検定し，$\hat{p}_1 < \hat{p}_K$であるかを調べる．この帰無仮説が棄却できたならば，次に，帰無仮説

$$H_{\{1, 2, \cdots, K-1\}} : \hat{p}_1 = \hat{p}_2 = \cdots = \hat{p}_{K-1} \tag{6.16}$$

を検定し，$\hat{p}_1 < \hat{p}_{K-1}$であるかを調べる．このように帰無仮説が棄却できたならば，一番外側のデフォルト率を削って，順次検定を行ってゆく．また，途中で帰無仮説が棄却できない場合は，その時点で検定作業を終了する．

具体的な方法は，パラメトリック法であるウィリアムズ（Williams）の方法またはノンパラメトリック法であるシャーリー-ウィリアムズ（Shirley-Williams）の方法のいずれかを適用する．詳細計算ステップは本書の範囲を超えるため割愛するが，前述の永田・吉田（1997）などの多重比較法の解説を参照されたい．

表 6.2 多重比較法の種類

	パラメトリック法	ノンパラメトリック法
格付間の有意差を検定	テューキーの方法	スティール-デュワスの方法
格付の順序性を検定	ウィリアムズの方法	シャーリー-ウィリアムズの方法

【適用方法】

　格付モデルにおいて推計デフォルト率を対象に，インサンプルデータを用いた事前評価に適用する．推計デフォルト率ではなくモデルから計算された信用スコアに対しても適用可能である．以上で述べてきた4つの方法について，表6.2にまとめた．

【長所・短所】

　パラメトリックな方法である，テューキーの方法とウィリアムズの方法は，各格付に属するデータが正規分布に従いかつ等分散が仮定できなければならない．前述したが，デフォルト確率は定義域が[0, 1]であるため，厳密には正規分布しているとは仮定できない．そのため，推計デフォルト率に対する多重比較においては，ノンパラメトリック法であるスティール-デュワスの方法およびシャーリー-ウィリアムズの方法を適用する．ただし，推計デフォルト率ではなく推計された信用スコアに対しては正規性を仮定できるため，スコアを利用することによってテューキーの方法とウィリアムズの方法も適用可能である．格付間の有意差検定であるテューキーの方法およびスティール-デュワスの方法は，2組の格付について有意差を検定したい場合に有効である．しかし，格付の順序性に着目している場合には，有効な方法ではない．

　一方，順序性を想定し，着目する格付がどの格付から有意差があるかを検定するウィリアムズの方法およびシャーリー-ウィリアムズの方法は，以下のことに注意しなければならない．たとえば，4つの格付が存在するとして，これらのデフォルト率には，

$$\hat{p}_1 = \hat{p}_2 < \hat{p}_3 = \hat{p}_4 \tag{6.17}$$

が実際に成り立っていると仮定する．検定者が想定している順序は，

$$\hat{p}_1 < \hat{p}_2 < \hat{p}_3 < \hat{p}_4 \tag{6.18}$$

を仮定し，シャーリー-ウィリアムズの方法を適用すると，「第1格付のデフォルト率は第3格付以降のデフォルト率と有意差がある」と判断できるが，第3格付

と第4格付には有意差がないことをこの方法では判断できない．つまりシャーリー-ウィリアムズの方法は，特定の格付間の順序性を想定するだけで，格付の全範囲に対しての順序性を検定していないことに注意が必要である．

著者の見解であるが，以上の理由により，信用リスクモデルの事前評価に適用する多重比較法については，スティール-デュワスの方法が最も自然ではないかと考えている．

6.6　格付モデル評価のまとめ

最後に本章で取り上げた検定についてまとめる．同じような検定が何度も紹介されているので，その違いについてやや混乱したのではないだろうか．図6.6では各検定が比較した対象について整理している．検定であるかぎり，帰無仮説と対立仮説が存在する．さらに仮説ではある統計量と他の統計量を等しいか大小関係を仮定する．そのとき比較の対象の定義を誤ると検定がまったく意味をなさなくなるので注意が必要である．検定が，「予測」を対象としているか「実績」を対象としているか，また「ある格付」を対象としているか，「全格付」を対象としているかをキーに整理すると理解しやすいと思う．

第5,6章にわたって，AR値以外の信用リスクモデルの評価方法について，指標・方法ごとに説明した．これらの方法をモデルの特性と利用目的に応じて使い分け，

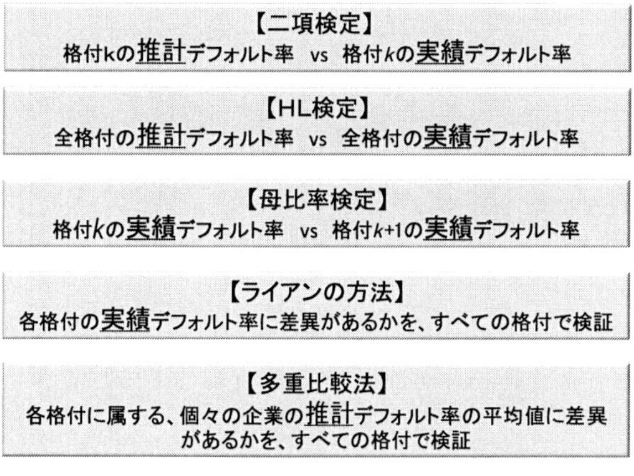

【二項検定】
格付kの**推計**デフォルト率　vs　格付kの**実績**デフォルト率

【HL検定】
全格付の**推計**デフォルト率　vs　全格付の**実績**デフォルト率

【母比率検定】
格付kの**実績**デフォルト率　vs　格付k+1の**実績**デフォルト率

【ライアンの方法】
各格付の**実績**デフォルト率に差異があるかを，すべての格付で検証

【多重比較法】
各格付に属する，個々の企業の**推計**デフォルト率の平均値に差異があるかを，すべての格付で検証

図6.6　各検定の比較対照

また適切に組み合わさなければならない．次章では，このように多種多彩のモデル評価方法を用いて実際に信用リスクモデルを評価選択するときに，そのステップごとにどのような手段を採用すればよいかを解説する．

7 モデルの利用に適した複合評価

本章では，第3～6章において説明してきた評価指標と方法を利用して，実際に信用リスクモデルを構築する順序に基づき，モデルの選択と評価を行う．

まず，モデル作成の共通的かつ重要な課題である，欠損値処理，異常値処理について紹介する．この2つの処理はデータクレンジングともよばれ，信用リスクモデルの精度に対して影響を与える．その後，第2章で紹介した多重共線性のチェックと対応方法について言及する．さらに，モデル作成者の目的を考慮し，想定されるケースを用いて指標の適用方法について言及する．説明するケースは
① 二項ロジットモデルの事前評価で変数選択が伴うケース
② 二項ロジットモデルの事前評価で変数が決まっているケース
③ 二項ロジットモデルのバックテスト
④ 格付モデルのバックテスト
である．本章ではこれまで説明した指標を組み合わせることによって，与えられた問題に対して適切にモデル評価を行うことを目的としている．そのため個々の指標については，これまでの章の内容を理解していることが前提であるが，重要な部分については説明を繰り返している．

信用リスクモデルを構築するときには，必要なデータを入手してから実際に運用されるまでに，いくつかの作業を行う必要がある．作業フローとしては，以下のようなステップを踏むことが一般的であり，これによって運用されるモデルが選択される．

Step1. データクレンジング
Step2. 多重共線性の除去
Step3. 変数選択の方法
Step4. 事前評価

ただし，必ずしもすべてのステップが踏襲されるわけではない．モデル作成の目

的やデータの状況により，いくつかのステップは省略されることがある．これまでの章で説明したモデル評価指標が用いられるのは主に 3. と 4. のステップであるが，その評価指標の適用の説明の前に，Step1. データクレンジングと Step2. 多重共線性の除去について説明する．

7.1 データクレンジング —— 異常値の欠損値の対応 ——

二項ロジットモデルの主要な説明変数は企業の財務指標である．一般的に財務データベースの特徴は，欠損値と異常値が多く，情報が的確にモデルパラメータの推計に反映できないという性質がある．

欠損値が過大に存在する場合，モデルの信頼性を低下させる．そのときモデルのフィットや安定性が低下するだけではなく，それを評価するモデル評価指標の信頼性も低下することに注意しなければならない．異常値についてはそのデータが真の情報ではない可能性がある．入力ミスや粉飾決算のデータをモデルに反映すれば，そのモデルから得られるデフォルト確率が信頼できないのは自明であろう．また，二項ロジットモデルは最尤法を用いてパラメータ推計されるが，最尤法によって推計されたパラメータは異常値の影響を大きく受けることがわかっている．そのため，異常値を含むデータをそのままモデルのパラメータ推計に利用すると，フィットや安定性が大きく損なわれて，モデルの利用価値を低下させる（最尤法が異常値からどのような影響を受けるかという問題と解決方法については第 8 章にて解説する）．

このような問題点を事前に取り除くため，データに対してクレンジングを行うことが一般的である．データクレンジングとは欠損値・異常値データに対する分析前処理である．主な手段としては，

① 欠損値を含むレコード（企業）の除去
② 欠損値の補間
③ 異常値を含むレコードの除去
④ 異常値の修正

①の欠損値を含む企業をデータベースから除去する方法については，欠損値が少ないデータベースについては有力な手段である．しかし，欠損値が多い場合は分析に用いるデータ数が少なくなるだけでなく，モデルの推計結果を歪めてしまう

可能性がある．これは，欠損値がない企業とある企業が必ずしも同じ性質であるとは限らないため，データを除去することによって残ったデータが本来の全体像を表していないことに起因する．また，財務データを秘匿する企業ほど信用不安が大きいという傾向も知られており，欠損値の存在自体が有力な情報である可能性があり，単純に除去するのは情報の損失の原因にもなるため得策ではない．

②の欠損値の補完については，単純にフィールドの平均値を埋めるような方法から，欠損値が発生する構造を仮定して，欠損値補間のためのモデルを作成して処理する方法まで，様々な手段がとられている．いくつかの財務指標については他の財務指標から類推できるものもあり，それを用いることは欠損値補間の有力な方法である．また，時系列的に財務指標データがある場合，前年度や翌年度のデータを用いて補完することも考えられる．

統計学的には欠損値の補間方法は，欠測という現象が何に依存して発生するかによって多くのバリエーションがある．まったくランダムと仮定するのか，他のデータに依存するのか，または欠損したデータの値そのものに依存するのかを設定しなければならない．財務データの場合，なんらかの依存構造を仮定することが一般的であるが，その構造を明らかにすることは容易ではない．表7.1に代表的な欠損値補間方法を表記したが，未だ信用リスクデータの補間方法には主流が存在しない．

③の欠損値処理の影響は①の影響と同じである．異常値と思われるデータが過小の場合はデータを除去するのも一法である．しかし，欠損値と違って，何をもって異常とするかの基準を設定することが困難である．また異常値の補正は欠損値の補完と比較しても，ある程度の対策は容易であるため，できる限り除去せずに④の方法を試すことが勧められる．

④の異常値の修正にも，欠損値補間と同様に様々な方法が提案されている．最も頻繁に用いられているのは，異常値をより平均値に近い値に修正する方法である．たとえば，企業のある財務データが，平均からの差が標準偏差の10倍の値にあったとしよう．一般的な財務データベースのデータ数では平均から10標準偏差も乖離することはありえないので，なんらかの補正が必要である．最も平易な方法は標準偏差などの統計量を手がかりに，一定の数値に変更する方法で，3標準偏差もしくは4標準偏差などが代表的な数値である．

また，異常値補正の代表的な方法として離散化（スコア化）がある．これは特

表 7.1 代表的な欠測値補完方法

手法	手法の概要	特徴
Imputation		
Mean Imputation	・回答項目の(層内)平均値を代入	・欠測値の発生メカニズムが標本の属性とは独立であるとき、偏りのない結果が得られる ・ただし、標本の分散は過小になる ・個票レベルで標本が再現されない
Hot Deck	・当該調査の回答結果から、一定のルールに基づき、あるいはランダムに値を複製して代入	・欠測値の発生メカニズムが標本の属性とは独立であるとき、偏りのない結果が得られる ・標本分散の過小評価が、Mean Imputationに比べ、是正される。ただし、真の値に比べれば、依然として過小評価 ・個票レベルで標本が再現される
Cold Deck	・当該調査以外のデータ(当該調査の過去の値や他の調査結果)を用いてを利用して値を求め、これを代入する方法の総称	・個票レベルで標本が再現される ・調査実施者の判断に大きく依存する
Multiple Imputation	・複数の補完データを繰り返し計算から求め、その平均を欠測値の補完データとする	・個票レベルで標本を再現されるうえ、1回限りの抽出結果を代入するHot Deckよりも、標本分散をより適切に再現することができる
Substitution (代替法)	・当初調査で標本抽出されなかった調査客体から、未回答数分について代替標本の抽出を行い、その回答結果で代替	・当該調査の代替標本が容易に得られれば、標本の再現は可能 ・複雑な計算は不要だが、調査後の標本抽出、集計等の事務コストが大

出典:宇都宮浄人・園田桂子「全国企業短期経済観測調査」における欠測値補完の検討、日本銀行調査統計局、Working Paper 01-11、2001年。

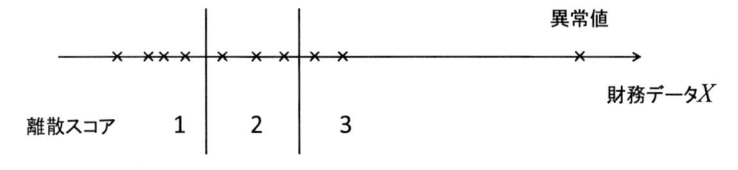

（異常値はスコア：3となる）

図 7.1 異常値の離散化

定の財務データを昇順もしくは降順にソートして順位をつける．そしてその順位に従って名義的な数値（通常は 1, 2, 3, … などの整数）を割り当てる．このようにして得られた離散的な指標では，極端な数値を示す企業がなくなるため，モデルの推計が異常値から受ける影響を軽減することができる（図 7.1 を参照）．

7.2 多重共線性の処理

7.2.1 多重共線性の意味と対策

多重共線性については第2章で実例をあげて紹介した．モデルの説明変数に同じ性質を有する変数の組合せが存在する場合，モデルが不安定になる現象である．欠損値や異常値に対するデータクレンジングを終えたデータに対して，モデルのパラメータ推計に利用する前に多重共線性の有無をチェックする必要がある．

多重共線性のチェックの最も単純な方法は，変数間の相関行列を作成することである．2変数間で多重共線性がある場合は，相関係数が1もしくは-1に近いため，すべての変数間の相関行列をみればよい．相関係数が1もしくは-1に近い変数ペアがあれば一方を除去する．このような処理をすることによって，たとえば売上高営業利益率と売上高経常利益率などの相関が高い財務指標の一方が除かれ，多重共線性の問題の多くは解決する．どの程度の相関係数であれば多重共線性があるとみなすかについては，明確な基準はない．除去することに不安を感じるのであれば，この段階で除去するのではなく，とりあえずモデルに挿入しておき，モデル作成後に様々な評価指標による事前評価の段階で再検討することも一案である．

財務指標においてやっかいな問題は，2変数間では相関係数に問題がない場合でも，多重共線性が存在することがある点である．たとえば，自己資本，負債，総資産の3つの指標は，このうち2つの指標がわかればもう1つの指標を計算することができる．つまり，指標は3つであるが，情報としては2つの指標としての価値しかない．このような場合に，モデルに3変数のすべてを採用した場合，2変数で相関が高い場合と同じように，多重共線性によりモデルが不安定になる．3変数以上による多重共線性の場合は相関行列の各要素をみるのではなく，相関行列の固有値を計算することによってチェックする．

固有値は

$$|\mathbf{A} - \lambda \mathbf{E}| = 0 \qquad (7.1)$$

の解として得られる．$\mathbf{A}$ は相関行列であり，$\mathbf{E}$ は単位行列である．固有値は λ で，この方程式を解いて求めることができる．なお，この方程式は左辺が行列の行列式を表しているが，変数の数だけ次元がある．たとえば，財務変数が20あれば，

20次元の方程式となっている．方程式は次元数だけ解が存在するため，固有値も20個存在する．この計算は手計算やExcelで処理できる範囲を超えているため，統計ソフトを用いて計算する必要がある．数学的に重要な計算なのでほとんどのソフトは固有値計算ができるようになっている．

通常の二項ロジットモデルでは固有値が1近辺に適度な幅をもって散らばっており平均値が1である．そこから様々な情報を引き出すことができるが，多重共線性の検証で重要となるのは最小の固有値である．多重共線性が存在する場合，最小の固有値はゼロかゼロに近い値になる．完全な多重共線性が存在する場合（2変数間の多重共線性でいえば相関係数が1の場合に相当）は，完全にゼロの固有値が存在する．完全にゼロではなくともそれに近い固有値が存在する場合は，多重共線性が存在するとみなして，その原因を除く処理を行うことが必要である．ただしゼロではない場合，どの程度の値ならば指標の除去が必要かについては明確な基準がない．これは2変数の場合の相関係数において，許容できるレベルが明確でないことと同じである．多重共線性の除去の作業フローを図7.2に示した．

3変数以上の多重共線性の困難な問題は，2変数間の多重共線性の場合と違って，どの指標を取り除くかは固有値だけからはわからない点である．指数の意味を考えて，多重共線性をもつ変数の組合せが判明するようであれば，その中から除去する候補を決めればよいが，多くの指標を用いているときは，その作業は不

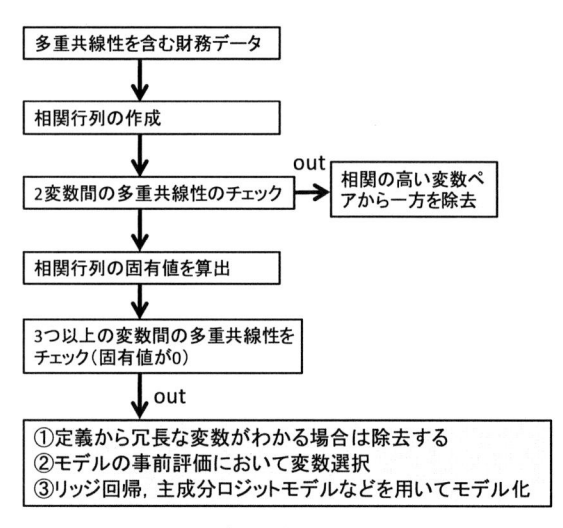

図7.2 多重共線性の処理フロー

可能である．このような場合は，2変数での多重共線性の場合と同様に，この段階での処理を諦めて，いったんモデルを作成し，モデル評価の段階で変数選択を再検討する．そのときに有益となる指標は，AIC などの安定性を評価できる指標である．

また，伝統的な統計学にはリッジ回帰とよばれる，多重共線性の除去に着目したモデリング手法がある．この手法は多重共線性の問題に対して有力な解決法であるが，モデルを複雑にするため，作成されたモデルの解釈を難しくするという欠点がある．信用リスクモデルの場合，モデル作成者は利用者に対する説明責任を追うことが一般的であるため，解釈が難しいこのような処理は敬遠される傾向が強い．

7.2.2 主成分ロジットモデル

主成分分析は多くの変数を含むデータについて，情報の損失をできるだけ少なくしながら変数を合成する方法である．もともとの変数を加重平均することによって新たな変数を作成するが，作成された変数の数はもともとの変数の数よりも少なくすることが一般的であり，また新たな変数間には多重共線性がないことも保証されている．

具体的には，多重共線性のチェックに用いた相関行列のベクトルを用いる．相関行列を $\mathbf{A}$，(7.1)式の固有値を λ としたとき，

$$\mathbf{A}\vec{x} = \lambda\vec{x} \tag{7.2}$$

を満たすベクトル $\vec{x}$ を $\mathbf{A}$ の固有ベクトルとよぶ．前述のとおり λ は説明変数の数だけ存在しているため，固有ベクトルも変数と同じ数だけ存在する．これを新たな変数とみなしてロジットモデルの説明変数を作成する．

新たな変量 Y はもともとの財務データの固有ベクトルに対する写像として与えられ，主成分スコアとよばれている．具体的には，企業 i の第 k 主成分スコアは財務変数のベクトル $\mathbf{X}_i$ をもとに以下の式で与えられる．

$$Y_{ik} = \vec{x}_k^t \cdot \mathbf{X}_i = \sum_{j=1}^{J} \beta_{jk} X_{ij} \tag{7.3}$$

ここで β_{jk} は第 k 固有ベクトルの j 番目の要素である．つまり二項ロジットモデルの信用スコアは主成分スコアの線形和で表され，財務変数の代わりに主成分スコアを利用していることを意味する（図 7.3 参照）．デフォルト確率は通常の二項ロジットモデル同様，スコア Z_i のロジット変換で与えられる．パラメータ γ_k は

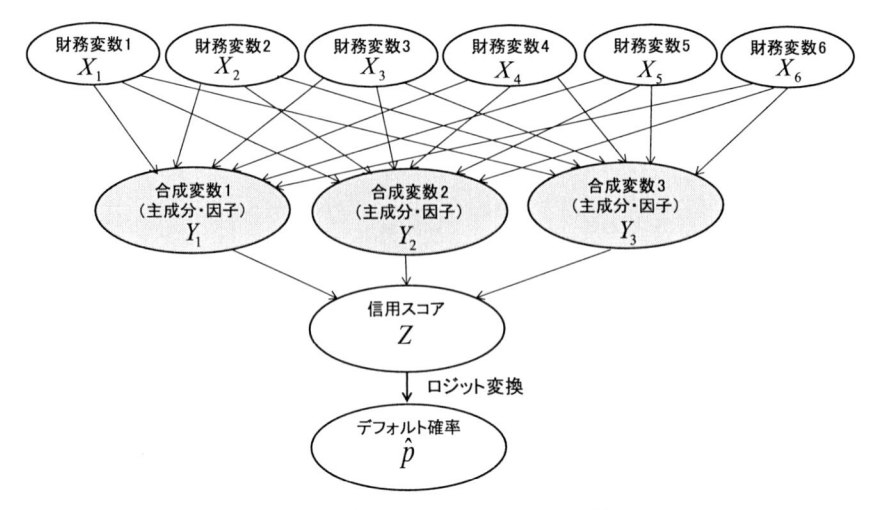

図7.3 主成分・因子ロジットモデルの概念

最尤法によって求めることができる．ただし変数の数 K はもとの財務指標の数 J よりも小さくする必要がある．

$$Z_i = \sum_{k=1}^{K} \gamma_k Y_{ik}$$

$$p_i = \frac{\exp(-Z_i)}{1+\exp(-Z_i)} \tag{7.4}$$

このとき主成分スコア間の相関はすべて0であり，多重共線性がないことも主成分ロジットモデルの基本的性質である．

なお，固有ベクトルはそれに対する固有値に従った情報をもつ．大きな固有値に対する固有ベクトルはより重要であり，大きい順に第1主成分，第2主成分，…と名づけられている．一般的にはこの順序でロジットモデルの説明変数として採用されるが，第何主成分まで採用するかは明確な方法がない．固有値が1以上という基準を用いることもあるが，ロジットモデルの AIC による変数選択を用いることも考えられる．通常3～8程度採用されることが多い．

7.2.3　リズレル (LISREL) ロジットモデル

主成分ロジットモデルは，主成分スコアの直交性を利用して多重共線性を除去するのに便利な方法であった．このとき固有ベクトルと主成分スコアはデータから機械的に求められるが，その方向が必ずしも経済的に意味のあるものとはかぎらない．特に第2主成分以降は変数の意味を考えることは難しい場合があ

7.2 多重共線性の処理　　　　　　　　　　　　　　　　　171

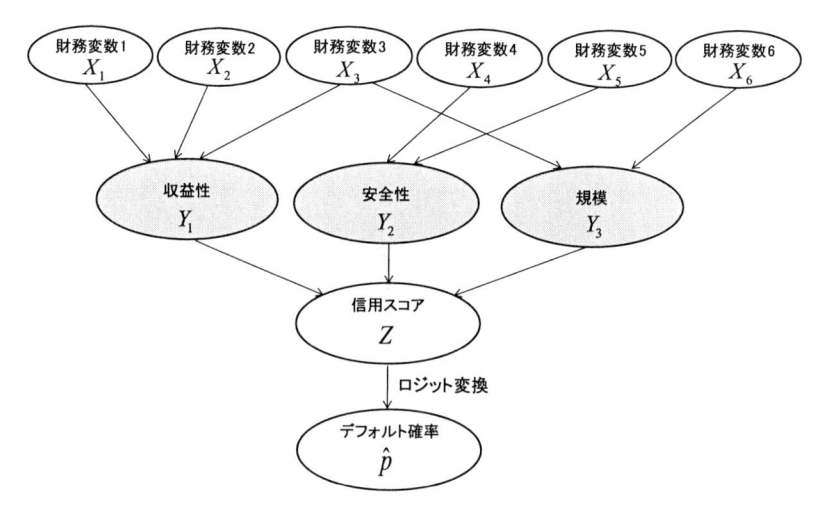

図7.4　リズレルロジットのイメージ

り，モデルの内容を説明できないことが一般的である．合成された変数に意味をもたせたい場合には，主成分分析の代わりに因子分析を用いることもある．因子分析は軸（主成分分析の固有ベクトルに相当）を自由に回転できるため，意味のある方向に調整することが可能である．また，軸が直交する必要もないため，軸の意味をもたせることが容易となる．しかし，合成変数の方向性がもともとのデータ空間で定義されることには変わりはなく，第3因子以降は軸の意味を見出せないケースもある．どうしても合成変数に意味をもたせたい場合はリズレル（LISREL：linear structural relations）という変数合成法を用いるとよい．リズレルでは合成変数がすべての変数の加重和になっているのではなく，属人的に定めた財務指標のみを合成して新たな変数を作成する（図7.4参照）．このとき合成の組合せを工夫すると，合成変数の意味が明確になる．たとえば，経常利益率，営業利益率，在庫回転率だけの加重和によってつくられた合成変数は「収益性」を表し，流動比率，自己資本比率などによって合成された変数は「安全性」を示し，売上高，総資本，資本合計などによる変数は，「規模」を表すというイメージである．

　リズレルの考え方を用いた例として日経プリズム（PRISM：private sector multiangular evaluation system）がある．日経プリズムでは企業の指標を「社会性・透明性」，「環境・研究」，「収益・成長力」，「若さ」の4つの合成変数で表

現している．用いられたもともとの変数は33である．この4つの合成変数により属人的に与えられた評価スコアを説明させ，モデルのパラメータを推定するというステップである．最終的には4つの合成変数をさらに1つに合成し「優れた会社」というスコアを算出し公表している（鈴木，1997）．

信用リスクのロジットモデルでは，日経プリズムの最後の属人的評価スコアの代わりにデフォルト情報を想定し，1つに合成されたスコアが信用スコアに相当すると考えればよい．

7.3 二項ロジットモデルをパラメータ推定に用いたデータによって事前評価する方法

ここでは，パラメータ推定に用いたデータ（インサンプルデータ）を用いて二項ロジットモデルを事前評価する場合を想定する．出力はデフォルト確率である．一般的に，二項ロジットモデルでは，財務指標やフラグを用いた定性要因を説明変数に用い，デフォルト確率を計測する．したがって，なんらかの方法によってそれらの変数の採択や変換方法などを決定しなければならない．

7.3.1 変数選択を行う場合

第2章でロジットモデルの概略を説明したが，その中で最も重要なステップはモデルに組み込む財務変数をどのようにするか，変数選択の問題であった．財務指標を選択する場合，一般的に財務指標の候補が多すぎるため組合せ方になんらかの方針が必要である．

二項ロジットモデルにおける変数選択問題ではステップワイズ法を用いることが多い．すべての財務指標の組合せを試して，モデルに用いる財務指標を決定すること（総当り法）も可能であるが，財務変数候補が20以上になれば膨大な時間が必要となり現実的でない．ステップワイズ法では，複数の財務指標からどの指標がデフォルト確率に寄与するかシステマティックに選び出し，その結果，一番説明力のある財務指標の組合せを選択する方法である．

ステップワイズ法には変数増加法，変数減少法，変数増減法などいくつかの詳細な方法がある．二項ロジットモデルで最も利用されている方法は変数増減法である．この方法では，まず最小限の変数によってロジットモデルを作成して評価を行う．次に他の変数候補から1変数を選び新たにロジットモデルを作成する．そのとき，新たな変数を加えた方がよいかどうかをモデル評価によって判断する．

評価が芳しくなければその変数はモデルの中に組み入れない．この作業を他の変数に対しても行い，それを繰り返すことによってモデルに多くの変数が組み入れられる．次に変数を減少させる段階がある．そこではすでに組み入れられた変数から一つを除き，評価が向上したかどうかを確認する．このような増加フェーズと減少フェーズを繰り返すことにより最適組合せを見つけることができる．多くの統計ソフトではステップワイズ法のパッケージが用意されており，分析者は変数増減法などの方法を選択すれば，自動的に変数選択が行われる．

ステップワイズでは，どのような財務指標の組合せを選択するか（どのモデルを選択するか）は，事前に決めた評価指標に依存する．候補となるのは第3～5章で紹介した評価指標である．

尤度比は，最大尤度を用いて与えられ，推定に用いるデータとモデルのフィッティングを表す評価指標である．変数を多く取り込むことで，データフィッティングが増し，説明力の高いモデルが作成できる．しかし，注意しなければならないのは，変数を多く取り込むとモデルが不安定になることである（安定性の低下）．尤度比は，データフィッティングのみが考慮されている指標で，安定性は考慮されておらず，その値が少しでも良くなれば財務指標を取り入れる性質をもつため，データベースに存在するすべての財務指標が取り入れられる可能性がある．

AR値とAUCはそれぞれCAP曲線，ROC曲線を描いて得られる評価指標であり，モデルの予測的中率を評価する指標である．これらの評価指標では，デフォルトした企業のデフォルト確率は高く，デフォルトしなかった企業のデフォルト確率は低くなるモデルが良いモデルと判断する．したがって，基本的には尤度比と同じように，推定に用いたデフォルトデータにフィッティングするモデルを選択し，すべての財務変数を取り込んでしまう．

一方，情報量規準の代表であるAICは，

$$\text{AIC} = -2(\text{最大対数尤度}) + 2(\text{パラメータ数}) \tag{7.5}$$

を基本の式として，第2項でパラメータの増加に対してペナルティを与えることによって安定性を考慮した指標となっている．つまり，説明変数を増やしたときに，データに対するフィッティングが少し良くなったくらいでは，その変数を取り込まない性質がある．したがって，AICはデータフィッティングと安定性とのバランスを考慮した評価指標となる．

ステップワイズ法には基準となるモデル評価指標が1つ必要であるが，尤度比,

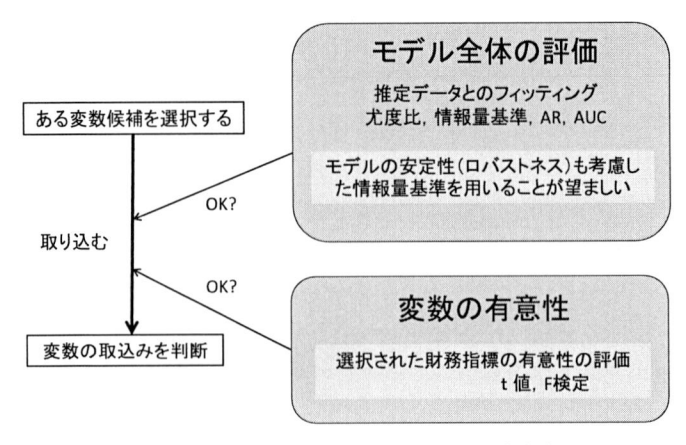

図7.5 変数選択法を用いる場合のモデル評価方法

[図: ある変数候補を選択する → 取り込む → 変数の取込みを判断。「モデル全体の評価」（推定データとのフィッティング、尤度比、情報量基準、AR、AUC。モデルの安定性（ロバストネス）も考慮した情報量基準を用いることが望ましい）および「変数の有意性」（選択された財務指標の有意性の評価、t値、F検定）で OK? を判断]

AR, AUCと違い，AICだけはモデルの安定性（ロバストネス）も考慮に入れた指標となっている．したがって，ステップワイズの変数選択基準として用いる評価指標としては，AICを用いることが望ましい（図7.5参照）．

以上はモデル全体での評価であったが，選択された財務指標（変数）が有意であるかを評価し変数選択を行う方法が考えられている．その場合は，t値，p値もしくはF検定を用いる．たとえばt値が2以上であれば，その財務指標はモデルの説明力を上げる有意な変数とみなせることを第5章で説明した．しかし，t値が悪いからといって，その変数を取り除くことは，モデルの説明力を低下させてしまう場合もある．その原因は，t値，p値自身も推計誤差を含んでいることをはじめ，様々である．そのため，これらの指標はモデルから財務指標を取り除くときの，あくまでも目安として活用すべき指標である．たとえば，安定性を重視したモデルを作成したい場合はt値を目安に変数を除けばよいし，説明力を重視したモデルを作成したい場合はt値を無視して変数をたくさん含むモデルを作成すればよい．F検定を用いる場合も同様に，有意であると判断された財務指標はモデルの説明力を上げることができるが，有意といえない場合であっても，場合によっては変数を除かない方がモデルの説明力が良いことがある．

このように，機械的にモデル選択をするのであればAICを用いるが，モデル作成の目的が明確にある場合は，目的に合致するように評価指標を複数組み合わせて評価方法を適用することが大切である．

7.3.2 変数が決定している場合

　ここでは，すでに変数が決定されモデルが1つに決まっている場合について考える．モデルが決まっていたとしても，事前テストにおいて十分な評価ができない場合は，モデルの前提を覆して変数やセグメントなどに変更を加えることもありうるが，ここでの議論は，前述のステップワイズのような変数選択が前提ではないケースを扱う．

　変数選択では有効な指標であった AIC について，AIC の値や水準は用いるデータによって大きく異なるため，モデルが複数ある場合の比較には使えるが，モデルが1つしかない場合には算出された AIC は評価基準としての利用価値はない．

　それに対して，AR 値，AUC は1に近いほど予測精度が良いと判断できる指標であり，モデルのフィットを評価することが可能な指標である．ただし，これらの指標にも絶対的な基準はなく，たとえば 0.9 という結果が良いか悪いかはデータとモデルの作成目的によって異なる．また，スコアの順位性が正しかったかどうかを評価しているが，デフォルト率の水準が適切であったかどうかは評価していない欠点がある．

　尤度比は，推計デフォルト率と推定に用いたデータとのデータフィッティングを評価する指標である．デフォルトしたかしなかったかの情報で生成されるモデルの対数尤度を LL_{init}，モデルの対数尤度を LL_{opt} としその比率で値が得られる．AR 値などと同様に絶対水準がないことに注意が必要である．

　KS 値，ダイバージェンスはデフォルト確率ではなく，信用スコアの分布を対象に，分布の平均値と分散を用いた指標である．二項ロジットモデルでは，信用スコアを用いてデフォルト確率を計測するので適用可能である．分布形状を評価の基準として用いるため，デフォルトと非デフォルトの2群の分布が重なっていると KS 値やダイバージェンスの値は悪化する．

　ブライアスコアは，推計デフォルト率が実際の結果をどれだけ当てているか，推計デフォルト率の誤差を2乗平均して誤差分散を評価する指標である．したがって，推計デフォルト率が水準から乖離するとブライアスコアは悪化する．

　AR 値や AUC，ダイバージェンス KS 値が順序性に着目してモデル評価を行い，デフォルト情報に対する適合度を評価していなかったのに対して，尤度比，ブライアスコアはデフォルト率の水準がモデルによって表現されているかを評価している．

したがって，データフィッティングを評価する場合，AR 値と AUC，ダイバージェンスのうちから1つ，尤度比，ブライアスコアから1つの計2指標で評価すればよい．

ちなみに，第5章で解説した CIER はモデルから得られた推計デフォルト率が，モデルが存在しない場合の推計デフォルト率とどの程度の乖離があるかを表す指標であり，的中しているかどうかを評価しているわけではない．モデルが存在意義をもつためには CIER の良好な結果は必要ではあるが，CIER が良くてもモデルの予測精度が保証されない点に注意する（モデル評価の必要条件）．以上のことから，CIER は，モデルのデフォルトに対する説明力の指標にはなりえないため，他の指標との組合せによって用いられてるサブ指標といえよう．

指標に頼るモデル評価方法に比較して，より多くの評価情報を作成できる方法がブートストラップ法である．ブートストラップ法の最大の利点は，評価したいパラメータや統計指標の分布を作成できる点であった．たとえば，各企業のデフォルト確率の分布の分散を調べることで，デフォルト確率の推計誤差が計算でき，その誤差が小さいモデルは安定したモデルであると評価することが可能である．対象となるのは推計デフォルト率だけではなく，モデルのパラメータの分布や t 値や AR 値など他のモデル評価指標の分布も知ることができる．第5章では AR 値の誤差範囲をブートストラップ法によって求めた例を紹介した．このように，「モデルの安定性」だけでなく，「モデル評価の安定性」も検討することができる．以上のように，ブートストラップ法は，評価方法の中でも汎用性の高い評価方法である．高性能の計算機で計算できる場合は，この方法を推奨する．

クロスバリデーション法は検証用データを作成しモデルを評価する．しかし，推定用データと検証用データは有限個数のセットを分割したものであり，モデル検証というより，分割したデータセットの類似性を評価しているともみなせる．また，ブートストラップ法のように安定性を評価できない．したがって，クロスバリデーション法は簡易な方法であるが必ずしも有効な方法ではない．

F 検定はモデルの説明力の有無を統計的検定により評価する場合に用いることができる．ダイバージェンスと同様，信用スコアの分布を対象に，分布の平均値と分散を用いた指標である．したがって二項ロジットモデルに適用可能である．ただし，F 検定によって統計的検定を行うならば，結果として得られる結論は有意か有意でないかのどちらかである点に注意が必要である．一般的な信用リスク

7.4 二項ロジットモデルをバックテストによって評価する方法

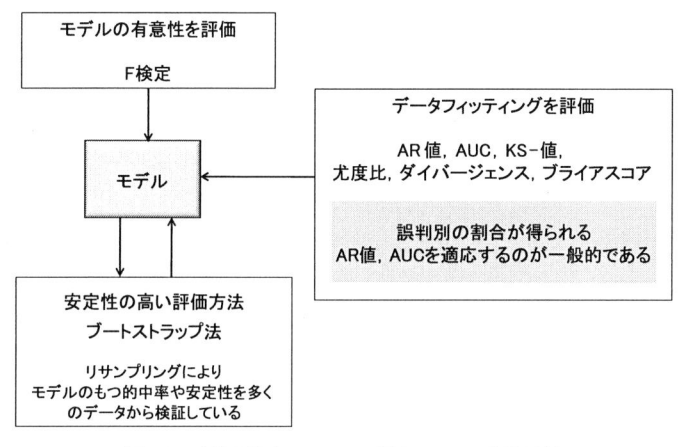

```
┌─────────────────────┐
│ モデルの有意性を評価 │
│      F検定          │
└─────────────────────┘
           │
           ▼                    ┌──────────────────────────────┐
       ┌───────┐                │   データフィッティングを評価  │
       │       │◄───────────────│  AR値, AUC, KS-値,           │
       │ モデル │                │  尤度比, ダイバージェンス, ブライアスコア │
       │       │                │  ┌────────────────────────┐  │
       └───────┘                │  │ 誤判別の割合が得られる │  │
           │                    │  │ AR値, AUCを適応するのが一般的である │  │
           ▼                    │  └────────────────────────┘  │
┌─────────────────────┐         └──────────────────────────────┘
│ 安定性の高い評価方法 │
│ ブートストラップ法   │
│                     │
│ リサンプリングにより │
│ モデルのもつ的中率や安定性を多く│
│ のデータから検証している │
└─────────────────────┘
```

図 7.6 変数が決定されている場合のモデル評価方法

データに対するモデリングであるならば，有意な結果は当然であり，F検定をパスしないケースはほとんどみられない．そのため実務で用いられる場面は限られている．

以上をまとめると，図 7.6 のようになる．

7.3.1 項および 7.3.2 項の考察から，事前評価のインサンプルデータでのモデル作成・評価では，どのような目的でモデルを作成するか明確にしたうえで，それに対応した評価方法を用いなければならない．つまり，モデル作成の目的と評価方法の一致性が重要である．たとえば，モデルの的中率を重視する場合は，AR 値や AUC などを評価方法として用いればよいし，安定性を重視したモデルを作成したい場合は，ブートスラップ法を用いるというように，その目的にあわせて，評価方法を対応させることである．このような点に注意して適切な評価方法を選択しなければならない．

7.4 二項ロジットモデルをバックテストによって評価する方法

前節では，事前評価において二項ロジットモデルの変数選択と評価を行う方法を解説した．本節では，選択されたモデルが一定期間運用された後に，その間に得られるデフォルト情報を用いてモデルのバックテストを行う方法を解説する．

二項ロジットモデルは推計デフォルト率を出力するが，デフォルト率の定義は

1年などの一定期間の経過を前提としている．多くのモデルでは1年間のデフォルト確率を基準に推計を行っているが，稀に3年などの融資期間を前提にモデル化を行っている例がみられる．バックテストはデフォルト情報の集収の期間を経た後，事前の予測値に対して結果がどの程度の乖離があったかを調べる問題であり，デフォルト確率の定義に用いた期間より長い期間にわたって観測された運用結果が必要である．

　事前テストで用いられたいくつかの指標はバックテストでは適用できない．たとえば，t値，p値はモデルの個々の説明変数に対する指標であるため，デフォルト情報に対する評価を行うバックテストとは方向性が違う．また尤度比とAICについては，モデルとパラメータ推計用のデータとの乖離を検証したものであるため，事後データとの整合性を問うバックテストには利用できない．また，CIERは第5章で説明したように，推計デフォルト率がその平均値からどの程度乖離しているかを示す指標である．本節で想定している二項ロジットモデルに限らず，どのようなモデルであってもバックテストによる評価に適用できない．

　現在実務において，バックテストで最も頻繁に利用されるのはAR値である．AR値の前提では，デフォルト情報がパラメータ推計時に利用したものであるか，バックテスト時のものであるかは問題にしていない．モデルによって算出されたスコアの順位性がどの程度デフォルトに対して説明力があったかを示した評価指標である．ただし，いまのところバックテストにおいてAR値が満たすべき水準については明確な結論がない．今後，事例を積み重ねることにより，AR値がどのような問題設定のときにどの程度の数値を必要とされるか，標準的なケースについての数値化をする必要がある．

　さらに事前評価の場合と同じく，AR値はデフォルト確率の水準をチェックできないため，他の指標との併用が必要である．用いる指標は，ブライアスコアがあげられる．ただし，この指標の使用頻度は低く，一般にはデフォルト率の水準のチェックは推計デフォルト率の平均と，実績デフォルト率の平均の差を評価していることが多い．その場合，二項検定が利用可能であり，実際に検定を行っている例も存在する．しかし二項検定の独立性の問題があり有効な方法とはいいがたい．企業のデフォルトは景気の影響などが原因で独立ではなく，それを無視した二項検定では「モデルは正しくない」という結論になる傾向が強い．そのためほとんどのモデルは検定をパスしなくなってしまう．

以上のことを考慮すれば，二項ロジットモデルのバックテストは AR 値による順位性の評価とブライアスコアによるデフォルト分布の再現性の評価の，2つの評価指標を組み合わせるとよい．

ただし，バックテストではすでに運用結果による影響が，モデルの利用者にとって現実のものとなっているため，よりリアルにモデルに対する属人的な評価を得ているはずである．モデル評価にあたっては，本書で解説しているような統計的方法をベースとすべきであるが，モデルの利害関係者の意見も取り入れることも考えなければならない．

7.5 格付モデルを運用結果データ（バックテスト）によって評価する方法

本節では，各格付のデフォルト確率を推計し，その結果について評価したい場合を想定する．格付モデルの予測結果の評価では，
(1) 格付モデル全体を評価したい場合
(2) 推計デフォルト率を格付の各ランクごとに評価したい場合
(3) 各ランクに与えたデフォルト確率の有意差を評価したい場合
(4) 格付の順序性の評価をしたい場合

の4つの観点から，それぞれ対応する評価方法を説明する．先に進む前に，アウトサンプルデータを用いて，格付モデルの予測結果を評価する場合，適用できない評価方法について考える．

尤度比，情報量規準は，モデル作成時（本節では，順序ロジットモデルを仮定）において，インサンプルデータ（推定データ）とモデルのフィッティングを評価する指標であった．また，t値も，モデルに用いられている財務指標が有意であるかを評価する指標であり，モデル作成時において適用される．クロスバリデーション法，ブートストラップ法は，推定に用いるデータからモデル検証用データを作成し，そのデータを用いてアウトサンプルデータによるモデル評価を擬似的に行う方法である．したがって，これらの方法も主にインサンプルデータに適用する方法である．

ダイバージェンスは，信用リスクスコアの分布を対象に，分布の平均値と分散を用いた指標であった．各ランクに一定のデフォルト確率を与える格付モデルでは分布が想定できないので，適用は格付モデル全体を離散的に評価したい場合に

限られる．同じ理由で KS 値，F 検定も適用不可能である．

7.5.1 格付モデル全体を評価したい場合

第 6 章で紹介したとおり，格付モデルには①企業に格付を付与する段階と，②格付にデフォルト確率を付与する段階がある．格付モデルを評価する場合，どちらの段階に重点があるかを明確にする必要がある．一般的にいえば①の格付を付与する段階は，審査担当者の代わりにモデルが自動的に格付を付与することが目的であり，一種のエキスパートシステム的な効果が求められている．そのため，モデル評価は事前評価が中心的役割を担い，AR 値や RAUC などの指標によって行うことができる．

格付モデルのバックテストにおける評価は，②の格付に付与されたデフォルト確率が実績とどの程度一致していたかが焦点である．

格付モデル全体の推計デフォルト率とその結果の適合度については，AR 値，KS 値，ダイバージェンス，F 検定，ブライアスコアが適用可能である．

AR 値や AUC を用いる場合は，格付モデル全体の予測的中率を評価していることになる（3.4 節にて解説）．この場合，各ランクでデフォルト確率が与えられている離散値なので滑らかな曲線は得られない（図 3.13 参照）．これは，個々の企業にデフォルト確率を与えるモデルと比較して，ランクごとにデフォルト確率を与えることで情報量が低下してしまい，精度が落ちてしまうことに注意する．

ブライアスコアは，デフォルト確率の誤差を 2 乗平均して得られる，いわば，分散を評価した指標であった．格付モデルの場合，ブライアスコアは，

$$\mathrm{BS} = \frac{1}{N}\sum_{k=1}^{K} n_k (P_k - \overline{\theta}_k)^2 - \frac{1}{N}\sum_{k=1}^{K} n_k (\overline{\theta}_k - \overline{\theta})^2 + \overline{\theta}(1-\overline{\theta}) \tag{7.6}$$

で表される（5.8 節を参照）．右辺第 1 項は，格付のランク内で推計したデフォルト確率と実際のデフォルト率の適合度，第 2 項は格付がランクをうまく分割しているか，それを評価する指標であり，第 3 項は格付全体としての適合度を表している．ブライアスコアは，デフォルト確率が小さく与えられる（高格付に与えられたデフォルト確率）と，信頼性が低くなる短所はあるが，格付全体の適合度のみを考慮している AR や AUC に比べ，ランク内の推計確率の誤差や，分割具合も評価している指標とみなせるため，格付モデル全体の評価方法として推奨できる．

ただし，これらの指標は絶対的な水準をもつものではなく，推計デフォルト率

と実績デフォルト率の差異がどの程度のものであったかは，指標からは類推することが困難である．デフォルト率の推計値と実績値の差が有意なものであるかを調べるのはHL検定である．第6章のHL検定で説明したように，この検定はデフォルトの独立性を仮定しているため一般に厳しい検定であり，多くの場合「モデルの予測は有意でない」という結果を算出してしまう．HL検定をまさしく「検定」として用いるならば，利用価値の低いものであるが，一方その統計量については前述の「デフォルト率の推計と実績の差」を標準化したものであることから有用性が高い．HL検定量を有意水準と比較して仮説検定するのではなく，他の評価指標と同様にモデルの精度を表す一指標として利用することを奨める．

7.5.2 格付ごとの推計デフォルト率を評価したい場合

ここまでは，格付モデル全体の推計デフォルト率とその結果の適合度についての評価方法であったが，各格付に与えられた推計デフォルト率は，実際にその格付でデフォルトした企業数を予測しえたか（予測誤差の範囲内であるか）の評価が重要となる．

二項検定は，同一の格付に同一のデフォルト率を与えたとき，実際にデフォルトが起きた件数が，与えたデフォルト率の予測誤差内であるか，その範囲を与える方法であった．カテゴリー内に十分多くの企業が存在する場合，非常に有効な評価方法となる．そのため大規模データベースをもとに評価を行う場合や，デフォルトが多い場合に適している．一方，高格付のランクでは，そのランクに属する企業数が少なく，二項検定をしても良好な評価結果を得ることが難しい．デフォルトの独立性の仮定についても問題が多い．また，一般に格付は複数存在するため多重検定の問題もある．たとえば，10のランクが存在し，有意水準90%でそれぞれの格付で検定した結果，9つは予測と実績には有意差がないと判断され1つが有意差があると判断されたとしよう．この結果から，この格付モデルが良いモデルではないと判断できない．なぜならば，有意水準90%であるから，モデルが正しいとしても，この事象は十分起こりえるからである．このように，二項検定を繰り返すと有意水準の調整が必要となるが，適切な調整には統計学的に高度な知識を必要とする．

7.5.3 各格付に与えたデフォルト確率に有意差を評価したい場合

格付の名義はそれが定義された段階から，どの格付が上位でありどの格付が下位であるかは決まっているのが一般的である．そのため，格付のデフォルト確率

が与えられたとき，もともと高格付と定義されている格付には低いデフォルト確率，低格付と定義されている格付には高いデフォルト率が与えられていることが期待される．事前テストにおいてもバックテストにおいてもそのような観点から，格付とデフォルト確率の整合性を評価することが重要とみなされている．第6章で紹介した母比率検定，ライアンの方法，多重比較法はおおよそこのような発想に基づく検定方法である．

これらの方法は目的がそれぞれ異なることに注意が必要である．母比率の検定は隣接した2つの格付において実績値に差があったかどうかの検定である．この検定の結果「差がなかった」とされれば，その2つの格付は分割している意味がなく，1つの格付として扱うことが適当であると判断される．

ライアン法は母比率検定の概念を格付全域について拡張したものである．すべての格付間において実績デフォルト率に差異があったかどうかを検定する．おそらく特定の格付間の検定はあまり実務的なニーズがなく，ライアン法の方が利用価値が高いであろう．

母比率検定とライアン法は実績デフォルト率についての格付間の検証であった．それに対して多重比較法は推計デフォルト率に対する検定である．つまり母比率検定，ライアン法はバックテストに，多重比較法は事前テストに利用される．ただ，多重比較法による検定はCIERと同じく，デフォルト情報を評価対象にした方法ではなく，モデルの予測がどの程度散らばっているかを評価しているにすぎない．つまりモデルの予測能力の評価ではないので，一般的なモデル評価の概念と異なることに注意したい．

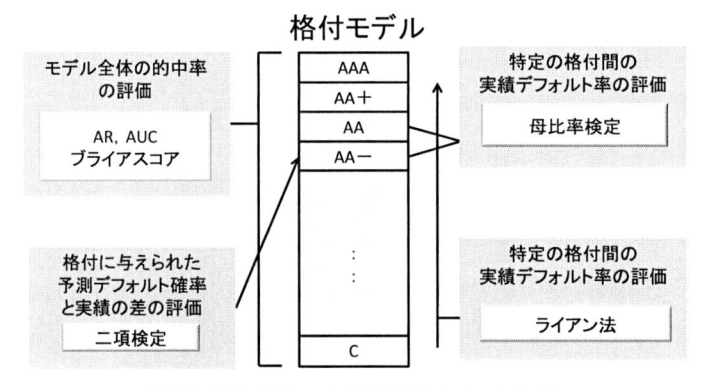

図7.7 格付のデフォルト率に関するバックテスト

以上，本節の考察から，アウトサンプルデータを用いて予測結果を評価する方法は図 7.7 のようにまとめられる．アウトサンプルデータで信用リスクモデルを評価する場合，モデルの的中率を測る AR 値などの評価方法より，予測と結果の合致性を評価するのが望ましい場合もある．なぜならば，モデル作成時においては，モデルの予測的中率の評価に重点がおかれ，モデルがもつ的中率がどれくらいであるかがわかる．そのモデルを用いて推計デフォルト率を与えているのだから，当然，バックテストにおける的中率もモデル作成時で得られた的中率に近づくはずである．バックテストにおける的中率が事前評価の的中率と大きく離れていると，たとえバックテストの的中率が高くても合致性に欠けていることになる．この考え方に合致する方法は，二項検定，母比率検定，ライアン法である．統計学的にはどれも仮説検定法である．現状の信用リスクモデル評価方法では，的中率を測る指標は多く利用されているが，予測と結果の合致性を検定する方法（仮説検定法）は残念ながら利用実績が少ない．

本章においては具体的な問題を設定し，前章までに紹介したモデル評価方法の組合せを解説した．重要な点は，モデルの利用方法によって評価指標の組合せを慎重に選択しなければならないことである．複数の評価指標を利用することにより，それぞれの指標がもつ欠点を補うことができる．ただし，その組合せがモデル利用者の効用を正確に表現できているかどうかについては保証がない．モデル評価においては，つねに利用者が望むものは何かに対して関心を払い，できるだけ合致した方法を採用すべきである．ときには本書で紹介したような既存の指標ではなく，オリジナルの指標を創造しなければいけないこともある．そのような場合は，モデル作成者，モデル評価者，モデルの利害関係者が良好なコミュニケーションを維持しているかどうかが重要な課題となる．

8 AR値最適化手法

　第2章において，デフォルト確率の推計モデルとして用いられる二項ロジットモデルを紹介し，パラメータ推計は尤度を最適化する最尤推定法を用いることを解説した．一方，第3, 4章にて，ロジットモデルの評価指標としてAR値の利用方法を解説した．このモデル作成とモデル評価の手順は信用リスクモデルの分野で広く用いられている．

　このモデル作成・評価の枠組みでは，モデル作成は尤度を基準にし，モデル評価はAR値を基準に行っている．尤度関数を最適化するパラメータ推計を行うときは，AR値を最適化するモデルにはならない．これでは，本来一致すべきであるパラメータ推計に用いる目的関数（尤度関数）と評価関数（AR値）が異なる．本章ではこの点に注目し，モデルのパラメータ推計の際に尤度を最適化するのではなく，AR値を最適化する方法を解説する．

　8.1節では従来のパラメータ推計の目的関数と評価基準が一致していないことを指摘し，8.2節でその理由を解説する．8.3節ではAR値を最適化するパラメータの推計方法をいくつか紹介し，8.4, 8.5節では具体的な最適化手法を述べる．また，8.6節においてAR値を最適化するパラメータの推計値を用いたデフォルト確率モデルの作成方法を述べる．8.7節では本章で取り上げるパラメータ推計手法が異常値に対してロバストであることを紹介し，最後に8.8節では本章で解説する手法の注意点を述べる．

8.1　パラメータ推計とモデル評価基準の相違

　第2章で述べたように，実務におけるデフォルト確率を推計するモデルは統計モデルがメインになっており，特に二項ロジットモデルが多く用いられている．二項ロジットモデルにおけるパラメータ推計は(2.4)式で定義された尤度関数（または対数尤度関数 (2.6)式）を最大化するようにパラメータ推計が行われる．こ

のとき，作成されたモデルは尤度に関する最適性を有することになる．このモデルを尤度比や情報量規準（AIC）を用いて評価することがある（第5章を参照）．

他のモデル評価方法としては，第3, 4章で説明したAR値やAUC，または第5章で説明したそれ以外の指標を用いて評価することもある．たとえばAR値やAUCはモデルによって出力される信用スコアの順位性を評価し，KS値やダイバージェンスは分布間距離を評価している．

①尤度比や情報量規準を用いてモデル評価を行うときと，②それ以外の評価指標（AR値やAUC，あるいはKS値やダイバージェンスなど）を評価指標として用いるときにはベースとなる考え方が大きく異なる．尤度の最適性を有するモデルを①の尤度の関数である尤度比や情報量規準で評価することは，モデル作成におけるパラメータ推計の目的とモデルの評価が同一の基準で行われている．

それに対して，②のAR値やAUC，KS値・ダイバージェンスは，モデル作成におけるパラメータ推計の目的とは異なる基準でモデル評価を行うことになる（図8.1を参照）．

AR値やAUCなどの尤度以外の評価基準で尤度関数により最適化したモデルを評価することは，モデルを多面的に評価するという観点からは重要である．尤度に関して最適性を有しているモデルが，他の評価基準でも良いモデルであるという保証はないからである．

また実務的には，AR値（AUC）が評価基準として重要視されており，それをより大きくするモデルの作成方法が考えられている．具体的には第2章や第3章

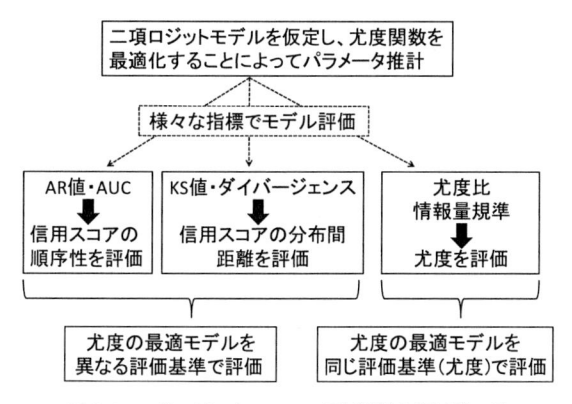

図8.1　二項ロジットモデルの評価関数と評価軸の例

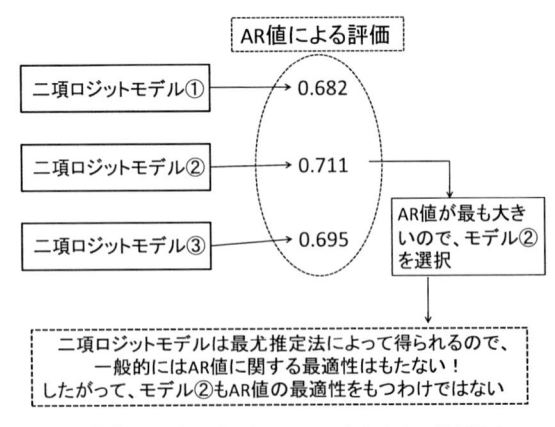

```
         ┌──────────────────┐      AR値による評価
         │ 二項ロジットモデル① │──→ 0.682
         └──────────────────┘
         ┌──────────────────┐                        ┌──────────────┐
         │ 二項ロジットモデル② │──→ 0.711         ──→│AR値が最も大き│
         └──────────────────┘                        │いので、モデル②│
         ┌──────────────────┐                        │を選択        │
         │ 二項ロジットモデル③ │──→ 0.695            └──────────────┘
         └──────────────────┘

    ┌─────────────────────────────────────────────────┐
    │ 二項ロジットモデルは最尤推定法によって得られるので、     │
    │ 一般的にはAR値に関する最適性はもたない！             │
    │ したがって、モデル②もAR値の最適性をもつわけではない   │
    └─────────────────────────────────────────────────┘
```

図 8.2 複数の二項ロジットモデルの中から AR 値が最大のモデルを選択する方法

で述べた説明変数選択やセグメント処理が用いられる．このような AR 値を改善する方法は，最尤推定法の枠組みを用いながら AR 値を大きくするモデルを探索している．つまり，最尤推定法によって得られたパラメータの推計値を用いたモデルの中で，AR 値が最大のモデルを選んでいることになる（図 8.2 を参照）．

AR 値が最適なモデルを作成したいときには，最尤推定法は有用でなく，目的関数を AR 値そのものとする必要がある．そこで，本章では AR 値を目的関数として用いることによって，AR 値に関して最適なモデルを作成する方法を説明する．

8.2 AR 値をパラメータ推計に用いるのが困難な理由

第 3, 4 章ではモデルの評価指標としての AR 値の定義や性質を述べた．これらの内容は，作成されたモデルを評価するための指標としての説明であった．また一方では，第 3 章でも触れたように AR 値を大きくしたいというニーズが存在する．このような状況においては，AR 値を最適化するパラメータの推計方法が以前から広く用いられていても，不思議ではないように思われるかもしれない．しかし，現状では一般的ではない．

この方法が一般的でない大きな理由のひとつとして，AR 値がパラメータの関数として認識されていないことが考えられる．つまり，一般的な認識では AR 値

は図3.1に示してあるようなCAP曲線の下側面積として定義されることが一般的であり，3.6節で説明したような数学的記述方法によって表現できることが知られていない．CAP曲線は，信用スコアを求めてから得られる曲線であるため，信用スコアのパラメータの変化とAR値の関係を考えることは発想として存在していなかった．

以下では，具体的にAR値がパラメータの関数として記述できることを説明する．第3章(3.3)式において，一般的な信用スコアZを用いたときのAR値の定式化を紹介した．本章ではロジットモデルと同様に信用スコアを線形スコアに限定して説明する[1]．

(3.3)式の信用スコアZを線形スコア$Z=\beta^T X=\sum_{k=1}^{q}\beta_k X_k$として代入すると，

$$\mathrm{AR}(\beta)=\frac{2}{N_D N_{ND}}\sum_{i=1}^{N_{ND}}\sum_{j=1}^{N_D}\mathrm{I}(\beta^T X_i - \beta^T X_j)-1 \tag{8.1}$$

となる．ここで，Tはベクトルの転置を表す．この式から，AR値がパラメータβの関数として定義可能であることがわかる．(8.1)式中のI($\cdot$)はヘビサイド関数とよばれる階段関数である．なお，以下では，断りがない限り階段関数とはヘビサイド関数をさす．

たとえば二項ロジットモデルをAR値を用いてモデル評価するときは，パラメータ$\hat{\beta}$を（最尤推定法などで）推計し，(8.1)式のβに代入することによってAR($\hat{\beta}$)を計算している．

(8.1)式の性質として，線形スコアの正の定数倍に対して同じ値をとる．たとえば，線形スコアZを正の定数$k(>0)$倍したときのAR値をAR($k\beta$)とすると，

$$\mathrm{AR}(k\beta)=\frac{2}{N_D N_{ND}}\sum_{i=1}^{N_{ND}}\sum_{j=1}^{N_D}\mathrm{I}(k\beta^T X_i - k\beta^T X_j)-1$$
$$=\mathrm{AR}(\beta) \tag{8.2}$$

となる．この性質は，(3.4)式のヘビサイド関数は，関数の中身が正であれば1，負であれば0をとり，その絶対値の大きさには依存しないことが理由となっている．信用スコアを正の定数倍してもAR値が変化しない性質は，第3章で述べたAR値が水準に依存しないという性質の一部である．

また，AR値を最適化する方法が用いられていない理由として，AR値が階段

---

[1] 信用スコアを線形スコアに限定して解説をしたが，AR値は順位性のみに依存しているため，線形スコアを単調変換したスコアであれば，AR値は変化しない．(8.2)式において，線形スコアを正の定数倍したが，同じAR値となることは，その一例である．

関数であり，β での微分が容易でないため，ニュートン法などの関数を微分して最大化するという手法がとれないことがあげられる．

パラメータ β で微分可能な関数であれば，その関数を β で微分することによって最大化が可能となる[2]．二項ロジットモデルの尤度関数はパラメータ β で微分可能であり，数学的に尤度（対数尤度）を最適化するパラメータの推計値 $\hat{\beta}$ が得られる．しかし，AR 値は微分できないことから，最大化を行うためには以下で示すような数学的な工夫が必要となる．

8.3 AR 値最適化によるパラメータ推定方法

AR 値はパラメータの階段関数であり，微分ができない．したがって，微分して最大化する以外に AR 値を最適化する手法がいくつか提案されている．ここでは，その中の主な手法を記載する．

① グリッドサーチ法

AR 値を最大化する β を推計する方法であり，最も単純な方法は探索的に β の値を変化させて，最も AR 値が大きくなる $\hat{\beta}$ を探す方法（グリッドサーチ法）である．具体的には，ある値の範囲を小さい値で区切り（グリッド），一つ一つ β の値に代入したときの (8.1) 式の値を逐一計算する．すべての β の候補の中で，$AR(\beta)$ を最も大きくする β の組合せを AR 値を最大にする $\hat{\beta}$ として採用する．

この方法は非常に単純な方法ではあるが，計算機や時間コストを考えないのであれば強力な方法である．しかし，説明変数が多くなり，β の次元が大きいときは，現実的な方法ではない．説明変数の数が q 個，探索的に検証する β の次元数が m であるとすると，mq 回の AR 値の計算を行う必要がある．

たとえば，説明変数が 15 個で，グリッドを -1 から 1 を 0.01 刻みで探索するとき，グリッドの候補の数は 201 個存在するので，AR 値の計算回数は 3015 回となる．(8.1) 式で定義される AR 値の計算自体もデフォルト企業数と非デフォルト企業数の積の回数分だけ計算が必要なので，グリッドサーチ法を用いた計算方法は，非常に大きな計算時間が要求される．

---

[2] 実際には関数に対する凸性等の条件が必要であるが，ここでは割愛する．

② 遺伝的アルゴリズム (genetic algorithm, 以下 GA) を用いた方法

GA は生物の生存選択を目的関数の最適化とみなして，解を探索する手法である．また，この手法は目的関数を複数同時に最適化できるため，同時に複数の関数を最適にしたいときに有効な手法である．山内(2010) においては，AR 値を含む複数の目的関数を同時に最適化する手法として GA を用いている．

この手法の特徴は，最適化が得られる保証がないことや，計算時間がかかり，かつ計算時間がプログラムの方法に大きく依存する点があげられる．

③ 近似関数を用いる手法

AR 値は階段関数の和として定義されている．階段関数を微分可能な関数で近似して，AR 値そのものではなく，近似 AR 値を最適化する方法が提案されている．

階段関数を近似する関数は，シグモイド関数や標準正規分布の累積分布関数などが用いられている．階段関数が 0 付近で非連続に 1 と 0 の値をとるため ((3.4) 式を参照)，似たような挙動を示す関数として上であげたような近似関数を用いている．

近似関数を用いて近似 AR 値が微分可能になり，一般的なプログラムで AR 値を最適化するパラメータの推計値 $\hat{\beta}$ が得られる．したがって，一般の統計ソフトなどで最適化が可能である．また，複雑な最適化手法を用いないため，計算時

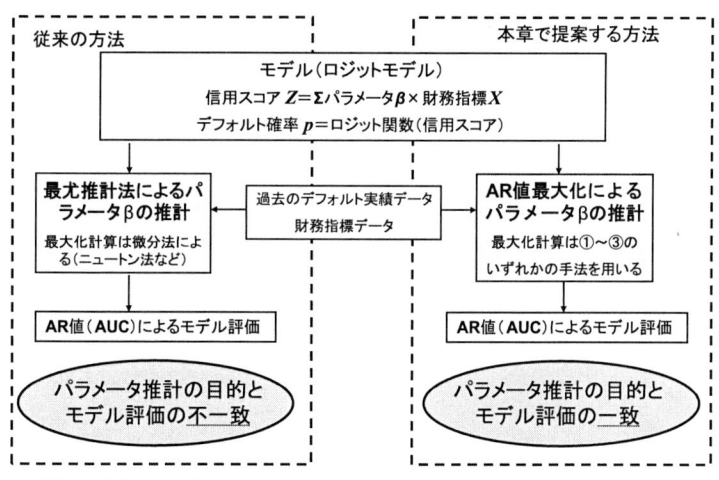

```
┌─ 従来の方法 ──────────┐  ┌─ 本章で提案する方法 ──┐
│                        モデル(ロジットモデル)                       │
│               信用スコア Z＝Σパラメータβ×財務指標X               │
│               デフォルト確率 p＝ロジット関数(信用スコア)            │
│         ↓                              ↓                           │
│  最尤推計法によるパ      過去のデフォルト実績データ    AR値最大化による  │
│  ラメータβの推計    ←    財務指標データ    →    パラメータβの推計   │
│  最大化計算は微分法に                      最大化計算は①～③の     │
│  よる(ニュートン法など)                    いずれかの手法を用いる   │
│         ↓                                           ↓              │
│  AR値(AUC)によるモデル評価               AR値(AUC)によるモデル評価  │
│                                                                    │
│  ( パラメータ推計の目的と )              ( パラメータ推計の目的と ) │
│  ( モデル評価の不一致   )                ( モデル評価の一致     ) │
└────────────────────────┘  └────────────────────┘
```

提案する方法は AR 値(AUC)を最大化しているため、尤度を最大化している従来の方法より、同じ変数同じデータを使っていても評価値(AR 値,AUC)が大きくなる

図 8.3 従来のモデル作成・評価方法と本章で提案する方法の比較図

間が非常に少ない点も実用的な点である．

　この手法の特徴として，近似精度が低いときに，近似 AR 値を最適にするパラメータの推計値が近似を用いない AR 値の最適性の保証がないことがあげられる．

　以上で述べた手法のいずれかを用いて AR 値を最適にするパラメータの推計値が得られると，従来の一般的なモデルであった二項ロジットモデルよりも AR 値は大きくなる．

　図 8.3 に，従来の一般的な二項ロジットモデルの作成・評価方法（図 8.3 左側）と本章で提案する AR 値最適化手法を用いたモデルの作成・評価方法（同右側）の比較を行った．共通している点（信用スコアを線形であり，モデル評価は AR 値を用いる点）と異なる点（パラメータの推計方法）を確認していただきたい．また，両手法の最も重要な考え方の差異として，パラメータ推計の目的と評価基準の一致がある．

8.4　近似関数を用いた近似 AR 値の最大化

　前節で AR 値の最適化の方法をいくつか紹介した．その中で，本節では③の近似関数を用いた近似 AR 値最適化手法を紹介する．

　近似 AR 値最適化手法を用いる理由として，計算時間の短さがある．バーゼル II の施行後，各銀行の融資ポートフォリオのデータ数は飛躍的に増加傾向にあり，デフォルト率を推計すべきデータベースにおけるデータ数が非常に多い現状がある．この点を考慮すると，いかに計算時間を抑えた下で AR 値の良い信用リスクモデルを作成するかが重要な要素である．

　本節では，階段関数の近似関数としてシグモイド関数とよばれる関数を用いる．シグモイド関数を用いる理由は，標準正規分布の分布関数よりも数学的に扱いやすいことが理由である．以後，(8.1) 式で表された $AR(\beta)$ を β で微分可能な近似関数として表す．さらに，得られた近似 $AR(\beta)$ を最大化する推定量の求め方について述べる．

近似関数による AR 値の計算

　前述のとおり (8.1) で表される $AR(\beta)$ は，階段関数で定義されているため β に関して微分できない．(3.4) 式で定義される階段関数を近似する微分可能な

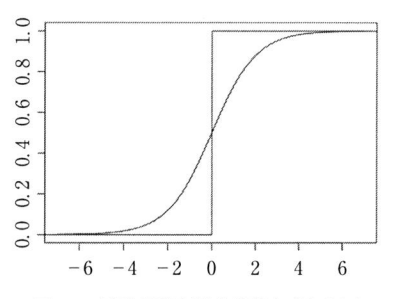

図 8.4 近似関数と階段関数を重ねた図

関数として，シグモイド関数 $s(x) = 1/(1+\exp(-x))$ を用いる．以下では，断りがない場合を除き，シグモイド関数を近似関数とよぶ．

近似関数 $s(x)$ は単調増加関数であり，$\lim_{x \to -\infty} s(x) = 0$, $\lim_{x \to +\infty} s(x) = 1$ となる．このことから，x の絶対値が大きいときには階段関数の良い近似である．この点をイメージするために，以下の図 8.4 に近似関数 $s(x)$（曲線）と階段関数 $I(x)$ の様子を描く．

図 8.4 は階段関数とその近似関数を重ねた図である．x が 0 から離れるにつれ近似が良い．近似が悪く階段関数と異なる挙動をとるのが，x の絶対値が 0 に近いときである．定義式の (3.4) 式からわかるように，階段関数は $x=0$ を境界とし非連続に 0, 1 の値をとるが，近似関数は $x=0$ でも連続な値をとる．さらに階段関数ではとりえない $s(0) = 1/2$ という値をとる．したがって，x の絶対値が 0 に近いときには，良い近似とはいえない．

そこで，$x=0$ 付近での近似を良くするために，近似関数に近似精度パラメータを用いる．これによって，近似関数の 0 付近の傾きを調整することができる．つまり，このパラメータを用いることによって，$x=0$ 付近で x の値に対して敏感に変化する関数を表現することができる．

近似精度パラメータとして $\sigma(>0)$ を用いた近似関数を

$$s_\sigma(x) = 1/(1+\exp(-x/\sigma))$$

とし，階段関数の近似関数として採用する．このパラメータを用いた近似関数で階段関数 $AR(\beta)$ を近似した関数を近似 AR 値とよび $sAR_\sigma(\beta)$ と表すと，(8.1) 式より

$$sAR_\sigma(\beta) = \frac{2}{N_D N_{ND}} \sum_{i=1}^{N_{ND}} \sum_{j=1}^{N_D} s_\sigma(\beta^T X_i - \beta^T X_j) - 1$$

$$= \frac{2}{N_D N_{ND}} \sum_{i=1}^{N_{ND}} \sum_{j=1}^{N_D} \frac{1}{1+\exp\left(-(\beta^T X_i - \beta^T X_j)/\sigma\right)} - 1 \qquad (8.2)$$

と近似される.

$\sigma(>0)$ の値が小さいとき, 近似関数は $x=0$ 付近でも階段関数の良い近似となる. 以下では, チューニングパラメータの値を変えたときに, 近似を用いない階段関数の AR 値と近似 AR 値はどれほど異なる値をとるかを視覚的に確認する. 以下に, ヘビサイド関数による AUC(β) の図と, σ の値を変えることにより得られる $s\mathrm{AUC}_\sigma(\beta)$ [3] がどのような曲面を描くのかをみる. なお, 以下の図は三浦・山下・江口(2009) を参考に AUC の図を描いているが, AR 値を用いたときにも同様の近似精度をもつ.

説明変数が 2 変量のとき, すなわち $\beta = (\beta_1, \beta_2)$ のときに, 図の x 軸, y 軸に β_1, β_2 の値を, z 軸に AUC(β), $s\mathrm{AUC}_\sigma(\beta)$ の値を描いたものである. データは, デフォルト・非デフォルト企業が 10 個ずつあり, 各説明変数が正規分布に従うとしたものである.

図 8.5 は階段関数を用いた AUC(β) である. 先に述べたように, 階段状の関数となっているため, 微分法により最大化することが不可能な様子が視覚的に捉えられる. この図の特徴として, 原点から同心円状に同じ値をもつ平面が伸びていることがわかる. 先に述べたように, 線形スコアを正の定数倍しても AR 値が変化しないことが視覚的に確認できる.

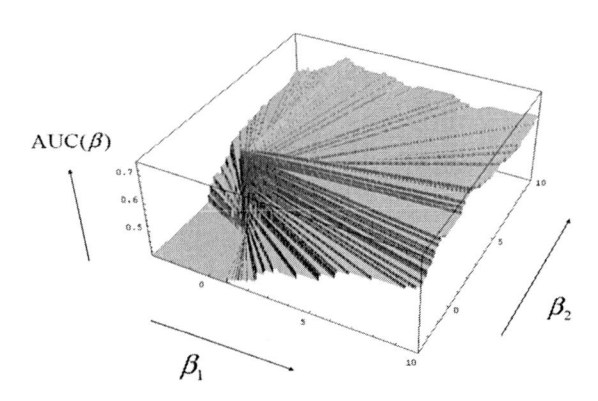

図 8.5 近似を用いない, 階段関数である AUC(β)

---

[3] 近似関数 $s_\sigma(x) = 1/(1+\exp(-x/\sigma))$ を用いて AUC を近似した関数として近似 AUC($s\mathrm{AUC}_\sigma(\beta)$) を用いている.

8.4 近似関数を用いた近似 AR 値の最大化

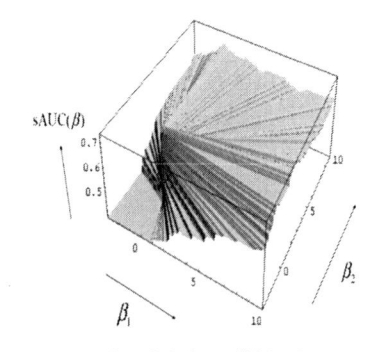

(a) $\sigma=0.01$ としたときの近似 AUC の図

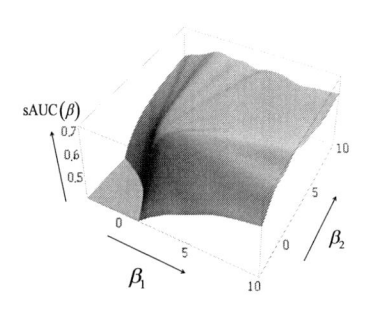

(c) $\sigma=0.5$ としたときの近似 AUC の図

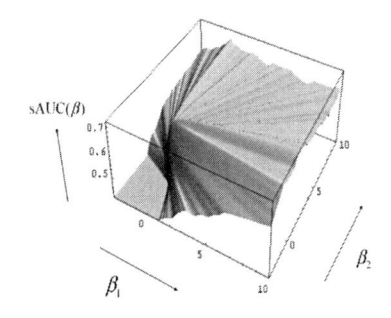

(b) $\sigma=0.1$ としたときの近似 AUC の図

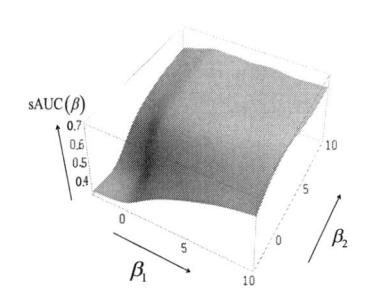

(d) $\sigma=1$ としたときの近似 AUC の図

図 8.6 $\sigma=0.01, 0.1, 0.5, 1$ としたときの近似 AUC の図

図 8.6 の (a) は，σ の値を 0.01 としたときの近似 AUC の図である．視覚的には図 8.5 と同様に階段状にみえるが，実際にはシグモイド関数を用いた滑らかな曲線となっている．このことから，このデータにおいては，σ の値を 0.01 としたときには，AR 値に対する近似 AR 値の精度は高いことがわかる．

以下，図 8.6 の (b)〜(d) は σ の値をそれぞれ 0.1, 0.5, 1 と変化させたときの $sAUC_\sigma(\beta)$ の図である．階段状であった $AUC(\beta)$ が σ の値が大きくなるにつれ，徐々に滑らかな曲面を描く様子が見てとれる．

以下，この $sAR_\sigma(\beta)$ を β に関して最大化することにより得られる β_σ を推定値 $\hat{\beta}_\sigma$ として採用する．すなわち，

$$\beta_\sigma = \arg\max_\beta sAR_\sigma(\beta)$$
$$= \arg\max_\beta \frac{2}{N_D N_{ND}} \sum_{i=1}^{N_{ND}} \sum_{j=1}^{N_D} s_\sigma(\beta^T X_i - \beta^T X_j) - 1$$

$$= \arg\max_{\beta} \frac{2}{N_D N_{ND}} \sum_{i=1}^{N_{ND}} \sum_{j=1}^{N_D} \frac{1}{1+\exp\left(-(\beta^T X_i - \beta^T X_j)/\sigma\right)} - 1 \qquad (8.3)$$

このような $\hat{\beta}\sigma$ の存在については,Ma and Huang (2005.a) に記されている.

8.5 近似パラメータ σ の決め方と β の自由度の調整方法

$sAR_\sigma(\beta)$ を最大化するときには,近似パラメータ σ の値を固定する必要がある.
実際に $sAR_\sigma(\beta)$ を最大化するときには,σ の値を決めるためにはトライアルアンドエラーが必要となる.それは,σ の値が小さいときには,階段関数に対する近似精度が良くなる一方で,$sAR_\sigma(\beta)$ が階段段関数のように振る舞うため,最適化の方法によっては局所最適解に陥ってしまい,全域の最適解が得られないことが起こる.逆に,σ の値が大きいときには $sAR_\sigma(\beta)$ が滑らかな関数となり,全域の最適解が得られやすいが,その値が近似を用いない AR 値の最適なパラメータの推計値である保証がなくなる.したがって,実際に σ を決めるためには,いくつかの σ の候補を用いて,σ が小さすぎて局所最適解になっていないか,または,σ が大きすぎて,得られた $\hat{\beta}_\sigma$ が(近似を用いていない)AR 値を最大化できていないのではないか,といった点を確認しながら決める必要がある.

このときの σ の決め方として,Gammerman(1996) では経験則 (rule of thumb) が提案されている.これは,任意の x に対して $|x/\sigma|>5$ となるように σ を設定することにより,先に述べた階段関数と近似関数の近似精度の良くない x の定義域にデータが存在しないようにする.また,Ma and Huang (2005.b) は,クロスバリデーションによって最適な σ の値を選択しているが,σ の値は $sAUC_\sigma(\beta)$ の最大化の結果にほとんど影響を与えないと報告している.

$\hat{\beta}_\sigma$ を得るには,もう1つの処理が必要である.それは,β の正の定数倍だけ変化しても AR 値が変化しないことから,β の自由度が1つ多いことである.つまり,β に制約条件をつけずに近似 AR 値最適化を行うと,不定となってしまう[4].

この点を解決する方法として,Ma and Huang (2005.b) では,アンカーパラ

---

[4] 厳密には,近似 AR 値においては β を正の定数倍変化させたときに,近似 AR 値は変化する.しかし,経験則を満たすとき,β を正の定数倍変化させたときの近似 AR 値の変化は非常に小さい.そのため,β に制約条件を設けた下で近似 AR 値を最適化すべきである.詳細は三浦・山下・江口 (2009) を参照のこと.

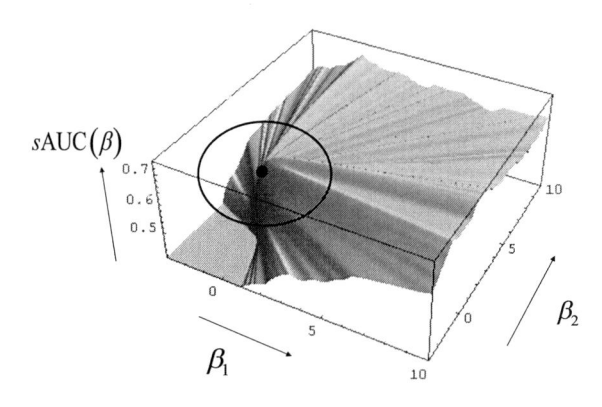

βのノルムを固定した円上で最大となっている点をさがす

図8.7 βのノルムを固定したときの最適化（βが2変量の場合）

メータ法という手法を用いている．アンカーパラメータ法とは，βの最初の1つ目（β_1：アンカーパラメータ）の値をある値で固定した下で，他のパラメータ（β_2〜β_q）を変化させ，近似AR値を最大化する手法である．また，三浦・山下・江口（2009）では，制約条件としてβの2乗ノルムを固定する方法を提案している．βのノルムを固定する方法は，先の図8.6(b)〜(d)の図のようにβが2変量のときは，原点を中心とした円上で近似AR値が最大となる点を求めることになる．図8.7においては，示した円上でz軸の$s\mathrm{AUC}(\beta)$が最大となる点を求めることに対応する．

以上で，β_σを推計するうえでの注意点を述べた．以上の点に留意して，近似AR値を最適化し，AR値を最適化する$\hat{\beta}_\sigma$が得られる．

8.6 線形スコアからデフォルト確率を算出する場合の処理

$\hat{\beta}_\sigma$が得られると，個別企業の線形信用スコアリングとその順位を推計することができるが，デフォルト確率を計算する必要がある場合には，信用スコア$\hat{\beta}_\sigma^T X$をデフォルト確率に変換するステップが必要である．

実務で用いられることの多い手法として，各企業の信用スコアの順位からいくつかのグループをつくり，過去の実績データから同程度の順位におけるデフォルトの割合を計算し，それを各グループのデフォルト確率として採用する方法があ

シグモイドを用いたAUC(AR値)最大化のステップ

```
┌─────────────────┐      ┌─────────────────┐
│ デフォルト実績データ │      │   財務データ     │
│                 │      │  財務指標Xの選択  │
└────────┬────────┘      └────────┬────────┘
         │                        │
         │      ┌─────────────────▼─────────┐      ┌──────────────────┐
         │      │  近似AR値 $sAR_\sigma(\beta)$ の │◀────│ シグモイド近似係数σ │
         │      │  定式化(AR値の近似)(8.1)式      │      │   の決定          │
         │      └─────────────────┬─────────┘      └──────────────────┘
         │                        │
         │      ┌─────────────────▼─────────┐      ┌──────────────────┐
         │      │  $sAR_\sigma(\beta)$ の最大化計算 │◀────│ 係数ベクトルのノルム‖β‖決定│
         │      │  通常の最適化(微分可能)         │      │ (最大化の制約条件)   │
         │      │  パラメータ $\beta_\sigma$ の推計 │      │                  │
         │      └─────────────────┬─────────┘      └──────────────────┘
         │                        │
         │      ┌─────────────────▼─────────────────┐
         │      │ 個別企業のスコア $Z = \beta_\sigma^T X$ の算出 │
         │      └─────────────────┬─────────────────┘
         │                        │
         │      ┌─────────────────▼─────────┐
         └─────▶│ ロジットモデル切片項 $\alpha$ の推定 │
                └─────────────────┬─────────┘
                                  │
                ┌─────────────────▼─────────┐
                │ 個別企業のデフォルト確率の算出    │
                └───────────────────────────┘
```

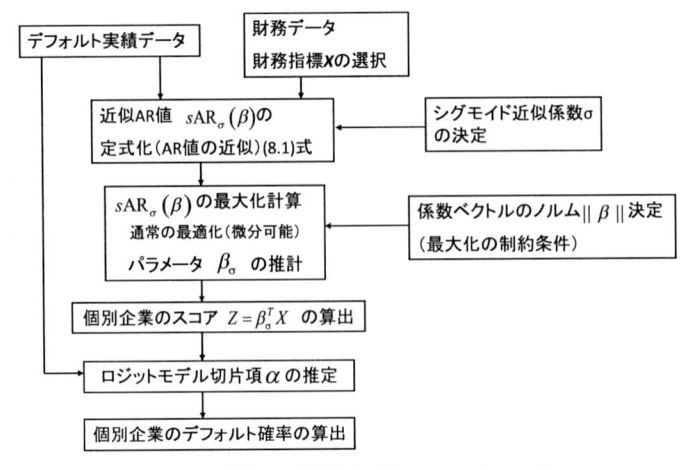

図 8.8 近似 AR 値最適化手法のフローチャート

る.そのほかには,統計モデルを用いてデフォルト確率を求める方法がある.ここでは,二項ロジットモデルを仮定することにより,各企業のデフォルト確率を求める方法を述べる. (8.3)式によって得られるパラメータの推定量 $\hat{\beta}_\sigma$ の他に,切片項に相当するパラメータ α の推計値が必要になる.切片項にあたるパラメータの推定量を $\hat{\alpha}$ とし,得られた線形スコア $\hat{Z} = \hat{\beta}_\sigma^T X$ に対して,1変量の二項ロジットモデルを仮定した最尤推定法によって切片項 α と線形スコアリングの係数 γ の最尤推定量を求める.このようにして得られるモデルを

$$\hat{p}_\sigma(X) = \frac{1}{1+\exp(-(\hat{\alpha}+\hat{\gamma}\hat{Z}))} \tag{8.4}$$

とする.

線形スコア $\hat{Z} = \hat{\beta}_\sigma^T X$ の $\hat{\gamma}(>0)$ 倍に各企業に等しく切片項 $\hat{\alpha}$ を足すことになるが,これは線形スコアの単調変換であり,データの信用スコアの順位性は線形スコアと不変となる.よって,AR 値は変化しない.これにより,$sAR_\sigma(\beta)$ を最大化するモデル $\hat{p}_\sigma(X)$ が作成される.

近似 AR 値の最大化法を用いてモデル $\hat{p}_\sigma(X)$ を得るまでの流れをフローチャートとして示す(図 8.8 参照).

8.7 AR 値を用いたパラメータ推計法のロバスト性

8.4〜8.6 節にかけて近似 AR 値を用いたパラメータ β の推計方法を解説した。この方法で得られる推計パラメータのモデルは，AR 値に関して最適性を有する。三浦・山下・江口(2009) では，AUC を用いたパラメータ推計方法は，単純に AUC 最適なパラメータの推計ができるだけでなく，異常値に対してロバストなパラメータ推計手法であることも示している[5]。

最も信用スコアが低くデフォルトが発生している企業のフラグを非デフォルトに張り替えることによって異常値を発生させている。つまり，非説明変数に異常値が含まれる場合を想定している。

異常値を含まないデータと，上のような操作で発生させた異常値を含むデータ（1 社のフラグだけを変化させたデータ）において，二項ロジットモデルと近似 AUC 最適化モデルの比較を行っている。得られた AUC の結果を表 8.1 に記す。

表 8.1 から，異常値のデータを 1 つ含むことによって，二項ロジットモデルは AUC の値が 0.790 から 0.744 と 94.4% 減少しているのに対して，近似 AUC 最適化モデルの AUC は 0.837 から 0.814 と 97.2% 減少にとどまっていると報告している。また，パラメータの推計結果においても，二項ロジットモデルは大きく変化するのに対して，近似 AUC 最適化モデルでは大きな変化がなかったと報告している。結論として，近似 AUC 最適化手法が異常値を含むデータに対してロバストな手法であるとしている。

2.5 節にて異常値処理の方法を紹介したが，そこでは説明変数に含まれる異常値を想定していた。近似 AR 値最適化手法と組み合わせることによって，説明変数だけでなく非説明変数にも異常値が含まれるデータに対してロバストなパラ

表 8.1　三浦・山下・江口(2009) の異常値を発生させたときの AUC の結果

	通常のデータ	異常値を含むデータ
二項ロジットモデル	0.790	0.744
近似 AUC 最適化モデル	0.837	0.814

---

[5] 異常値に対してロバストであるとは，データの説明変数あるいは非説明変数に異常値が存在するときに，その異常値に大きく依存することなく安定的なパラメータ推計およびモデル作成ができることを表している。1.5 節にてモデル安定性の説明をしたが，安定なモデルが作成できることはモデル作成の観点からは非常に重要な要素である。

メータ推計手法となる．

8.8 AR 値をパラメータ推計法として利用するときの注意点

本章では，AR 値を評価指標ではなく，パラメータ推計に用いる目的関数として用いることが可能であることやその利点を説明してきた．最後に，AR 値をパラメータ推計の目的関数とすることの注意点を述べる．そのほとんどはパラメータ推計方法やモデル作成方法の一般的な注意点と共通しているため，第 1 章を参考にしていただきたい．

まず，最も注意すべきは，上で述べた手法はインサンプルデータの AR 値を最適化する手法であるため，アウトサンプルデータに対する AR 値を向上させる方法（ブートストラップ法など）を併用する必要性である．

また，3.7 節や 5.4 節で述べたように，説明変量の増加に伴いインサンプルデータの AR 値は大きくなる傾向にある．したがって，説明変数が多ければ多いほどインサンプルの AR 値は大きくなる．しかし，説明変数を多くモデルに取り込み，インサンプルデータにおける AR 値を最大化させることは，モデルの安定性を失うことになる．また，本章で述べた AR 値最適化手法では，インサンプルデータにおける説明変数選択ができないこともわかる．

本章では AR 値をパラメータの関数として定義したときに直接最大化する方法を紹介した．これによって，パラメータの推計法と評価方法を同一のものとしたモデル評価が可能となった．

また，AR 値の最適化手法として近似関数を用いた近似 AR 値の最適化の手法を説明した．この方法を用いることによって，少ない計算時間で最適な AR 値を満たすパラメータの推計値が計算できる．最後に，近似 AR 値最適化手法が異常値に対してロバストなパラメータ推計手法であることを述べた．

参 考 文 献

Agresti, A. [1990], *Categorical Data Analysis*, John Wiley & Sons.
Akaike, H. [1973], "Information Theory and an Extention of the Maximum Likelihood Principle", *2nd International Symposium on Information Theory*, Akademiai Kiado, Budapest 267-281, 1973.
Altman, E. I. [1968], "Financial ratios, discriminant analysis and the prediction of corporate bankruptcy", *Journal of Finance*, 23, 4, 589-609.
Altman, E. I., Haldeman, R., and Narayanan, P. [1977], "ZATA analysis: A new model to identify bunkruptcy risk of corporation", *Journal of Banking and Finance*, 1, 1, 29-55.
Bamber, D. [1975], "The area above the ordinal dominance graph and the area below the receiver operating characteristic graph", *Journal of Mathematical Psychology*, 12(3), 387-415.
Basel Committee on Banking Supervision [2005. a], An Explanatory Note on the Basel II IRB Risk Weight Fuctions. July.
Basel Committee on Banking Supervision [2005. b], Studies on the Validation of Internal Rating Systems, Revised version. *Working Paper*, No. 14, May.
Basel Committee on Banking Supervision [2009], Strengthening the Resilience of the Banking Sector. *Consultative Document*, Dec.
Bender, R. and Grouven, U. [1998], "Using binary logistic regression models for ordinal data with non-proportional odds", *Journal of Clinical Epidemiology*, 51, 809-816.
Bogie, O. and Peter, M. [2008], *Basel II Implementation: A Guide to Developing and Validating a Compliant, Internal Risk Rating System*, McGraw-Hill.
Deakin, E. B. [1972], "A discriminant analysis of precictors of business failure", *Journal of Accounting Research*, 10(1), 167-179.
Delong, E., Delong, D. and Clarke, P. D. [1988], "Comparing the areas under two or more correlated receiver operating characteristic curves: a nonparametric approach", Biometrics, 44, 837-845.
Efron, B. [1982], *The Jackknife, the Bootstrap and Other Resampling Plans*, SIAM.

Eguchi, S. and Copas, J. [2002], "A class of logistic-type discriminant functions", *Biometrika*, 89, 1-22.

Engelmann, B., Hayden, E., and Tasche, D. [2003], "Testing rating accuracy", *Risk*, 16(1), 82-86.

Engelmann, B. and Rauhmeier, R. [2006], *The Basel II Risk Parameters: Estimation, Validation, and Stress Testing*, Springer-Verlag.

Gammerman, A. [1996], *Computational Learning and Probabilistic Reasoning*. John Wiley & Sons.

Garfinkel, J. A. [2009], "Measuring investors' opinion divergence", *Journal of Accounting Research*, 47(5), 1317-1348.

Han, A. K. [1987], "Non-parametric analysis of a generalized regression model", *Journal of Econometrics*, 35, 303-316.

Hamerle, A., Rauhmeier, R., and Rosch, D. [2003], "Uses and Misuses of Measures for Credit Rating Accuracy", Working paper, University of Regensburg.

Hanley, J. A. and McNeil, B. J. [1982], "The meaning and use of the area under a receiver operating characteristics (ROC) curve", *Diagnostic Radiology*, 143(1), 29-36.

Huber, P. J. [1981], *Robust Statistics*, John Wiley & Sons.

Jon A. Garfinkel, "Measuring investors' opinion divergence", *Journal of Accounting Research*, 47, 1317-1348.

Keenan, S. C. and Sobehart, J. R. [1999], "Performance Measures for Credit Risk Models", *Moody's Technical Reports*, 1999.

Kullback, S. and Leibler, R. A. [1951], "On information and sufficiency", *Annals of Mathematical Statistics*, 22, 79-86.

Kullback, S. [1959], *Information Theory and Statistics*, John Wiley & Sons.

Lee, S. H. and Urrutia, J. L. [1996], "Analysis and prediction of insolvency in the property-liability insurance industry: A comparison of logit and hazard models", *The Journal of Risk and Insurance*, 63(1), 121-130.

Ma, S. and Huang, J. [2005. a], Regularlized ROC Estimation: With Applications to Disease Classification Using Microarray Data. *The University of Iowa Department of Statistics and Actuarial Science Technial Report*, No. 345.

Ma, S. and Huang, J. [2005. b], "Regularlized ROC method for disease classification and biomarker selection with microarray data, *Bioinformatics*, 21, 4356-4362.

Martin, D. [1979], "Early warning of bank failure: A logit regression approach", *Journal of Banking and Finance*, 1, 249-276.

McCullagh, P. [1980], "Regression models for ordinal data", *Journal of the Royal Statistical Society Ser. B*, 42, 109-142.

McCullagh, P. and Nelder, J. A. [1989], *Generalized Linear Models*, 2nd ed., Chapman & Hall.

McNeil, A. J., Frey, R., and Embrechts, P. [2005], *Quantitative Risk Management: Concepts, Techniques and Tools*, Princeton University Press.

Merton, R. C. [1974], "On the pricing of corporate debt : The risk structuer of interest rates", *Journal of Finance*, 29, 2, 449-470.

Moody's [2001], Moody's Investors Service, *RISK CALC TMF or Private Companies*: *Moody's Default Model*.

Moody's [2001], Moody's Investors Service, *RISK CALC TMF or Private Companies*: *Japan*.

Moody's [2002], デフォルト・リスク定量分析モデルの比較―妥当性検定方法, ムーディーズ・スペシャルコメント.

Newson, R. [2001], "Parameters behind "non-parametric" statistics: Kendall's τ_a, Somers' D and median differences", *The Stata Journal*, 1(1), 1-20.

Shao, J. and Tu, D. [1995], *The Jackknife and Bootstrap*, Springer-Verlag.

Sherman, R. [1993], "The Limiting Distribution of the Maximum Rank Correlation Estimator", *Econometrica*, 61(1), 123-137.

Shumway, Taylor. [1999], "Forcasting Bankruptcy More Accurately. *A Simple Hazard Model*", University of Michigan, Working Paper, 1999.

Standard & Poor's [2008],「SME 格付けのマッピングモデルの再トレーニングを実施」

Stein, R. M. [2002], "Benchmarking Default Prediction Models: Pitfalls and Remedies in Model Validation", *Moody's Technical Report*, 2002.

Su, J. Q. and Liu, J. S. [1993], "Linear combinations of multiple diagnostic markers", *Journal of the American Statistical Association*, 88(424), 1350-1355.

Yan, L., Dodier, R., Mozer, M. C., and Wolniewicz, R. [2003], Optimizing Classifier Performance via an Approximation to the Wilcoxon-Mann-Whitney Statistic. *Proceedings of the Twentieth International Conference on Machine Learning*.

内田 治 [2004], ロジスティック回帰分析におけるモデルの適合度指標に関する考察と提案, 東京情報大学研究論集, 8(1), 9-14.

木島正明, 小守林克哉 [1999],「信用リスク評価の数理モデル」(シリーズ〈現代金融工学〉8), 朝倉書店.

小林正人 [2001], 順序プロビットモデルのテストと社債格付けデータへの応用, 金融研究第 20 巻別冊第 1 号, 日本銀行金融研究所.

坂本慶行, 石黒真木夫, 北川源四郎 [1983],「情報量統計学」, 共立出版.

佐藤隆文編著 [2007],「バーゼル II と銀行監督」, 東洋経済新報社.

鈴木督久 [1997],「日経 PRISM における企業評価の方法」, 総合研究大学院大学講演要旨.

田邉雅之, 作井 博, 桑原大祐, 八ツ井博樹, 久永健生, 小西 仁 [2008],「バーゼル II 対応のすべて―リスク管理と銀行経営―」, 金融財政事情研究会.

東京大学教養学部統計学教室編 [1992],「自然科学の統計学」, 東京大学出版会.

永田 靖, 吉田道弘 [1997],「統計的多重比較法の基礎」, サイエンティスト社.

中山めぐみ, 森平爽一郎 [1998], 格付け選択確率の推定と信用リスク量, JAFEE

1998 夏季大会予稿集, 210-225.

日本銀行金融機構局 [2005], 内部格付制度に基づく信用リスク管理の高度化, リスク管理高度化と金融機関経営に関するペーパーシリーズ.

枇々木規雄, 尾木研三, 戸城正浩 [2009], 小企業向けスコアリングモデルにおける業歴の有効性, 日本政策金融公庫論集, 2009 年 8 月号.

氷見野良三 [2005],「検証 BIS 規制と日本」, 金融財政事情研究会.

前園宜彦 [2001],「統計的推測の漸近理論」, 九州大学出版会.

三浦 翔, 山下智志, 江口真透 [2009], 信用リスクスコアリングにおける AUC, AR 値の最大化とモデル安定化, 金融庁金融研究研修センター, FSA リサーチ・レビュー, 2009, 129-148.

三浦 翔, 山下智志, 江口真透 [2010], AUC を用いた格付け予測評価指標と重み付き最適化（ジャフィー・ジャーナル:「定量的信用リスク評価とその応用」), 朝倉書店.

武藤眞介 [1995],「統計解析ハンドブック」, 朝倉書店.

森平爽一郎 [1999], "信用リスク測定と管理一第二回: 定性的従属変数回帰分析による倒産確率の推定一", 証券アナリストジャーナル, 11, 81-101.

森平爽一郎 [2009],「信用リスクモデリングー測定と管理一」（応用ファイナンス講座 6) 朝倉書店.

森平爽一郎, 隅田和人 [2001], "格付け推移行列のファクター・モデル", 金融研究第 20 巻別冊第 2 号, 日本銀行金融研究所, 12.

安川武彦 [2002], 平行性の仮定と格付けデータ: 順序ロジット・モデルと逐次ロジット・モデルによる分析, 統計数理, 50, 201-216.

柳澤健太郎, 下田 啓, 岡田絵理, 清水信宏, 野口雅之 [2007], RDB データベースにおける信用リスクモデルの説明力の年度間推移に関する分析, 日本金融・証券計量・工学学会 2007 年夏季大会予稿集, 249-263.

山内浩嗣 [2010], 多目的遺伝アルゴリズムを用いたスコアリングモデルのチューニング（ジャフィー・ジャーナル:「定量的信用リスク評価とその応用」), 朝倉書店.

山下智志, 川口 昇 [2003], "大規模データベースを用いた信用リスク計測の問題点と対策（変数選択とデータ量の関係)", 金融庁金融研究研修センター, ディスカッションペーパー, 4.

索　引

欧　文

AIC（赤池情報量規準）　17, 111, 119
AIC ダイバージェンス　7
AR 値　7, 43
　——と AUC の関係　70
　——と AUC の対応関係　72
　——の格付モデルへの応用　56, 100
　——の経年劣化　68
　——の検定方法　97
　——の最適化手法　189
　——の作図的計算方法　52
　——の信頼区間　90
　——の信頼区間とデータ数の関係　92
　——の推計誤差　81
　——の数学的計算方法　61
　——の性質　59
　——の漸近正規性　90
　——の定義式　61
　——のとりうる範囲　59
　——のパラメータの関数とする方法　188
　——の標準偏差　87
　——の2つの計算方法　43
AR 値向上　66
AUC　70
　——の差の検定方法　99
　——の分散　83
BIC　120
bootstrap method　143
CAP 曲線　43, 44

　——と ROC 曲線の共通点　70
conditional information entropy ratio(CIER)　137, 177
Cox 比例ハザードモデル　25
CRD 協会　122
F 検定　111, 129, 178
fitness　15
FNR　77
FPR　73
GA　190
GDP 成長率　5
Hosmer-Lemeshow (HL) 検定　112, 154
jackknife method　143
k フォールドクロスバリデーション　141
KL ダイバージェンス　126
Kolmogorov-Smirnov (KS)　122
KS 値　111, 122
Kullback-Leibler information criterion　119
LISREL　171
Neglog 変換　36
N/S 比　78
p 値　7, 112
partial AUC　104
Rating AUC (RAUC)　101
robustness　15
ROC 曲線　70, 104
t 検定　159
t 値　7, 110, 112
t 分布　112
TPR　74, 77

UC 最適化法　17
VaR　19
weighted RAUC（$wRUAC$）　103

ア　行

アウトサンプル　13
赤池情報量規準（AIC）　17, 111, 119
安定性　15
　――の低下　174
安定的なパラメータ推計　17

異常値　165
　――の修正　167
一般化線形モデル　25
遺伝的アルゴリズム　190
インサンプルデータ　13
因子分析　172

ウィリアムズの方法　161
売上高営業利益率　9
売上高経常利益率　9
売上高純利益率　9

営業利益率　32
エキスパートシステム　181
エントロピー　119, 137

オーバーフィッティング　118

カ　行

階段関数　61
カイ二乗分布　155
格付推計　29
確率過程　22
仮説検定法　184
片側検定　132
下方リスク　19
カルバック-ライブラー情報量　119, 126
頑健性　15
完全判別モデル　48
観測期間　9, 13

偽陰性　73
偽陰性率　77
機械学習　126
幾何ブラウン運動　22
企業財務データベース　5
帰無仮説　114
業種のセグメント　4
業種フラグ　4
　――の有効性　115
偽陽性（率）　73
行列の固有値　37
局所 AUC　104
局所最適解　196
近似関数を用いる手法　190
近似精度パラメータ　193

組合せ　84
グリッドサーチ法　190
グループ間分散　129
グループ内分散　129
クロスバリデーション　7, 14, 111, 140, 177

欠損値　165
　――の補完　166
検証用データ　141

構造モデル　21
固有ベクトル　170

サ　行

最小 2 乗法　15
最尤推計法　27
サポートベクターマシーン　25

シグモイド関数　190, 192
自己資本比率　31
市場の均衡価格　23
市場リスクの計量化　126
事前テスト　6
事前評価　6
実確率　24

索　引　　205

実質債務超過　22
ジャックナイフ法　143
シャーリー-ウィリアムズの方法　161
自由度　113
主成分スコア　170
主成分分析　9
主成分ロジットモデル　170
順位性　12
　——を想定した対比較の有意差検定　161
順序プロビットモデル　119
順序ロジットモデル　25, 29
情報量規準　119
情報理論　137
初期値　32
真陰性　73
真陰性率　77
信用スコア　2, 25, 28
真陽性　73
真陽性率　74
信用データベース　2
信用スコアの順位　11
信用リスクモデル　1

推定用データ　141
スコア化　167
スティール-デュワスの方法　161
ステップワイズ法　173

制約条件　196
セグメント　2, 4, 39
　——による方法　39
絶対残差和最小法　15
全域の最適解　196

相関行列　37
　——の固有値　168
総分散　129
ソルバー　32

タ　行

大規模データ　3

対数関数　28
対数変換　36
対数尤度　27
ダイバージェンス　111, 126
対立仮説　114
多重共線性　36
　——の問題　9
多重比較法　13, 158

定性要因　39
データクレンジング　165
デフォルト確率　2
デフォルトフラグ　27
テューキーの方法　161

統計的リサンプリング法　143
統計パッケージソフト　7
投資不適格格付　150
独立性　11

ナ　行

内部格付手法　148

二項検定　12, 112, 151
二項分布　4
　——によるバックテスト　10
二項ロジットモデル　2, 25, 31
日経プリズム　172
ニューラルネットワーク　25

ノンパラメトリック法　145, 161

ハ　行

配置表　77
ハザードモデル　25
バーゼルⅡ　20
破綻懸念先　12
バックテスト　6, 9
初到達モデル　22
パラメトリック法　161
判別分析　24

標準正規分布による検定 152
標本分散 113
標本平均 113

フィット 15
復元抽出 143
符号条件 8
——の評価 8
2つのランク間の有意差検定 160
プットオプション価格 23
ブートストラップデータ 144
ブートストラップにより得られる信頼区間 92
ブートストラップ法 111, 142, 177
ブライアスコア 133
フラグ 39
——による方法 39
フラグ変数のt値 115
ブラック-ショールズモデル 22
不良債権問題 1
プロビットモデル 24

ヘビサイド関数 61
変数減少法 173
変数選択問題 173
変数増加法 173
変数増減法 173

母比率検定 12, 112, 156

マ 行

マクロ経済要因 5
マクロファクター 41
マックファーデンの尤度比 117
マートンモデル 22

名義的有意水準 157

モデルの作成者 19
モデルの説明変数 34
モデルの評価担当者 19
モデルの利用者 19

ヤ 行

有意水準 151
誘導モデル 21, 23
尤度関数 27
尤度比 111, 116

要因間の複合条件 3
要管理先 12
要管理先基準 150

ラ 行

ライアンの方法 157
ランダム効用理論 25
ランダムモデル 50

離散化 167
離散スコア化 36
リサンプリング 143
リスク中立確率 23
リスクプレミアム 23
リズレル 172
リズレルロジットモデル 171
リッジ回帰 9, 170
流動比率 9

累積分布関数 123

ロジスティック関数 25, 26
ロバスト推計 17
ロバストなパラメータ推計手法 199

memo

著者略歴

山下 智志（やました・さとし）

1963年　大阪府に生まれる
1989年　京都大学大学院工学研究科修士課程修了
　　　　安田信託銀行，熊本大学助手，統計数理研究所助教授，
　　　　マサチューセッツ工科大学客員准教授を経て
現　在　統計数理研究所教授
　　　　金融庁特別研究員，CRD顧問など
　　　　博士（工学）
著　書　「経営科学とコンピュータ」共立出版
　　　　「市場リスクとVaR」朝倉書店
　　　　「モデルバリデーション」共立出版

三浦　翔（みうら・かける）

1983年　秋田県に生まれる
2011年　統合研究大学院大学博士課程修了
　　　　金融庁専門研究員を経て
現　在　三菱東京UFJ銀行市場企画部
　　　　博士（統計科学）

ファイナンス・ライブラリー 11
信用リスクモデルの予測精度
― AR値と評価指標 ―

定価はカバーに表示

2011年9月15日　初版第1刷

著　者　山　下　智　志
　　　　三　浦　　　翔
発行者　朝　倉　邦　造
発行所　株式会社 朝　倉　書　店
　　　　東京都新宿区新小川町6-29
　　　　郵便番号　162-8707
　　　　電　話　03(3260)0141
　　　　ＦＡＸ　03(3260)0180
　　　　http://www.asakura.co.jp

〈検印省略〉

© 2011〈無断複写・転載を禁ず〉

印刷・製本 東国文化

ISBN 978-4-254-29541-2　C 3350　　　Printed in Korea

R.A.ジャロウ・V.マクシモビッチ・
W.T.ジエンバ編
中大今野　浩・岩手県大 古川浩一監訳

ファイナンスハンドブック

12124-7 C3041　　　　A5判 1152頁 本体29000円

〔内容〕ポートフォリオ／証券市場／資本成長理論／裁定取引／資産評価／先物価格／金利オプション／金利債券価格設定／株式指数裁定取引／担保証券／マイクロストラクチャ／財務意思決定／ヴォラティリティ／資産・負債配分／市場暴落／普通株収益／賭け市場／パフォーマンス評価／市場調査／実物オプション／最適契約／投資資金調達／財務構造と税制／配当政策／合併と買収／製品市場競争／企業財務論／新規株式公開／株式配当／金融仲介業務／米国貯蓄貸付組合危機

V.J.バージ・V.リントスキー編
首都大 木島正明監訳

金融工学ハンドブック

29010-3 C3050　　　　A5判 1028頁 本体28000円

各テーマにおける世界的第一線の研究者が専門家向けに書き下ろしたハンドブック。デリバティブ証券，金利と信用リスクとデリバティブ，非完備市場，リスク管理，ポートフォリオ最適化，の4部構成から成る。〔内容〕金融資産価格付けの基礎／金融証券収益率のモデル化／ボラティリティ／デリバティブの価格付けにおける変分法／クレジットデリバティブの評価／非完備市場／オプション価格付け／モンテカルロシミュレーションを用いた全リスク最小化／保険分野への適用／他

中大今野　浩・明大 刈屋武昭・首都大 木島正明編

金 融 工 学 事 典

29005-9 C3550　　　　A5判 848頁 本体22000円

中項目主義の事典として，金融工学を一つの体系の下に纏めることを目的とし，金融工学および必要となる数学，統計学，OR，金融・財務などの各分野の重要な述語に明確な定義を与えるとともに，概念を平易に解説し，指針書も目指したもの〔内容〕伊藤積分／ALM／確率微分方程式／GARCH／為替／金利モデル／最適制御理論／CAPM／スワップ／倒産確率／年金／判別分析／不動産金融工学／保険／マーケット構造モデル／マルチンゲール／乱数／リアルオプション他

G.S.マタラ・C.R.ラオ編
慶大 小暮厚之・早大 森平爽一郎監訳

ファイナンス統計学ハンドブック

29002-8 C3050　　　　A5判 740頁 本体26000円

ファイナンスに用いられる統計的・確率的手法を国際的に著名な研究者らが解説した，研究者・実務者にとって最高のリファレンスブック。〔内容〕アセットプライシング／金利の期間構造／ボラティリティ／予測／選択可能な確率モデル／特別な統計手法の応用（ブートストラップ，主成分と因子分析，変量誤差問題，人工ニューラルネットワーク，制限従属変数モデル）／種々の他の問題（オプション価格モデルの検定，ペソ問題，市場マイクロストラクチャー，ポートフォリオ収益率）

D.K.デイ・C.R.ラオ編
帝京大 繁桝算男・東大 岸野洋久・東大 大森裕浩監訳

ベイズ統計分析ハンドブック

12181-0 C3041　　　　A5判 1080頁 本体28000円

発展著しいベイズ統計分析の近年の成果を集約したハンドブック。基礎理論，方法論，実証応用および関連する計算手法について，一流執筆陣による全35章で立体的に解説。〔内容〕ベイズ統計の基礎（因果関係の推論，モデル選択，モデル診断ほか）／ノンパラメトリック手法／ベイズ統計における計算／時空間モデル／頑健分析・感度解析／バイオインフォマティクス・生物統計／カテゴリカルデータ解析／生存時間解析，ソフトウェア信頼性／小地域推定／ベイズ的思考法の教育

日銀金融研 小田信之著
ファイナンス・ライブラリー1
金融デリバティブズ
29531-3 C3350　　　　A5判 184頁 本体3600円

抽象的な方法論だけでなく、具体的なデリバティブズの商品例や応用計算例等も盛り込んで解説した"理論と実務を橋渡しする"書。〔内容〕プライシングとリスク・ヘッジ／イールドカーブ・モデル／信用リスクのある金融商品のプライシング

日銀金融研 小田信之著
ファイナンス・ライブラリー2
金融リスクの計量分析
29532-0 C3350　　　　A5判 192頁 本体3600円

金融取引に付随するリスクを計量的に評価・分析するために習得すべき知識について、"理論と実務のバランスをとって"体系的に整理して解説。〔内容〕マーケット・リスク／信用リスク／デリバティブズ価格に基づく市場分析とリスク管理

日銀金融研 家田 明著
ファイナンス・ライブラリー3
リスク計量とプライシング
29533-7 C3350　　　　A5判 180頁 本体3300円

〔内容〕政策保有株式のリスク管理／与信ポートフォリオの信用リスクおよび銀行勘定の金利リスクの把握手法／オプション商品の非線型リスクの計量化／モンテカルロ法によるオプション商品のプライシング／有限差分法を用いた数値計算手法

慶大 小暮厚之・東北大 照井伸彦著
ファイナンス・ライブラリー4
計量ファイナンス分析の基礎
29534-4 C3350　　　　A5判 264頁 本体3800円

ファイナンスで用いられる確率・統計について、その数理的理解に配慮して解説。〔内容〕金融資産の価値と収益率／リスク／統計的推測／ポートフォリオ分析／資産価格評価モデル／派生資産の評価／回帰分析／時系列分析／データ／微分・積分

神戸大 加藤英明著
ファイナンス・ライブラリー5
行動ファイナンス
―理論と実証―
29535-1 C3350　　　　A5判 208頁 本体3400円

2002年ノーベル経済学賞のカーネマン教授の業績をはじめ最新の知見を盛り込んで解説された行動ファイナンスの入門書。〔内容〕市場の効率性／アノマリー／心理学からのアプローチ／ファイナンスへの適用／日本市場の実証分析／人工市場／他

J.-P.ブショー他著　早大 森平爽一郎監修
ファイナンス・ライブラリー6
金融リスクの理論
―経済物理からのアプローチ―
29536-8 C3350　　　　A5判 260頁 本体4800円

"Theory of Financial Risks:From Statistical Physics to Risk Management"の和訳。〔内容〕確率理論：基礎概念／実際の価格の統計／最大リスクと最適ポートフォリオ／先物とオプション：基本概念／オプション：特殊問題／金融用語集

早大 葛山康典著
ファイナンス・ライブラリー7
企業財務のための金融工学
29537-5 C3350　　　　A5判 176頁 本体3400円

〔内容〕危険回避的な投資家と効用／ポートフォリオ選択理論／資本資産評価モデル／市場モデルと裁定価格理論／投資意思決定の理論／デリバティブズ／離散時間でのオプションの評価／Black-Scholesモデル／信用リスクと社債の評価／他

芝浦工大 安岡孝司著
ファイナンス・ライブラリー8
市場リスクとデリバティブ
29538-2 C3350　　　　A5判 176頁 本体2700円

基礎的な確率論と微積分の知識を有する理工系の人々を対象に、実例を多く採り上げ市場リスク管理実現をやさしく説いた入門書。〔内容〕金融リスク／金融先物および先渡／オプション／オプションの価格付け理論／金利スワップ／金利オプション

前広島大 前川功一訳
ファイナンス・ライブラリー9
ビョルク 数理ファイナンスの基礎
―連続時間モデル―
29539-9 C3350　　　　A5判 308頁 本体6200円

抽象的な測度論に深入りせずに金融デリバティブの包括的な解説を行うファイナンスの入門の教科書〔内容〕1期間モデル／確率積分／裁定価格／完備性とヘッジング／非完備市場／配当／通貨デリバティブ／債券と利子率／短期金利モデル／など

慶大 中妻照雄著
ファイナンス・ライブラリー10
入門 ベイズ統計学
29540-5 C3350　　　　A5判 200頁 本体3600円

ファイナンス分野で特に有効なデータ分析手法の初歩を懇切丁寧に解説。〔内容〕ベイズ分析を学ぶ／ベイズ的視点から世界を見る／成功と失敗のベイズ分析／ベイズ的アプローチによる資産運用／マルコフ連鎖モンテカルロ法／練習問題／他

首都大 木島正明・京大 岩城秀樹著 シリーズ〈現代金融工学〉1 **経済と金融工学の基礎数学** 27501-8 C3350　　A5判 224頁 本体3500円	解法のポイントや定理の内容を確認するための例を随所に配した好著。〔内容〕集合と論理／写像と関数／ベクトル／行列／逆行列と行列式／固有値と固有ベクトル／数列と級数／関数と極限／微分法／偏微分と全微分／積分法／確率／最適化問題
首都大 木島正明著 シリーズ〈現代金融工学〉3 **期間構造モデルと金利デリバティブ** 27503-2 C3350　　A5判 192頁 本体3600円	実務で使える内容を心掛け、数学の厳密さと共に全体を通して概念をわかりやすく解説〔内容〕準備／デリバティブの価格付け理論／スポットレートのモデル化／割引債価格／債券オプション／先物と先物オプション／金利スワップとキャップ
一橋大 渡部敏明著 シリーズ〈現代金融工学〉4 **ボラティリティ変動モデル** 27504-9 C3350　　A5判 160頁 本体3600円	金融実務において最重要な概念であるボラティリティの役割と、市場データから実際にボラティリティを推定・予測する方法に焦点を当て、実務家向けに解説〔内容〕時系列分析の基礎／ARCH型モデル／確率的ボラティリティ変動モデル
明大 乾　孝治・首都大 室町幸雄著 シリーズ〈現代金融工学〉5 **金融モデルにおける推定と最適化** 27505-6 C3350　　A5判 200頁 本体3600円	数理モデルの実践を、パラメータ推定法の最適化手法の観点より解説〔内容〕金融データの特徴／理論的背景／最適化法の基礎／株式投資のためのモデル推定／GMMによる金利モデルの推定／金利期間構造の推定／デフォルト率の期間構造の推定
法大 湯前祥二・北大 鈴木輝好著 シリーズ〈現代金融工学〉6 **モンテカルロ法の金融工学への応用** 27506-3 C3350　　A5判 208頁 本体3600円	金融資産の評価やヘッジ比率の解析、乱数精度の応用手法を詳解〔内容〕序論／極限定理／一様分布と一様乱数／一般の分布に従う乱数／分散減少法／リスクパラメータの算出／アメリカン・オプションの評価／準モンテカルロ法／Javaでの実装
統数研 山下智志著 シリーズ〈現代金融工学〉7 **市場リスクの計量化とVaR** 27507-0 C3350　　A5判 176頁 本体3600円	市場データから計測するVaRの実際を詳述。〔内容〕リスク計測の背景／リスク計測の意味とVaRの定義／リスク計測モデルの意味／リスク計測モデルのテクニック／金利リスクとオプションリスクの計量化／モデルの評価の規準と方法
首都大 木島正明・第一フロンティア生命 小守林克哉著 シリーズ〈現代金融工学〉8 **信用リスク評価の数理モデル** 27508-7 C3350　　A5判 168頁 本体3600円	デフォルト（倒産）発生のモデルや統計分析の手法を解説した信用リスク分析の入門書。〔内容〕デフォルトと信用リスク／デフォルト発生のモデル化／判別分析／一般線形モデル／確率選択モデル／ハザードモデル／市場性資産の信用リスク評価
首都大 木島正明・首都大 田中敬一著 シリーズ〈金融工学の新潮流〉1 **資産の価格付けと測度変換** 29601-3 C3350　　A5判 216頁 本体3800円	金融工学において最も重要な価格付けの理論を測度変換という切口から詳細に解説〔内容〕価格付け理論の概要／正の確率変数による測度変換／正の確率過程による測度変換／測度変換の価格付けへの応用／基準財と価格付け測度／金利モデル／他
首都大 室町幸雄著 シリーズ〈金融工学の新潮流〉3 **信用リスク計測とCDOの価格付け** 29603-7 C3350　　A5判 224頁 本体3800円	デフォルトの関連性における原因・影響度・波及効果に関するモデルの詳細を整理し解説〔内容〕デフォルト相関のモデル化／リスク尺度とリスク寄与度／極限損失分布と新BIS規制／ハイブリッド法／信用・市場リスク総合評価モデル／他
首都大 木島正明・首都大 中岡英隆・首都大 芝田隆志著 シリーズ〈金融工学の新潮流〉4 **リアルオプションと投資戦略** 29604-4 C3350　　A5判 192頁 本体3600円	最新の金融理論を踏まえ、経営戦略や投資の意思決定を行えることを意図し、実務家向けにまとめた入門書。〔内容〕企業経営とリアルオプション／基本モデルの拡張／撤退・停止・再開オプションの評価／ゲーム論的リアルオプション／適用事例

名市大 宮原孝夫著
シリーズ〈金融工学の基礎〉1
株価モデルとレヴィ過程
29551-1 C3350　　　　　A5判 128頁 本体2800円

非完備市場の典型的モデルとしての幾何レヴィ過程とオプション価格モデルの解説および活用法を詳述。〔内容〕基礎理論／レヴィ過程／レヴィ過程に基づいたモデル／株価過程の推定／オプション価格理論／GLP&MEMMオプション価格モデル

南山大 田畑吉雄著
シリーズ〈金融工学の基礎〉2
リスク測度とポートフォリオ管理
29552-8 C3350　　　　　A5判 216頁 本体3800円

金融資産の投資に伴う数々のリスクを詳述〔内容〕金融リスクとリスク管理／不確実性での意思決定／様々なリスクと金融投資／VaRとリスク測度／デリバティブとリスク管理／デリバティブの価格評価／信用リスク／不完備市場とリスクヘッジ

前東大 伏見正則著
シリーズ〈金融工学の基礎〉3
確 率 と 確 率 過 程
29553-5 C3350　　　　　A5判 152頁 本体3000円

身近な例題を多用しながら，確率論を用いて統計現象を解明することを目的とし，厳密性より直観的理解を求める理工系学生向け教科書〔内容〕確率空間／確率変数／確率変数の特性値／母関数と特性関数／ポアソン過程／再生過程／マルコフ連鎖

早大 谷口正信著
シリーズ〈金融工学の基礎〉4
数理統計・時系列・金融工学
29554-2 C3350　　　　　A5判 224頁 本体3600円

独立標本の数理統計学から説き起こし，それに基づいた時系列の最適推測，検定および判別解析を解説し，金融工学への橋渡しを詳解したテキスト〔内容〕統計的推測／種々の統計的手法／確率過程／時系列解析／統計的金融工学入門

慶大 枇々木規雄・数理システム 田辺隆人著
シリーズ〈金融工学の基礎〉5
ポートフォリオ最適化と数理計画法
29555-9 C3350　　　　　A5判 164頁 本体2800円

「実際に使える」モデルの構築に役立つ知識を散りばめた実践的テキスト〔内容〕数理計画法アルゴリズム／実行可能領域と目的関数値／モデリング／トラブルシューティング／平均・分散モデル／実際の計算例／平均・リスクモデル／感度分析

立命大 小川重義著
シリーズ〈金融工学の基礎〉6
確 率 解 析 と 伊 藤 過 程
29556-6 C3350　　　　　A5判 192頁 本体3600円

確率論の基本，確率解析の実際，理論の実際の運用と発展的理論までを例を豊富に掲げながら平易に解説〔内容〕確率空間と確率変数／統計的独立性／ブラウン運動・マルチンゲール／確率解析／確率微分方程式／非因果的確率解析／数値解法入門

法大 浦谷 規著
シリーズ〈金融工学の基礎〉7
無裁定理論とマルチンゲール
29557-3 C3350　　　　　A5判 164頁 本体3200円

金融工学の基本的手法であるマルチンゲール・アプローチの原理を初等的レベルから解説した書。教養としての線形代数と確率論の知識のみで理解できるよう懇切丁寧に詳解する。〔内容〕1期間モデル／多期間モデル／ブラック−ショールズモデル

同志社大 津田博史・慶大 中妻照雄・筑波大 山田雄二編
ジャフィー・ジャーナル：金融工学と市場計量分析
非流動性資産の価格付けと リアルオプション
29009-7 C3050　　　　　A5判 276頁 本体5200円

〔内容〕代替的な環境政策の選択／無形資産価値評価／資源開発プロジェクトの事業価値評価／冬季気温リスク・スワップ／気温オプションの価格付け／風力デリバティブ／多期間最適ポートフォリオ／拡張Mertonモデル／株式市場の風見鶏効果

同志社大 津田博史・慶大 中妻照雄・筑波大 山田雄二編
ジャフィー・ジャーナル：金融工学と市場計量分析
定量的信用リスク評価とその応用
29013-4 C3050　　　　　A5判 240頁 本体3800円

〔内容〕スコアリングモデルのチューニング／格付予測評価指標と重み付き最適化／小企業向けスコアリングモデルにおける業歴の有効性／中小企業CLOのデフォルト依存関係／信用リスクのデルタヘッジ／我が国におけるブル・ベア市場の区別

日本金融・証券計量・工学学会編
ジャフィー・ジャーナル：金融工学と市場計量分析
バ リ ュ エ ー シ ョ ン
29014-1 C3050　　　　　A5判 240頁 本体3800円

〔内容〕資本コスト決定要因と投資戦略への応用／構造モデルによるクレジット・スプレッド／マネジメントの価値創造力とM&Aの評価／銀行の流動性預金残高と満期の推定モデル／不動産価格の統計モデルと実証／教育ローンの信用リスク

横国大 浅野幸弘・住友信託銀行 岩本純一・
住友信託銀行 矢野　学著
応用ファイナンス講座1
年金とファイナンス
29586-3 C3350　　A5判 228頁 本体3800円

公的年金の基本的知識から仕組みおよび運用までわかりやすく詳説〔内容〕わが国の年金制度／企業年金の選択／企業財務と年金資産運用／年金会計／年金財務と企業評価／積立不足と年金ALM／物価連動国債と年金ALM／公的年金運用／他

国際教養大 市川博也著
応用ファイナンス講座2
応用経済学のための 時系列分析
29587-0 C3350　　A5判 184頁 本体3500円

時系列分析の基礎からファイナンスのための時系列分析を平易に解説。〔内容〕マクロ経済変数と時系列分析／分布ラグモデルの最適次数の決定／統計学の基礎概念と単位根テスト／定常な時系列変数と長期乗数／ボラティリティ変動モデル／他

みずほ信託銀行 菅原周一著
応用ファイナンス講座3
資産運用の理論と実践
29588-7 C3350　　A5判 228頁 本体3500円

資産運用に関する基礎理論から実践まで、実証分析の結果を掲げながら大学生および実務家向けにわかり易く解説〔内容〕資産運用理論の誕生と発展の歴史／株式運用と基礎理論と実践への応用／債券運用の基礎と実践への応用／最適資産配分戦略

麗澤大 清水千弘・富山大 唐渡広志著
応用ファイナンス講座4
不動産市場の計量経済分析
29589-4 C3350　　A5判 192頁 本体3900円

客観的な数量データを用いて経済理論を基にした統計分析の方法をまとめた書〔内容〕不動産市場の計量分析／ヘドニックアプローチ／推定の基本と応用／空間経済学の基礎／住宅価格関数の推定／住宅価格指数の推定／用途別賃料関数の推定

電通大 宮﨑浩一著
応用ファイナンス講座5
オプション市場分析への招待
29590-0 C3350　　A5判 224頁 本体3900円

重要なモデルを取り上げ、各モデルや数理的な分析手法の勘所をわかりやすく解説。〔内容〕BSモデルと拡張／デタミニスティックボラティリティモデル／ジャンプ拡張モデル／確率ボラティリティモデル／インプライド確率分布の実証分析／他

早大 森平爽一郎著
応用ファイナンス講座6
信用リスクモデリング
―測定と管理―
29591-7 C3350　　A5判 224頁 本体3600円

住宅・銀行等のローンに関するBIS規制に対応し、信用リスクの測定と管理を詳説。〔内容〕債権の評価／実績デフォルト率／デフォルト確率の推定／デフォルト確率の期間構造推定／デフォルト時損失率、回収率／デフォルト相関／損失分布推定

S.N.ネフツィ著　投資工学研究会訳
ファイナンスへの数学（第2版）
―金融デリバティブの基礎―
29001-1 C3050　　A5判 528頁 本体7800円

世界中でベストセラーになった"An Introduction to the Mathematics of Financial Derivatives"原著第2版の翻訳。デリバティブ評価で用いられる数学を直感的に理解できるように解説。新たに金利デリバティブ、そして章末演習問題を追加

明大 刈屋武昭編著
リスクの経営シリーズ
天候リスクの戦略的経営
―EaRとリスクスワップ―
29576-4 C3350　　A5判 192頁 本体4000円

気温リスクマネジメントを立案する方法と、気温変動の時系列モデル化の方法を実例に沿って詳説〔内容〕企業活動と気温変動リスク／天候リスクと事業リスクEaR分析法／予測気温確率分布の導出／東京電力と東京ガスのリスクスワップ／他

慶大 小暮厚之編著
リスクの科学
―金融と保険のモデル分析―
29008-0 C3050　　A5判 164頁 本体2400円

規制緩和など新たな市場原理に基づく保険・年金リスクの管理技術につき明記〔内容〕多期間最適資産配分モデル／変額保険リスクVaR推定／株価連動型年金オプション性／株式市場の危険回避度／バブル崩壊後の危険回避度／将来生命表の予測

早大 池田昌幸著
ファイナンス講座2
金融経済学の基礎
54552-4 C3333　　A5判 336頁 本体5200円

〔内容〕不確実性と危険選好／平均分散分析と資本資産価格モデル／平均分散分析の拡張／完備市場における価格付け／効率的なポートフォリオとポートフォリオ分離／因子モデルと線形価格付け理論／代表的消費者の合成と経済厚生／他

上記価格（税別）は2011年8月現在